爆速成長
マネ

イラッド・ギル
浅枝大志・
大熊希美 訳

日経BP

Scaling Startups
From 10 to 10,000
People

Elad Gil

HIGH GROWTH HANDBOOK

HIGH GROWTH HANDBOOK by Elad Gil

Growth.eladgil.com
Japanese translation published by arrangement with Elad Gil
c/o Levine Greenberg Rostan Literary Agency
through The English Agency(Japan)Ltd.

本書の使い方

本書の多くは私が2007年から執筆を続けているブログ、blog.eladgil.comの記事として書いたものだ。小説や教科書のように、最初から順番に読み進めてもらう必要はまったくない。むしろ、特定の課題に直面し、アドバイスや経験者の知見が必要となった時に該当ページを開いてもらうという参考書のような使われ方を想定している。

本書には素晴らしい実績を持つ著名な起業家たちとのインタビューを数多く収録している。私自身もシリコンバレーで急成長した歴史的な企業に在籍したものの、彼らの経験と比較すると足元にも及ばない。純粋にそれぞれの人物の視点を知ることができるだけでも、とてつもない価値がある。本書に業界のエキスパートの知見を掲載できたのは光栄なことだ。インタビューでは私の考えと異なる回答もあったが、そのまま掲載した。その結果、本書の価値がより高まったとも感じている。本書のインタビュー部分を順に読んでみるという楽しみ方もお勧めしたい。素晴らしい経験談や貴重なアドバイスが数多く詰まっている。

役立つオンライン情報がある場合は、リンクを脚注に追加している。ウェブサイトにアクセスすれば情報を閲覧できるようにしてある。リンクや追加情報については、growth.eladgil.comを訪れるといいだろう。

目次

イントロダクション

著者からのメッセージ

資金調達方法、プロダクト・マーケットフィット、創業チームづくり、M&Aイグジットなど、テクノロジースタートアップの立ち上げ期の情報はこれまでブログやメディア記事、書籍などで数多く公開されている。ところが、10人規模の会社を1000人規模にするための具体的な指南はほとんどない。

理由は簡単で、この業界は多産多死を前提にした産業であるため、生き残るスタートアップの絶対数が極端に少なく、そもそも経験者が少ないのだ。毎年大量のスタートアップが生まれ、ほとんどが潰れてしまうか、爆速成長フェーズに入る前に他社に買われてしまう。その結果、起業経験者は多いものの、スケールさせた経験者は少数となる。ちなみにここで語る「爆速成長」は業界内では「ハイグロース」「ハイパーグロース」「スケールする」「ブレイクする」などいくつもの呼び名が存在する。

アーリーステージの企業が直面する課題をパターン化できるのと同様に、レイターステージ企業も皆似たような課題にぶつかる。すべての爆速成長企業はいずれ、組織構造、レイターステージの資金調達、企業文化、創業者の不得意分野を補う経営幹部の採用、他社の買収といった様々な課題に直面する。創業者はこれらの課題を初めて経験し、それらを並行で処理しなければならないため、爆速成長期は非常にストレスのかかるジェットコースターのような体験をすることになる。

2004年以来、私は当事者または投資家としてスタートアップライフサイクルのほぼ全ステージを経験している。グーグルには社員1500人から2000人くらいの頃に入社し、約4年後に退社する頃には1万5000人ほどになっていた。

そこからミキサーラボを創業し、社員数90人くらいだったツイッターに買収された。ツイッターでバイスプレジデントに就任した私の役目は、100人規模から1000人規模へと会社を成長させることだった。その2年半後に退社を決めた時にツイッターは、約1500人の会社になっていた。CEO（最高経営責任者）とCOO（最高執行責任者）のアドバイザーの形でさらに1年ほど残ったが、それも終わって抜けた時には社員が2500人になっていた。ツイッターでは、プロダクト、プラットフォーム、海外展開、ユーザーグロース、M&A、採用、組織化、企業文化づくりなど、会社のスケーリングに関連する様々な領域に関わらせてもらった。

また、私はエアビーアンドビー、コインベース、ガスト、インスタカート、オープンドア、ピンタレスト、ストライプ、スクエア、ウィッシュなど、爆速成長企業となった会社に投資家として参加している。いくつかの会社は直接的に支援し、ほかではオブザーバーとして成長を見届ける立場をとっている。[1]

この経験で、爆速成長企業にも共通パターンがあることを発見できた。会社のスケールに挑んでいる創業者、CEO、経営幹部たちは私のところにやって来て、似通った質問や課題を相談する。本書はこうした質問への回答と、私自身の経験から学んだことを整理するために執筆した。仕事と並行してずっとブログを書き続けていたこともあり、本書の内容は過去のブログ記事を基にしているものも多い。ブログ自体は今後も続けていくつもりだ。

追加情報、追加資料、本書に掲載されている参考文献やウェブ記事へのリンクに興味のある方は、

growth.eladgil.comをぜひ訪れてほしい。

本書のアドバイスは痛烈なほど具体的かつ戦術的であるため、起業家の強力な武器となるはずだ。会社をスケールさせたことのない投資家の批判や陳腐なアドバイスをぜひ跳ね除けてほしい。初めての爆速成長フェーズを体験している創業者、CEO、そして現場で働く社員にも本書が役立つことを願っている。

もっとも、あらゆるスタートアップ向けのアドバイスはコンテキストでしか役立たない。誰にでも当てはまる汎用アドバイスがあるとするなら、「そんな汎用的なアドバイスなど存在しない」ことだろうか。あくまであるひとりの体験談であり、全能なマニュアルではないことを踏まえてほしい。

あなたの会社の爆速成長フェーズが大混乱で、毎日が怖くてストレス満載の破滅的な状態だと感じているのであれば、それは良い知らせだ。誰もが一回目は同じことを思っている。さあ、シートベルトを締めて出発しよう。ジェットコースターは楽しんだもの勝ちだ！

イラッド・ギル
@eladgil

［1］もちろん投資先のすべての企業に対して支援するつもりでいるが、企業のステージによって必要とする支援が異なるため、必ずしも全企業に私が直接関わっているわけではない。

プロダクト・マーケットフィットの次を考える マーク・アンドリーセン（アンドリーセン・ホロウィッツ創業者兼ゼネラルパートナー）に聞く

マーク・アンドリーセンは、ベンチャーキャピタルファーム「アンドリーセン・ホロウィッツ」の共同創業者兼ゼネラルパートナー。インターネット黎明期のインターネットブラウザ「モザイク」の共同開発者であり、ネットスケープの共同創業者。ネットスケープは後に42億ドルでAOLに売却されている。ラウドクラウドの共同創業者でもあり、オプスウェアに改名された同社はヒューレット・パッカードに16億ドルで売却されている。イリノイ大学アーバナシャンペーン校でコンピュータサイエンスの理学士号を取得しており、多数のアンドリーセン・ホロウィッツのポートフォリオ企業の取締役と、フェイスブック、ヒューレット・パッカードエンタープライズの取締役を務めている。

自身で開発した新規性のあるプロダクトをユーザーに実際に使ってもらうのは、たまらない喜びだ。一方で、顧客ニーズに合うプロダクト・マーケットフィットの達成は、新たな試練の始まりを意味する。そこにたどり着くまでに全力を注いだが、さて、次は何をすればよいのだろうか。

マーク・アンドリーセンは、この重要な転換点で素晴らしい知見を持つ。シリコンバレーで最も影響力のある投資家のひとりであり、自身が連続起業家でもあるアンドリーセンは、この時期の判断がスタートアップのその後に重大な影響を及ぼすことを痛いほど理解している。スタートアップ創業者が得た初期の成功体験を永続的な大事業に進化させるにあたり、アンドリーセンが推奨する方法論について話を聞いた。

ギル：顧客ニーズに合った製品、プロダクト・マーケットフィットの達成後に、会社の成功に向けた最も重要な判断事項について教えてください。最初のプロダクトがうまく行き、何もかもが拡大してすべてがうまくいっているように感じるタイミングですが、ここから3つのことに着手しなければならないとします。起業家に何と伝えますか。また、この時期のスタートアップがよく直面する課題にはどんなものがありますか。

アンドリーセン：やるべきことは大きく3つあります。プロダクト・マーケットフィットの次のお題は、市場を獲ることです。具体的に言うなら、市場すべてにプロダクトが行き渡る方法を考え出すこと、そして独占的な市場シェアを獲得する方法を考え出すことです。ほとんどのテクノロジー関連市場は、シェアのほとんどを1社で独占している傾向があるためです。投資家視点で語ると、その最大手の会社の企業価値そのものが、その分野で新規に生み出される価値そのものとなります。この立場になった企業は新製品の研究開発を含め、何でもやりたいことを実現できるリソースを持つようになります。

ですので、市場シェアを取り切ることが次の最重要目標です。一方で、本質的に世界はとてつもなく広いことを覚えておきましょう。グッドニュースは、市場がかつてないほど大きいこと。歴史上、今日ほどインターネット上に消費者が存在したことはないでしょう。同様に、ソフトウェアを活用する企業もかつてないほど存在します。インターネット利用者の増加が影響を及ぼす分野は日に日に増えています。市場規模はこれまでになく大きくなっているわけです。

これはプロダクトをすべての顧客に届ける流通網と、組織やビジネスモデルをつくり上げるのが大変なことを意味します。そして画期的なプロダクトを発明する技術系創業者は、次は市場を刈り取る段階だと直感的に理解できない傾向にあります。これがひとつ目。

2つ目は次のプロダクトを成功させることです。私たちはプロダクトサイクル・ビジネスの世界で戦っています。テック事業のプロダクトはいずれ必ず陳腐化し、そのペースは想定より速くなっています。手持ちのプロダクトで市場を勝ち取ることだけに集中してイノベーションを怠れば、プロダクトは古くなり錆びていきます。その錆びついたものより優れたプロダクトをいずれ別の誰かがつくり、あなたのプロダクトは市場から追いやられます。

ですから次のプロダクト開発は必須です。とてつもなく辛く厳しい取り組みです。最初のプロダクトを成功させるだけでも十分大変だったし、それをもっと成長させなければいけないのに、2つ目を考えなければならないのですから。ただ、2つのタスクには共通項もあります。市場シェアを獲れれば、新プロダクトの研究開発用に多額の資金を投下できるようになります。また、M&A用の予算を確保できるので、必要なら2つ目のプロダクトは買収で手に入ります。2つ目のプロダクトを成功させるための選択肢が増えるのです。

“イノベーションを怠れば、プロダクトは古くなり錆びていきます。その錆びついたものより優れたプロダクトをいずれ別の誰かがつくり、あなたのプロダクトは市場から追いやられます。”

——マーク・アンドリーセン

ギル：２つ目のプロダクトをひとつ目のプロダクトで構築した自社販路に乗せるというのも良い手ですよね。

アンドリーセン：その通りです。世間の噂と違い、成功するテック企業の基本モデルはプロダクト中心思考ではなく流通中心思考です。ひとつ目のプロダクト自体が流通網となり、世界展開を可能にします。その流通網に多くの新製品を投入していくのです。

スタートアップとしてもどかしいのは、自社のプロダクトの方が優れていても、流通網に優れた会社にやられてしまうことです。テック業界の歴史ではむしろその方が一般的かもしれません。過去60、70年の間にこの戦法で勝ち、巨大企業となったのがＩＢＭ、マイクロソフト、シスコなどです。

そして３つ目にやるべきことは「残り全部」です。プロダクトと流通網に合わせて組織をつくり上げる作業です。財務、人事、法務、マーケティング、広報、ＩＲ、採用で競争優位性を持つようにします。

後回しにできると考えがちですが、それができるのもほんの少しの間だけです。素晴らしいプロダクトと良い営業体制が整っていれば、後回しにしても許される期間はあります。しかし放置するほどリスクは上がり、致命的な失敗を負いかねません。

最も失敗事例が可視化されているのは人事です。人事組織の強化を後回しにして大きなトラブルに直面しているシリコンバレー企業は、水面下のものを含めかなりあります。もう少し早く人事に真剣に取り組んだら、問題は起こらなかったでしょう。しかし何らかの理由で当時はそれが重要ではないという決断が下されたわけです。人事は真剣に取り組む必要があります。

次に法務です。シリコンバレーのスタートアップが法務を気にせず、多少違法でもなんとかなると考えているケースを見かけます。そして「これ以上はまずいよ」とCEOにアドバイスできる顧問弁護士を抱えていなかったことが、あるタイミングで大問題に発展します。

そして言わずもがなのが、財務。大ざっぱすぎるコスト構造や利益を見込めないひどい価格設定など自爆行為としか思えないような判断をする会社があります。

ギル：初めての起業で創業者はよく、人事責任者や人事担当、法務担当、財務担当を雇うタイミングがわからないと言います。特定の資金調達ラウンドを実施したとき、売上が一定額に達したとき、社員数が一定数になった時など、こうした責任者を組織に追加すべきタイミングはいつでしょうか。

アンドリーセン：社員数が50人から150人くらいの範囲のどこかですね。50人を超えて150人に向かうまでに人事部門をつくらないと、間違いなく何らかの大失敗をするでしょう。

150という数字がダンバー数、つまり人間が直接人を認知できる上限だからです。社員数が50人から150人となる段階で、全社員がお互いの顔と名前を知っている状況が失われます。見知らぬ人たちが社内をうろついているような状況です。社員が5人とか10人とか20人の頃はハッピーな大家族のような雰囲気で全員がお互いを知っていた時代が過去にはあったわけです……まあハッピーじゃなかったとしても、少なくとも顔は知っていた。CEOは全社員と1対1の関係が築けていたわけです。しかし50人を超えると、属人性をなくしたプロフェッショナル同士の関係が会社に要求されるようになります。人事面で課題が出始めるのは、職場でプロフェッショナルな姿勢でいるべき時に、不適切な判断が行われる時です。

ギル：今話された3点についてひとつずつ詰めていきましょう。市場を獲りにいくと決めた時に優先すべきことを教えてもらえますか、また、見逃してしまったり失敗しやすいところを教えてください。

アンドリーセン：最優先なのは、全市場にアーリーアダプターが存在すると認識することです。新製品紹介ニュースサイトに毎日張り付いて、次に登場する新商品を試す気満々な人たちが大勢います。アーリーアダプターなCIO（最高情報責任者）も実在します。フォーチュン500企業に勤めるCIO（最高情報責任者）で、自身で次世代スタンダードとなるリレーショナルデータベースなりAIなりを見つけるのを生きがいにしている人たちがいます。

多くのプロダクト・マーケットフィットの実態はアーリーアダプターとのフィットを指します。とてつもない情熱とやる気に満ちあふれた人たちがわざわざプロダクトを見つけ出して「この製品はすごいですね！ぜひ使わせてもらえませんか」と問い合わせてくるわけです。この反応こそがプロダクト・マーケットフィットの証明となります。

しかし、アーリーアダプター層は市場全体では永遠の少数派です。ここで多くの起業家、特に技術系の創業者が犯す間違いが、残りの市場すべてがアーリーアダプター層のように振る舞うと期待することです。要するに顧客が自分たちを見つけてくれるという思い込みです。当然、そんなことはあり得ません。

なぜあり得ないか。それは現代の消費社会において、マジョリティ層は既存のもので十分に忙しいからです。明確な理由で説得されない限り、彼らは新しいものに手を出す理由がありません。マーケティング、グロースハック、ユーザー獲得など、説得方法の呼び方はなんでも構いませんが、この層にプロダクトを行き渡らせる機能をつくることが極めて重要です。

B2B事業でも同様です。世界のほとんどのビジネスパーソンやCIOなどテクノロジー領域の意思決定者は、朝起きて「よし！今日は事業を革新する新サービスを探すぞ」と行動したりしません。ビジネスパーソンは終日忙しいので、彼らに届ける手段を用意しなければいけないのです。

こちらも市場シェアの課題と直結します。アーリーアダプター層とやり取りを続けていれば市場の5％を獲得できるかもしれませんが、95％のシェアは獲得できません。そのままでは、別の誰かがその95％を手中に収める日がいつか訪れます。

ベンチャーキャピタル（VC）視点で火を見るより明らかなのは、新規事業が事業として成立した瞬間、大量の競合が登場することです。「お、このスタートアップはユニークだな。これだけ特殊なら競合など出てこないだろう」といった事業にも、半年後にVCから資金調達済みのスタートアップ20社がまったく同じ事業で参入してきます。つまり最初に事業を発明したスタートアップが95％側の市場を獲りに動かなければ、誰かにそこをかっさらわれてしまうわけです。そしてこの95％の市場を獲った会社が市場価値と連動した企業価値をすべて手にします。先行投資はすべて回収され、社員も報われます。さらに、この会社は潤沢なリソースにより過去を遡る行動を起こせるようになります。アーリーアダプターを獲得した最初の企業を自社の少量の株式で買収し、総取りするというのはよくある話です。

ギル：スタートアップが生き残るための重要な戦術をお話しいただきました。ひとつ目は商品開発で、主力商品の強化や第2の主力商品開発などによる市場シェア拡大に向けた活動。2つ目は流通網の構築の重要性。3つ目はM&Aです。M&Aは現在のシリコンバレーでは十分に有効活用されていませんが、100億ドルや200億ドルの市場価値がある企業ならもっと積極的に買収すべきです。もうひとつ話には出ていませんが、ディフェンス面、事業の参入障壁づくりについて、どう取り組むべきかを伺いたいです。これら4つの要素で、どれがより重要なのか、それぞれの失敗事例も教えていただけますか。

アンドリーセン:M&Aは本来あるべき姿と比べると驚くほど少なすぎます。近年の巨大テック企業によるM&Aは明らかに少ない。昔の先輩テクノロジー企業の方がよほどアグレッシブでした。正直、現在のフォーチュン500企業、いわゆる上場企業でもその傾向は見られません。

一時的な凪《なぎ》の状態であるだけかもしれません。5年後にはまったく違う会話をしていることも想像できます。なぜなら、M&Aがあまりに活用されていない現状に多くの人が気づき、行動し始めるからです。企業経営においてM&Aをあるべき形でアグレッシブに実行できれば非常に効果的な武器になるでしょう。

シスコはシリコンバレーにおける素晴らしいケーススタディのひとつです。大きく成功しており、巨大かつ強固に安定した会社で、M&Aを積極的に活用してきました。グーグルもそうです。グーグルの急成長の要素としてM&Aがどれだけ重要だったかはあまり語

グーグルの主な買収事例

ダブルクリック……グーグルのアドワーズネットワークの中枢機能として追加された。
ユーチューブ……インターネット上の最大級のサービスのひとつ。
ライトリー……後のグーグルドックス、その後Gスイートに発展。
ウェア2……後のグーグルマップになった。
アンドロイド……世界最大のユーザー数を誇るモバイルOS。これ以上何か書ける?

られていません。グーグル社内で生み出されたと世の中で思われている製品のうち、どれがM&A案件だったかなんてきっと誰も覚えていないでしょう。

そして事業のディフェンス面、参入障壁のつくり方の回答としては、プロダクト・イノベーションと流通網の組み合わせで築くべきと私は思います。意志を持ってこの城壁を構築する必要があります。プロダクトになるべく多くの参入障壁要素を組み入れ、先行者優位の幅を伸ばす。理想論ではありますが「ほかの誰にもつくれないものをつくれ」というピーター・ティールモデルや、「最高の人材すべてを採用せよ」というスペースXモデルなどが挙げられます。

しかし現実を見ると、プロダクトレベルで参入障壁をうまく構築した例はシリコンバレーでは極めて珍しく、ほとんど存在しません。なぜなら優秀なエンジニアが数多くいて、さらにスタンフォード大学や他国から毎年現れるためです。同時に「リープフロッギング」の問題が起きます。つまり後追いのチームは先行者を前提により良いものをつくるのです。プロダクトレベルで参入障壁があることは理想ですが、そこに期待しない方が得策でしょう。

そうなると流通網での障壁づくりが重要になります。流通網を構築し、市場の100%を獲った会社はそ

"50人を超えて150人に向かうまでに人事部門をつくらないと、間違いなく何らかの大失敗をするでしょう。"

――マーク・アンドリーセン

の流通網そのものが参入障壁になります。この流通網は、ＳａａＳ企業の法人営業部門やコンシューマー向けプロダクトを提供する企業のグロースハックチームなどを指します。

思考実験で、プロダクトで２年先行するか、最先端のグロース手段の成果で２年先行するかならどちらを選ぶか、と考えたことがあります。多くのコンシューマープロダクトでは、２年のグロース手段の成果をほしがるのではと思います。

それから、話題に上っていない重要な要素に価格設定があります。ピッチで「残念ながら我々の事業には参入障壁がありません」と言われたことはこれまでありません。代わりに「私たちの事業には強固な参入障壁がありますが、価格は安くするつもりです。そうしておけばビジネスが最大化すると見ています」と言ってくるのです。私は逆にいつも創業者たちに値上げしろ、値上げしろと伝えています。

値上げは実際に参入障壁が存在するかを確認するのに最適です。もし本当に参入障壁があるなら、代用品がないため、顧客は値上げ後も製品を購入し続けます。参入障壁とは、より高い金額を設定できる機能であると表現できます。まずは値上げをして実態を確認してみるのがよいでしょう。

高価格を設定できる企業は、流通網拡大や研究開発により多くの費用を割けるようになり、成長へのテコになります。結果として、高額の請求ができる企業はより早く成長する傾向があります。

エンジニアの多くは、すぐにはこれを理解できません。彼らは価格と製品価値について一次元的な関係しかないと考えてしまっています。それこそ米でも売るような感覚にとらわれているのです。「うちの製品は魔法のように便利で誰にも真似できない素晴らしいものだが、価格は日用品のように安くしなければならない」といった思い込みです。そんなことはなく、実際は真逆です。高い価格にできれば、より営業とマーケティングに投資できるようになり、より市場を勝ち取れる可能性が高まり、今後取り組みたいと思っているすべての研究開発やM＆Aを実現できる可能性が高まります。高価格にすると急成長につながるという、二次元的な思考を持つべきと常に起業家達に伝えています。

ギル：素晴らしい知見ですね。よそでは聞けない非常に重要な要素を2つお話しいただきました。一点目は流通網での参入障壁の構築。これに関連してネットワーク効果やデータネットワーク効果を語る人もいますが、データネットワーク効果が実際にある状況をほとんど見たことがないのですが、どう思われますか。2点目は値上げが急成長につながることについて。これら2点は普段話題にも上らず、意識もされていないことだと思います。

アンドリーセン：ネットワーク効果は起こせればもちろん素晴らしいのですが、過大評価されていると思います。ネットワーク効果の弱点は、普及の時と同スピードで減退することです。効果が持続している時はよいものの、減退もまた恐ろしい速さで進むのです。ネットワーク効果が非常に強固なポジションを築き上げるのは事実ですが、崩れる時は一気に崩れ落ちるリスクがあります。自社の強みがネットワーク効果であると語る会社は心配になります。どれだけ安定性があるかわからないからです。

データネットワーク効果については、そもそも事例を見かけません。強みとして主張する人は数多くいますが、その根拠は乏しいものばかりです。世界にデータは大量にあり、また、データを取得する方法も数多くあるのが実態です。データによる参入障壁の事例は科学の領域ですら見かけません。データネットワーク効果が最も価値を発揮する最新の領域はディープラーニングだと言われていますが、ディープラーニングそのものにもイノベーションが起き、少量のデータセットで実現する手法が出てきています。大量のデータを価値とするデータネットワーク効果と相反するイノベーションが、最も価値を発揮するであろうと言われるディープラーニングで起きているわけです。そもそもの根拠すらブレているためリスキーに感じます。

ギル：第2の主力プロダクトをつくることについて伺います。自社の次のバージョンを開発したり、新規参入する領域を決めるため、どう取り組むのがよいでしょうか。また、自社の主力商品と関連したプロダクトをつくるか、完全に新領域に進出するか、投資比率で検討することについてはどう考えますか。グーグルは新製品開発について70%をコアビジネスである検索関連、20%を成長の兆しのあるプロジェクト、10%を失敗の可能性が高いが大きく成長する見込みのあるプロジェクトに投資をするという70：20：10フレームワークなるものを運用していました。こうしたフレームワークは機能しますか。

アンドリーセン：この質問に「何%が適正です」と数字で回答するのは頭の悪い大企業がやりそうなことなのでやめておきます。ちなみにこうした大企業は研究開発費を全体予算の何%にしていると語るでしょう。一方で、本当に研究開発に関わったことがあれば、金額の問題ではないことは明らかです。誰が担当しているかが重要なのです。

素晴らしいプロダクト発明家と素晴らしいアーキテクトさえ揃えれば、素晴らしいプロダクトは約束されたも同然です。しかしプロダクト発明家の別名でもあるプロダクトマネジャー、プロダクトオリジネーターが素晴らしくなかったり、設計から開発までを行う素晴らしいアーキテクトがいなかったりする場合、素晴らしいプロダクトが仕上がることはないでしょう。

ギル：ちなみに補足しますが、グーグルのフレームワークは担当人材の割合です。予算ではなく人員配置の70％ですね。でも妥当な指摘だと思います。

アンドリーセン：実質一緒ですよね。コンセプトとしてはもちろんよいのですが、結局は「それは具体的に誰？」と言われてしまうでしょう。

私ならもう少しミクロな視点で考えます。新製品のコンセプトを具現化できる素晴らしいプロダクト発明家は社内に何人いるか。そしてプロダクトを実際に開発できるアーキテクトは社内に何人いるか。ちなみにですが、時々このプロダクト発明家とアーキテクトの両方の能力を同一人物が備えていて、ひとりから生まれることがあります。また、それが創業者自身の場合もあります。

会社の規模が拡大するほど、このタイプの人材が必要になります。でも実は単純明快で、このタイプの人

❝素晴らしいプロダクト発明家と素晴らしいアーキテクトさえ揃えれば、素晴らしいプロダクトは約束されたも同然です。❞

——マーク・アンドリーセン

材が社内に何人いて、今後何人採用できるかを考えればいいだけです。M&Aの視点なら、この人材を買収で何人得られるかを考えます。その合計数が自社で着手できるプロダクトの限界数です。研究開発チームをこの人物中心につくります。組織構造もフラットなのが理想です。各チームが自走可能で、素晴らしいプロダクト発明家と素晴らしいアーキテクトがそれぞれ配置されている状態。このモデルが理想です。

これこそ私がいつも「このタイプの人材が社内に何人いるかリストをつくろう」と言い続けている理由です。とてつもなく大きな会社でも、それほど多くなく、巨大企業でもプロダクト発明家が十数人、アーキテクト十数人程度でしょう。見つけたらその人の周りにエンジニアリングチームを組成し、その他採用支援や環境づくりをしていく。結局のところ最重要なのは新製品コンセプトを具現化できる人材で、実際に在籍しているのは誰か、そして実際に開発できる人材は誰かを洗い出すことに尽きます。

それが創業者だけだったとしても、まあ妥当でしょう。しかしそうなら組織総出で創業者が開発に集中できる環境を整備するのが必須です。結果的に、外部からどのタイミングでCEOを招聘《へい》すべきか、どのタイミングでCOOを採用すべきか、といった質問に対する回答にもなります。そしていずれこの能力を備えた創業者自身でさえ時間不足に陥ります。課題はより難解になります。なので、この仕事を受けもってくれる優秀な人材を惹きつけ、維持するにはどうすべきかを考える必要が生じます。

ギル：こうした取り組みにお勧めの組織構造はありますか。たとえば一般的な階層構造のマネジメントが向いているのか、マトリクス型が向いているのかなど。

アンドリーセン：マトリクス型は失敗に向かって一直線なので、独立したチーム同士のフラットな構造がよいと投資先には伝えています。ジェフ・ベゾス式のピザ2枚型チームづくり（ピザ2枚を囲める程度の人数とコミュニケーション濃度）に私は賛成です。[2] ヒエラルキーは多くの場合イノベーションを殺してしまいますし、マトリクス型組織構造がうまくいく例はほとんど見かけません。もちろん例外もありますが、新規事業の開発には独自の思考と高速の実行スピードが要求されるため、小規模チームで運用する以外に道はないと思っています。

※このインタビューはわかりやすさのために編集、要約しています。

[2] アマゾンのジェフ・ベゾスは、5人から7人のプロダクトイノベーションチームを推奨。ピザ2枚で十分となる人数を指す。詳細は eladgil.com を参照。https://www.fastcompany.com/50661/inside-mind-jeff-bezos

第1章

CEOの役割

CEOの役割――自分自身をマネジメントする

CEO（最高経営責任者）の役割は重要な領域で責任をとることだ、とビジネス書ではよく語られている。一般的に語られるCEOの役割は次の通りだ。

- 会社の方針と戦略を設定し、それを社員、顧客、投資家に伝え続ける。
- 企業文化を維持しながら、方針に沿う社員を採用し、育成し、適切に配置する。
- 方針に基づいて資金調達をして適切に割り当てる。
- 会社のチーフ心理学者としての活動。創業者は人間関係や組織問題に多くの時間を奪われる。

多くの書籍は、最初の2つの事業戦略と企業文化の重要性を強調する。しかし、爆速成長型の企業でセオリー通りに進めようとしても、信頼できる経営陣を揃えて自分の時間を意識的に管理できるようになるまで、CEOはそれらに割く時間をまったく取れないのが現実だ。

戦略設定やビッグピクチャー的なことよりも、話題に上りにくいCEOの3つの責務の戦術を本書では取り上げる。ひとつ目は自己管理、2つ目は直属メンバーの管理、3つ目は取締役の管理だ。最優先なのは、自己管理だ。これに失敗すると、CEOは燃え尽き症候群に向かい、CEOと会社の両方が苦境に立たされることになる。

タイムマネジメント

会社の拡大に合わせ、CEOの役割も変えなければならない。CEOが必要とされる領域は非線形的に増えて行き、社員、顧客（B2B事業ならことさら増加）、投資家、メディア、他の起業家や様々な外部の利害関係者が話をしたいと言ってくる。CEOの責務として、自身の時間で最もレバレッジが利くものを判断しなければならない。そのためには「ノー」をたくさん言えるようになるのが重要だ。

自分自身のタイムマネジメントで重要な要素は次の通り。

- 権限委譲
- カレンダーの振り返り習慣
- 「ノー」という回答を増やす
- これまでの働き方が通用しないことを自覚する
- 人生で本当に大切なものに時間を充てる

権限委譲

マネジャーの初心者が権限委譲の能力を身につけるのにお勧めの方法をいくつか紹介しよう。

1　経験豊富なマネジャーを採用して任せて、その人の仕事振りを見て学ぶ。マネジャーはチーム連携を強化するため定期的に1on1ミーティングを実施し、チームメンバーに主導権を持たせるようにしていることがわかるはずだ。最優秀の部類に属する経営幹部は、ルーター役（他者に実務を与える一方で、打ち合わせの終わりには自身の作業がほとんどない状態をつくる）、戦略家役、問題解決者役（チームの問題に気づき、実際に解決に入る）を組み合わせて仕事を進めている。

2　試行錯誤。権限委譲をして、うまくいくまで諦めずに続ける。これはCEOが今後取り組むあらゆるものに共通する。誰かが弱ってきたら（オーバーワークで疲れが見える、会議に遅刻するなど）、そのパターンを認識できるようになる必要がある。他者の責任の範囲、チームの大きさ、プロジェクトの規模について学びながら、社員の業務量を調整し、スキルと自信を身につけていく様子を観察する。

3 **公式または非公式のメンターを付ける。**取締役、エンジェル投資家、起業家仲間、信用できる経営幹部に、マネジメントと権限委譲のメンター役を依頼する。別案としては、自分の会社と同じステージにいる会社のCEO同士でお互いの経験を共有する方法がある。意外と仲間から学べることは多いものだ。

4 **エグゼクティブコーチを雇う。**なんの経験のない人物でも、自称エグゼクティブコーチと名乗れるので、残念ながらほとんどのコーチはハズレだ。だが、権限委譲のノウハウを教えてくれたり、自身の効率を高める方法について考え抜くサポートをしてくれたりする優秀なコーチもごくたまに存在する。[3]

どんな方法で身につけるにせよ、推進すべき権限委譲と真逆のことをしていないか注意が必要だ。たとえば爆速成長企業のCEOは次のようなことをしてはいけない。

・会議が終わる際に自身で処理するタスクを多く抱えている状態になっている。
・CEOが担当していた領域を委譲し、別の誰かが「オーナー／責任者」となったのに、4～8週間経った現在でも、なぜかCEOが仕事の大半をこなしていたり、すべての意思決定に関わっていたりする。
・あらゆるメールの流れを把握し、全社のあらゆるミーティングに参加しなければならないと感じている。

この逆で、権限を委譲しすぎてしまうこともある。企業の根幹となる最重要領域の判断と責任を委譲してしまうのは間違いだ。極度の現実逃避や、メディア露出のしすぎでそうなるCEOは少なくない。権限を委譲しすぎると当然のごとく多くの問題が発生するが、事例としては少ない方なので本書では割愛する。

CEOが権限を委譲しない理由は次の通り。

・そもそも委譲のやり方を知らない。

・急成長にあたり、必要なスキルを持つ信頼できるマネジャーや部下がいない。この場合は本書の経営幹部採用の項目を参照するのをお勧めする。

・小さな会社の経営としては適切だが、急成長型の組織に合わない仕事の仕方をしている。

自分のカレンダーを定期的に振り返り、「この仕事は本当に自分でやらなければいけないものか。チーム内の誰かに任せられるか」と常に問うといい。どちらにすべきか悩む時は委譲する方に踏み切るべきと覚えておこう。定例会議の欠席率や、権限委譲の実行数を週次目標に設定するのも良い試みだ。

カレンダーの週次・月次の振り返りを実施する

週に一度カレンダーを確認して、自分がどう時間を使っているか確認することを強く推奨する（慣れてきたら月一回、さらに四半期に一回と周期を変えると効率がよくなる）。CEOが重要な役割を果たしていない仕事や、CEO自身に強いこだわりがある領域だが本質的に重要でない仕事は、切り離す方法を考えるべきだ。ほとんどの場合は、ノーの言い方を学べば解決する。

［3］良いエグゼクティブコーチを見つけるお勧めの方法は、ほかの起業家が雇ったコーチを紹介してもらうことだ。大規模な組織を運用して成功した実績がある、セミリタイアした経営幹部経験者にメンタリングとコーチングを依頼する方法もある。

私が爆速成長企業のCEOと一緒にカレンダー振り返りをしていた際に見つけた、ほぼ確実にやめるべき会議をいくつか紹介する。

- **採用の一次面接。** CEOが採用の一次面接すべてに出席する必要はない。次の段階や最終的に口説く段階など話す機会は十分にある。なお、経営幹部の採用の場合はCEOとしてより積極的に候補と関わる必要がある。経営幹部採用については後述する。
- **商談や業務提携の検討会議。** CEOの代理となれるのは誰だろうか。こうした会議すべてをやめるべきとは言わないが、CEOが出なくてもよいものがあるはずだ。一方で、シリコンバレーのプロダクト型、エンジニア型の創業者は逆に顧客の声を十分に聞いていない場合がある。技術系の創業者でエンタープライズ製品を提供している場合は、顧客と定期的に会うことを意識しよう。
- **社内のあらゆるエンジニアリング系、プロダクト系、セールス系の会議。** 誰に委譲して任せられるか。CEOが本当に出席すべきなのはどのタイミングか。各種会議にCEO自身が出席する方法から、重要な意思決定のために皆がCEOに持ち寄る方式に切り替えるのもよい方法だ（たとえば「週次プロダクト進捗会議」など）。
- **その他諸々の突発的な社外会議。** 後述の「ノーと言えるようになる」を参照。

時間を明らかに奪っている業務を確認し、その業務にCEOが必要ないと判断したら、チーム内の誰かに権限を委譲するか、委譲できる責任者を別途採用するべきだ。仕事に忙殺されている場合、後回しにしがちだが、どうにかしてその時間をひねり出さないと状況を変えられない。

正しい対応ができると、4～8週ほどの週次振り返りができた頃には、全体戦略や会社の重要事項に着手する時間を確保できているはずだ。CEOは会社の全業務でなく、会社の最重要事項にのみ集中すべきだ。同時に一歩下がって俯瞰し、ビッグピクチャーを把握する能力も身につけなければならない。戦略に時間をとらず、作戦や戦術などの各論に時間を費やすと、会社は間違った方向に進んでしまうか、他者が間違った方向に進めてしまう状況に陥る。

ノーと言えるようになる

CEOがやるべき最重要なことのひとつは、無駄な時間にはっきりとノーと言うことだ。会社のゴミ出しや出前の注文をしなくなったように、ほかにもやめるべきものはたくさんある。[4] たとえば次の通り。

・**カレンダーの振り返りで洗い出した社内会議。** 前述のように、採用一次面接や多くの社内会議への出席はそもそもやめるべきだ。関与や責任をすべて放棄しろと言っているわけではない。ただ、データベーススキーマのニュアンスについてCEOが関わるべきかと言われると、疑問と言わざるを得ない(もちろん、データベースプロダクトを提供している会社ならその限りではない)。

・**朝6時開始の商談。** CEOが米国西海岸側、取引先が東海岸側でオンライン会議する場合、顧客に頼めば開始時間を変えてくれるだろう。提案された時間をそのまま了承していると、CEOは疲弊して業務進捗に影響が出るようになる。顧客のために誠意を尽くすのは重要だが、CEOが燃え尽きないように限度を決めなければならない。プロダクト・マーケットフィットから大分経過したのに、創業初期のドタバタモードでずっと働き続け、そのまま燃え尽きてしまうCEOを残念ながらこれまで何人も見てきている。

・**あらゆるメディアへの露出。** わんちゃん生活オンラインマガジン「注目SaaS起業家特集」があったとして、対応する必要があるのか、会社に本当に貢献するのかを考えよう。

・**あらゆるイベントへの登壇。** 最も効果がありそうなイベントに、四半期にひとつか2つ選んで参加・登壇すべきだ。あらゆるイベントに顔を出す必要などない。出席するイベントは取捨選択し、より大切なことに取り組む時間を確保すべきだ。

・**過剰なネットワーキング。** ネットワーキングは起業家としての人脈づくりに非常に重要だ。しかし、いま一度カレンダーを確認してほしい。毎週多くの時間が起業家や投資家との打ち合わせに割かれているなら、時間を正しく使えているとは言えないだろう。ネットワーキング専用の予定枠をつくって調整コストを下げ、会社または自身のためになるものを選択しよう。

・**必要のない資金調達活動。** 資金調達は会社の成長のためには避けては通れないが、本業集中のとてつもない妨げとなるのが実態だ。なのに、理由もなくなんとなく資金調達すべきだと考えてしまう起業家は多い。「VCが連絡してきたので、せっかくなので話すことにした」といった安易な理由で時間を使ってしまう。資金調達は準備が整い、会社の目的に沿っていると確信した場合にのみ活動すべきだ。

「ハングリー精神あふれるプロダクト・マーケットフィット未達のCEO」から「爆速成長型CEO」に進化するには、ゆとりの時間がとにかく削られ続けることを受け入れないといけない。以前は普通に対応できていたことにも「ノー」と答えなければならない時期が訪れる覚悟をしなければならない。[5]

これまでの仕事の進め方が通用しないことを受け入れる

スタートアップの成長とともにCEOが直面する想定外な変化のひとつは、CEO固有のタスク内容が激変することだ。CEOが一線級のプログラマーだったとしても、エンジニアが50人や500人の会社になると、CEO自身がコードを書くことが会社の価値を向上させる最適な時間の配分とは言えなくなる。これまでうまくやれていた個人的やビジネス的なタイムマネジメント法も、CEOの時間を必要とする人がどんどん増えることで崩壊する。辛いことだが、組織を成長させ続け、CEOとして次の段階に進むには、これまで重要だと感じたり、やりがいを感じていたりした領域を手放さなければならない。

意識的に休暇を取る

カラージェノミクスのCEOとして働いた最初の2年半で私が犯した間違いのひとつは、取得した休暇が実質的にはまったく休暇になっていなかったことだ。妻との結婚一周年記念旅行では、重要な業務提携候補先との電話打ち合わせに半日を使った（皮肉にもこの業務提携は成立しなかった）。その後の旅行や休暇でも、私は常にオンラインでいるか、電話に出ているか、いかにオフィスの外で効率よくフルタイムで仕事ができるかに努めていた。週末も同じで、実質的に休暇、週末を問わず、毎日仕事をしていた。このやり方では燃え尽き症候群に向かって一直線だ。今はオフィスを離れると決めたら、本当に離れるように意識するよ

［4］もちろん、一切そういうことをしなくなったわけではない。私も時折オフィス内を見回して掃除をしたり、他者にもそうしたりするように伝えている。社員は自分たちの労働環境へのオーナーシップを持つべきだからだ。ただ、ある時点からはCEOがいつもすべきことではなくなる。

［5］eladgil.com の起業家の誘惑に関する元記事を参照。http://blog.eladgil.com/2013/05/entrepreneurial-seductions-and.html

うになった。

CEOのエネルギーの総量がチーム全体のエネルギー量を決定づける。CEOは休暇を取る時間を意識的に見つけて、真のオフライン環境をつくらねばならない。それを怠るとエネルギー切れで燃え尽き、最悪の場合、事業そのものをギブアップすることになりかねない。最低でも年に一回、まるまる1～2週間の休暇をとり、少なくとも四半期に一回は3連休を取得すべきだ。また、週末を含め毎日働いているなら、強制的に週一日は仕事禁止日を設定する。燃え尽き症候群は、CEOの人生にも、会社の成長にも悪影響となる。

会社の規模にかかわらず、CEOは自身の時間をつくるように意識すべきだ。大切なパートナーがいるなら、少なくとも週に一晩は一緒に過ごすようにしよう。また、週に少なくとも3回は朝に運動をするといい。パーソナルトレーナーをつけたり、友人とトレーニングやランニングを計画して実現しやすくしよう。他者からのプレッシャーを有効活用し、実際の行動へとつなげられる。

大切に思うもの、ことに取り組む

創業者の燃え尽きは、自身が嫌いなことを業務として取り組み続けていることがきっかけで起こる。プロダクト型の創業者がセールスの成果報酬の条件設定、セールスの進捗、マーケティング計画、人事課題などの会議に出席し、本人には絶望的につまらない仕事に時間を奪われ続けている状態をよく見かける。マーク・ザッカーバーグがプロダクトと戦略に集中する時間を確保するためにフェイスブックの重要な権限をシェリル・サンドバーグに委譲した話は有名だ。

優先度を下げるに下げられない基幹業務に長時間取り組んでいるなら、代わりに責任者としてその業務を実行してくれる経営幹部（またはＣＯＯ）の採用を検討すべきだ。創業者兼ＣＥＯは、全業務で優秀であったり、全業務に興味を持って取り組んだりする必要はない。むしろ、ＣＥＯが苦手な領域でも会社としては優れた対応ができる状態をつくるのがＣＥＯの仕事だ。

ＣＥＯが自身をケアできるようになったら、次のリーダーシップタスクに挑む体制が整う。直属チームのマネジメント（次に説明）と取締役のマネジメントだ。

CEOの役割――直属チームのマネジメント

ＣＥＯ直属チームのマネジメントにはいくつかコツがある。本題については多くの書籍で書かれているので、ここでは有用なリンクと簡潔なアドバイスを紹介する。

1　定例の1on1ミーティングを実施する。『ＨＡＲＤ ＴＨＩＮＧＳ』（日経ＢＰ）著者のベン・ホロウィッツは１ｏｎ１ミーティングの実施方法について２つのブログ記事を通じて素晴らしいアドバイスをしてくれている。[6]

“創業者の燃え尽きは、自身が嫌いなことを業務として取り組み続けていることがきっかけで起こる。”

――イラッド・ギル

2 社員が30人近くなったら、週次の全社会議を実施する。

・定例化し、毎週実施する。
・重要な評価指標をレビューする。
・全体戦略やプロダクト戦略の課題と、日々の業務との関連性を説明できるようにしておく。社員に議題を用意させ、発表させても構わない。なお、この会を事業部の詳細報告をする場とせずに、指標と戦略について語る場にすること。
・全社会議はCEOのためではなく、直属の幹部メンバーのためだと意識すること。CEOは各幹部から報告を受けるが、幹部たちはこの会議でしか担当外の組織の状況を把握できない。全社会議は、社員同士の知識共有、問題提起、関係構築、協力体制、戦略共有などを目的に議論する場だ。

3 拡大した組織とのつながりを維持するために、スキップレベルミーティングを実施する。

会社がスケールするにつれて、CEOは会社で具体的に何が起きているかを把握できなくなってくる。CEOに「無駄な」情報を伝えないことが役割だと考える中間管理職や大企業転職組の社員によって、情報はフィルタリングされるようになる。危険なのは彼らの判断でCEOにとって本来重要な情報までもが報告されなくなることだ。

スキップレベルミーティングは、幹部メンバーの配下で働く社員や、組織図でより下の階層にいる従業員と会って話す仕組みだ。こうした機会をつくると、優秀な若手社員が市場の動向を掴んでいたり、事業の鍵となるアイデアについて詳しかったりすることが多々ある。CEOは有意義な時間を過ごせるし、社員はCEOが会社やプロダクト、マーケットや企業文化についてどう考えているかを知る機会になる。
スキップレベルミーティングには次のようなメリットがある。
・新たなコミュニケーションラインを構築できる。
・新たな才能を見出し、育成できる。
・最前線の社員から新たな発想を得られる。
スキップレベルミーティングで注意すべきは、幹部を不安にさせないことだ。スキップされるべき当事者が首を突っ込んできたら、その当人に問題があるか、当人のマネジメントスタイルに問題があるかを疑った方がいい。幹部に対し、事前に様々な社員とスキップレベルミーティングを実施することを明言し、余計な心配をさせない環境をつくっておこう。

［6］eladgil.com のリンクを参照。https://a16z.com/2012/08/18/a-good-place-to-work/ https://a16z.com/2012/08/30/one-on-one/

意思決定と幹部マネジメント
クレア・ヒューズ・ジョンソン（ストライプCOO）に聞く

クレア・ヒューズ・ジョンソンは、ストライプの最高執行責任者（COO）であり、ホールマークカーズの取締役を務めている。前職ではグーグルのオンラインセールス&オペレーションのバイスプレジデント兼ディレクターを務め、同社の自動運転車事業を主導、オペレーションを統括していた。ジョンソンはブラウン大学で英文学の学士号を、イェール経営大学院で戦略とマーケティングの修士号を取得している。

2014年にCOOとしてストライプに入社。当時の社員数は165人だ。現在は1000人を超えている。成長過程でストライプは決済スタートアップとしてアマゾンのような巨大企業と次々と業務提携をしながら、インターネット企業の会社設立を支援するアトラスのような新製品を次々と発表している。

このインタビューでは、直属チームのマネジメント、組織図のつくり方、会社をスケールさせるための仕組みの構築方法について話し合った。また、戦略策定や、創業者が会社の成長に合わせて何に時間を割くべきかについても話を聞いた。

イラッド・ギル：グーグルの初期のシニア・バイスプレジデントだったウルス・ホーズルは、「ウルスの取扱説明書」という彼と仕事をする時の最適なアプローチ方法、コミュニケーション手段を説明する資料をつくりました。何をするべきかが明確になり、一緒に働く人たちは仕事がしやすくなりました。このように創業者や経営幹部は自分の取扱説明書をつくるべきでしょうか。それとも特殊事例なのでしょうか。

クレア・ヒューズ・ジョンソン：最善手であり、誰もがつくるべきだと思います。グーグル時代には「クレアとの働き方」という資料を用意していました。なので、ストライプに参加して間もない頃にも似た形で取り入れてみました。結果的にうまくいったと思います。直接仕事をする仲間に共有したのと同時に、社内にも公開しました。すると、多くの社員に読まれたのです。私は新参者で、経営者だったので、私のことをより知ろうとしてくれたのだと思います。その流れで、「これってほかの人もあったほうがいいんじゃないか」と社内で話題になりました。

今では多くのストライプ社員が自身の取扱説明書をつくっています。管理職でなくても、私のチームメンバーでつくって共有してくれる人もいます。素晴らしく役に立つので、強くお勧めしたいです。

また、創業者が自身の取扱説明書を用意することを推奨したいです。創業者の役割が何かを周囲に明確にするためにも重要だと思います。創業者が何に興味があるか、何を求めているか、好ましいコミュニケーション手段は何か、いら立たせるものは何か、常に情報を得ておきたい業務領域は何か。これらが事前にわかると、非常に仕事がしやすくなります。知らなかったことで問題が起き、その時には手遅れだった、というミスを防げるようになるのです。

ギル：会社の規模に合わせて業務ルールが増えることがよくあります。100人規模と1000人規模では会社の運営ノウハウはまったく違いますし、特に大規模なプロダクトやエンジニアリング組織を抱えている場合は顕著でしょう。会社が成長し始めた時に仕組み化すべきもので、あわせて経営幹部の時間確保にもつながるような取り組みをいくつか教えていただけますか。

ジョンソン：もちろんです。「オペレーションストラクチャー」と私が呼んでいる、実務の指針やルールを文書化したものがあります。オペレーションストラクチャーは特定の作業プロセスに紐付けるのではなく、「業務の取り組み方で期待しているのはこういうもの」と説明する資料です。こうした指針を文書化できると、新しく組織に入ったリーダー職、マネジャー職、新人スタッフが「なるほど、こうしたものが大事なのか。それなら仕事への取り組み方も会社の成長にあわせて柔軟に対応させよう」と考えられるようになります。

次にプロダクト公開までのステップや進捗報告の仕組みなどを整備します。なんでもかんでも必須ルールにして運用するのは不可能だとある時私は学びました。絶対遵守ルールは極力少なくし、その内容は慎重かつ熟慮すべきです。パフォーマンスやフィードバックに対するルールもあれば、計画工程に設定したいルールもあるでしょう。また、公開前レビューのような定期対応が必要な諸々もあるでしょう。これらすべてに必須ルールをつくって浸透させるのは無理な話で、一階層でひとつが限界だと思います。

成長するにつれ、「これが足りない。対応しなければ」とあらゆることで思うようになります。ここでのリスクは、「なるほど、こうした目的でこの作業をしているんだな」と社員に本質を理解してもらうことより、作業そのものの仕組み化を追求してしまうことです。管理体制を敷いて支配するのではなく、本質と裁量の範囲を共有するのが理想です。非常に独裁的・階層的・官僚的な構造の会社なら、皆を支配下に置き、マイクロマネジメントも可能かもしれません。しかし、成功する爆速成長型の企業は、正しいことを成し遂げるために最適化に努める賢い人々の集まりです。組織構造上の境界線は必要ですが、過度に縛りつけてもいいことはありません。だからこそ全員が向かう高次の評価指標を用意し、実務指針や計画を文書化した上で、最後に仕組みやルールを示すべきです。

私たちのルールでは、プロダクトのリリース予定日がリリースカレンダーに載っていない限り、実現できません。リリースするつもりなら絶対にカレンダーには載せないといけません。そしてカレンダーに載せるためには、いくつかのステップに従う必要があります。ただ、こうしたルールは最小限にしておくべきです。

会社の成長に伴って、情報の伝達手段も進化させる必要があります。構造をつくり、必須ルールを組み込むのに合わせ、コミュニケーションも工夫しないといけません。全員が同じ部屋にいる環境ではなくなるためです。全社員が目を通すべき資料は何か。文書化された資料はどこにあるのか。情報源はどこにあるのか。全体ミーティングをどう活用するべきか。経営陣からのメールはどういう意図で活用するか。全部考え抜かないといけません。

> **“創業者が自身の取扱説明書を用意することを推奨したいです。”**
>
> ——クレア・ヒューズ・ジョンソン

ギル：まさしく同じ問題がカラーの初期にありました。全会議で議事録を残すのを義務化し、参加者や会議内容の透明化を図るルールをつくりました。すると初期からの社員が反対しました。ただ、施策開始一週間後には手のひらを返し、「なんてこった、君が正しかったよ。確かにこれはやっておくべきだったよ」と言うようになったのです。マイクロマネジメントなのではないか、社員を監視しようとしているのではないかという疑念を持ったようですが、純粋にコミュニケーション量を増やすのが目的でした。

ジョンソン：まさに。「これは監視や管理が目的ではなく、コンテキストとコミュニケーションのためにしています」と伝えることがどれほど大事か。当たり前に伝わると感じているものでも誤解が起きないように言語化することが重要です。

ギル：組織構造と意思決定の関連性について意識していることはありますか。

ジョンソン：いい質問ですね。万能な組織構造はそもそも存在しないと断言していいでしょう。あるに違いない、と探し続けるならどうぞご自由にと言うしかありません。特定のタイプのリーダーにうまく当てはまる組織構造というのは確かにあるので、それを採用すれば意思決定と組織構造に一貫性を持たせられます。ただし、それぞれの意思決定について、その責任者を社員に誤解させないように気をつける必要があります。

ストライプでは多くの意思決定をグループで下しています。ストライプでは、この人に相談すれば問題が解決するということがないので、この体制にいら立ちを感じる社員もいるかもしれません。誰かの単独判断よりも、群衆の英知や優秀な人の意見が複数ある方がより良い判断を下せると本気で信じている人には良い仕組みだと思ってもらえるでしょう。ただ、組織への期待値を調整し、その優秀な人たちに情報を伝える時間が必要だと理解してもらう必要があります。

質問への私の回答はこうです。あるところまでは意思決定と組織構造を関連づける。しかし、特定の意思決定については別の方法で行うことをはっきりと通達する。たとえば「大幅な価格変更を実施する時は全経営陣の同意を条件とする」などです。誰が最終意思決定者なのかも明確にしておいた方がよいでしょう。

そうでないと、すべての負荷が創業者にのしかかり、スケールすべき会社としては不健全な状態に陥ります。経営陣が「役割と責任」を明文化した資料を作成し、社内に共有している会社もいくつか知っています。その資料を見ると誰がどの領域の最終意思決定者であるかがわかります。意思決定者でない場合、どうするべきかも明確になります。規模の拡大に合わせてどう適応していくべきかが組織に伝わります。

ギル：グループで意思決定をすべきでないものには何がありますか。担当者次第で、組織は事前調整型にも独裁体制にもなります。特定の人物が単独で判断すべきような意思決定事項はあるのでしょうか。状況によるとしか言えないのでしょうか。ＣＥＯが他者に委譲すべきでない重要な意思決定事項は何か、と言い換えてもよいかもしれません。

ジョンソン：ＣＥＯや創業者がグループディスカッションで意見を集めることと、グループとして意思決定をすることは別物です。ＣＥＯは「究極的には私が意思決定します」と伝える必要があるでしょう。

ＣＥＯの意図が「皆で徹底的に議論したい。全員が同意しない結果になるかもしれないが、ひとりが最終的に意思決定をして、全員がそれにコミットしよう」というものなのに、ゴールが皆の同意を得ること、その意思決定者がグループだと勘違いされてしまうと混乱が起きます。どのような意思決定手順を踏むかを明確にしない場合、期待値が正しく設定されずにグループは大変苦しみます。

私が難しい決断をしなければならない時は、会議冒頭に「皆さんにあらゆる意見と案を出していただきたい。ただし、最終的な判断は私が下します」または、「この件について私自身が意思決定者であるべきかをまだ決めていません。意思決定に必要な要素を理解するため、皆さんの助けが必要です。話し合った後に、どう意思決定するかをお伝えします」と言うようにしています。事前にこうした方向づけをしないと、トラブルになる可能性が高まります。

究極的には、情報を組織内でできるだけ集めた上で、ＣＥＯや創業者自身で決断しなければいけない状況は発生します。新しい経営者を採用する時などがよい例でしょう。

エンジニアリングチームには、会社の計画や成功報酬制度や指標は、何かをやめたり、やり直したりする想定で設計されていないことをいつも伝えています。技術的負債に着手する必要性や、プロジェクト中止のような辛い決断をしなければいけない時には、経営陣やＣＥＯから「この方針は変えることにした」と宣言する必要があります。担当部署は目標達成に向けて取り組み続けなければならない構造だからです。終了・削減・撤回の意思決定は、経営陣または経営者自身が行わなければなりません。

ギル：納得です。私が見た別の失敗パターンは、経験豊富なシニアな経営幹部をＣＯＯやＣＦＯ（最高財務責任者）として雇った後、その個人の仕事ぶりに惚れ込んでしまいCEO自身が引き下がるケースです。当初の想定はそうではなかったのに、その創業者やCEOの個性が発揮されるところや、最も得意とする領域からも引いてしまうのです。

ジョンソン：組織にとっては良くないメッセージとして伝わってしまうでしょうね。社員は、「おや？ この事業領域に会社はもう興味がないのかな」と考える可能性があります。バランスは極めて重要で、誰が何を担当し、どう協力して仕事をするかを明確にするという冒頭の内容に立ち返ることになります。

ギル：急成長中の組織課題や戦略策定に取り組んでいる起業家にアドバイスしたいことはありますか。

ジョンソン：言うは易し行うは難しですが、これまで話している内容は極めて重要ですので、取り組む時間をきちんと取るようにしてください。ストライプの経営陣でも話し合う時間を多く取り、やるべきことが何かという認識を揃えることに多くの時間を使っています。

最後にもうひとつ。大変だと感じない場合、それは危険な兆候です。スケールに成功している場合、実現

”

会社の成長に伴って、情報の伝達手段も進化させる必要があります。

――クレア・ヒューズ・ジョンソン

“

しようと思っていたものすべてに取り組めていないはずです。日々の変化に慣れて受け入れる方が、変化に抵抗するよりも良い結果になると気づきましょう。変える過程で無力に感じたり失敗に向かっている感覚に陥りますが、それは違います。その感覚になるのは正しく、会社に新しいものが導入されている証明です。次のステージに向かうための再発明を怖がる企業もありますが、やる価値があると気づいてもらいたいです。

ギル：社員の目線では、3〜6か月ごとに組織が再編されているので、いくら会社が速く成長していても混乱したり不安になったりしてしまいますよね。

ジョンソン：その通りです。なので期待値を調整し、カオスな環境をいかに楽しめるようにするかが重要です。先読みし、先手を打ち、起こるべくして起こる変化への覚悟を持ってもらうように環境を整えます。根拠のない不安や懸念といったそもそも必要のないものを事前に取り除いておくのがよいでしょう。

ギル：スタートアップの成長に伴って、事業戦略と意思決定をどうするか皆が迷っているように思えます。計画し直すべき段階はいつですか。そうした段階はどう連動していて、どれくらいの頻度で着手すべきなのでしょうか。

ジョンソン：会社の進化と拡大に合わせて対応すべきです。プロダクト・マーケットフィット前なら、実績を積み上げながら柔軟にスピード感を持って取り組むべきでしょう。より短期的に捉え、「プロダクト・マーケットフィットを証明するために必要なマイルストーンはこれだ」と判断していると思います。

一方で、自社のコアプロダクトでトラクションを得られるようになったら、比較的早く進捗がわかるターゲットや数値指標を見つけられるでしょう。「このプロダクトを成長させる短期、中期、長期目標はこれだ」とはっきり言える状態であるべきです。成功の兆しが見えても、まだまだ取り組まなければいけないことがたくさんあるからです。

短期視点になりすぎたり長期視点になりすぎたりしないように、バランスを意識すべきです。個人的には2つの資料でこれを考えています。ひとつ目はストライプで「チャーター」と呼んでいる長期計画。チーム、プロダクト、会社の存在理由、その全体戦略がどんなものか、ここから3～5年後の成功がどんなものかを示す資料です。2つ目は短期計画で、「直近で私たちが目指しているものは何か」という質問に答えるものです。結果ベースのマネジメントモデルやOKR（目標と主要な結果）などを使います。メンバー同士で「私たちが長期で目指すのはこれ。四半期ではこれを目指すために指標Xと指標Yを伸ばします」と語れるような仕組みです。

成熟したプロダクトがある会社でも、アーリーステージのプロダクトに取り組んでいる場合は、短期計画は違ったものになります。伸ばすべき指標Xや指標Yが何かすらまだわかっていない状態です。マイルストーン達成モードとも言えます。事業のどの段階もプロダクトライフサイクルのどこかに属します。会社側に理解してもらえる型をつくり、新規プロダクトのステージを切り分け、説明できるようにするのが望ましいです。

一方で、各段階で先程の長期計画（「なぜ私たちは存在するのか」）と、短期計画（「私たちは何に取り組むのか」）のバランスを取るようにしましょう。

ギル：それぞれの見直しや変更についてはどうですか。たとえば長期計画は毎年見直すべきなのか、半年ごとなのか。長期計画の更新頻度と比べてゴール設定やOKRの更新頻度はどのくらい違うかなど、考え方を教えてください。

ジョンソン：長期計画はざっくり年に一度は見直す必要があると思います。ゴール設定やOKRはプロダクトの種類にもよりますが、おそらく四半期ごとや半期ごとでしょう。私たちの会社では長期計画に加え、翌年の会社の数値目標を経営陣で毎年設定するようになりました。その数値目標に合わせて四半期ごとの計画を修正しています。

ギル：長期計画や事業戦略はどれくらい先まで考えておくべきでしょうか。

ジョンソン：以前に真剣に考えたことがあるのですが、「創業資料」をすべての会社がまとめておくとよいでしょう。特に社員数が50人や100人を超えるとより重要になります。会社のミッション、ビジョン、そして全体戦略目標が書かれているものです。この資料をストライプでつくった当初は3~5年先を想定していましたが、社内では単に長期計画と呼んでいました。当時の目標を最近になって読み返してみたところ、3年前のものなのに、現在の目標と変わっていませんでした。そして今から3年、5年経っても同じ目標のままだろうと思うのです。創業時点で既に真の長期目標として設定されていたのです。

これとは別に組織の行動原則や指針など、会社が大切にする価値観を示す資料があります。行動指針や望ましい態度などを明文化し、企業文化として定着させることは重要です。これらの創業資料は、めったなことがない限り内容を変えるべきではありません。私たちも行動指針の内容は毎年更新していますが、重大な価値観は変えていません。創業資料は頻繁に更新されるようなものではないはずです。

特定のビジネス領域やプロダクトに絞っても、予想できる期間は長くて3年でしょう。成長フェーズでは様々なことが猛スピードで変化するため、それより先を見越すのはなかなか難しいです。ストライプの財務計画では3年先を見据えていくつかの仮説検証を実施できるようにしていますが、5年先を正確に見越して成果を出すのはなかなか厳しいと思います。

ギル：長期計画、OKRの導入や更新管理の主導者は誰がやるべきでしょうか。たとえば私はツイッターの社員が500人の頃に、全社にOKRを導入するように言われました。そこで当時CEOだったディック・カストロに矢面に立ってもらいました。この規模になると会社のトップが何度も何度も発信し続けない限り、浸透しないためです。こうした新しい仕組みを導入するのに適した規模はありますか。また、運用にあたって誰が責任者になるべきでしょうか。

ジョンソン：計画策定のフレームワークをなるべく早く整備する方がうまく行きます。先日あるスタートアップで講演しましたが、どの運用ルールをどの時期に導入するのが適切かという質問を受けました。「どの運用ルールが最適かは明言しませんが、何らかのルールは必要で、それは想定より早く必要になる」と私は答えました。

ゲームやスポーツにたとえました。「なぜゲームは楽しいのか。ルールがあって、勝利の条件が決まっているからです。運動場にたくさんの人がいて、それぞれ別のスポーツ器具を持ち込んでいて、ルールが共有されていない場を想像してみてください。まず間違いなくけが人が出ます。敵味方も不明、勝利条件も不明、点の取り方も不明で、目的すらわかりません」

講演したのは40人規模のスタートアップでしたが、社員たちは皆感心してうなずいていました。同時に核となるゴールがないため苦しんでいることも伝わってきました。この会社は間違いなくプロダクト・マーケットフィットを実現しており、独自性で突破するフェーズに入っていたため、辛くてしんどい状況からは脱していたはずです。組織には条件づけと目標設定が必須で、社員自身が判断して行動できるようにしなければいけないのです。

私がストライプに参画した時は、今導入しているOKRも長期計画も計画策定ルールもない状態でした。6つの事業部門には目標がありましたが、それだけでした。私が入社してから数回の四半期で実施したのは、その目標をチーム単位に落とし込むものでした。それだけで6~8か月くらいはうまくいきました。少なくとも自分以外のチームが何を目指して日々取り組んでいるかを理解できるようになったのです。目標や計画の構造化は思ったよりも早く必要で、自身で納得できる仕組みを取り入れるべきでしょう。結果的に初期につくった仕組みは完璧には機能しませんでした。ストライプの社風に合わなかったのか、企業規模に見合わなかったのかはわかりませんが、一度立ち止まって計画し、目標を策定し進捗を管理する訓練を積むことができました。組織として早い段階にその能力を身につけるのが重要です。

責任者は経営者や経営陣がやるべきでしょう。トップダウンで落とし込むべきで、末端にまで浸透させる必要があります。そうした意味ではCEOを含め、経営陣が意識的に関わる必要があります。作業の指揮までする必要はないかもしれませんが、明確に当事者だと認識されるべきです。

想定よりも早く計画策定ルールは必要で、その仕組みはトップダウンで末端にまで落とし込まれるべき。これが私の見解です。

ギル：経営陣の中に大きな組織で働いたことのない人がいると、こうした仕組みの導入に抵抗する時があります。導入から半年も経てば「この仕組みは素晴らしいね、どうして今までやってなかったのかと思うほどだ」と彼らはしれっと言うのですが、初期は苦痛を伴います。

より一般的な方向に寄せますが、創業者が長期的に関与し続けるべき領域はどこか、また権限委譲に失敗しがちな領域はどこかを教えていただけますか。それには共通パターンはあるのでしょうか。皆が共通して手放すべき領域、あるいは手放すべきではないけれど、仕組み化によって意思決定の権限を分散させつつ重

“行動指針や望ましい態度などを明文化し、企業文化として定着させることは重要です。

——クレア・ヒューズ・ジョンソン”

要なものはCEOに報告させる仕組みをつくるべき領域はありますか。

ジョンソン：私は自己分析をよくしますが、創業者やCEO、経営陣として実際に時間を割くべきことが2つあります。ひとつ目は、創業者やCEOだけにしかできない固有なことは何か、その中で会社の生存に影響するものが何かを知ることです。絶対に時間を割くべきものは何か。たとえば経営層の採用は創業者やCEOにしかできない仕事のひとつです。プロダクトビジョンの発信や企業文化の設定もそうでしょう。

それらを具体的に把握し、他の経営陣としっかり共有します。次に、各経営陣のスキル、能力、経験、強みを分析します。CEOのニーズに合うようチームを構成できるか考え、CEOや創業者が関わるべきものを限界まで絞り込みます。各幹部がやりたいことと、しなければならないことの比重を決めます。どう関われたら理想なのか、仕事として関わるのが必要なことは何かを言語化して書面に残しておくべきです。

逆に、状況に流され、よく言えば楽観的、悪く言えばご都合主義な判断がなされることがあります。「こういう人を採用した。どうやらこの人にはこういう背景と経験があるので、せっかくなのでこれに取り組んでもらおう」という考えは危険です。会社の戦略とプロダクトに沿っているかを確認し、経営陣で考え抜く必要があります。

※このインタビューはわかりやすさのために編集、要約しています。

「クレアとの働き方」非公式取扱説明書

初めに、私は皆さんと一緒に働けることがとても楽しみ。どうぞよろしく。

運用オペレーションと取り組み方

- **隔週または毎週の1on1ミーティングを実施する。** 事前に準備できるように、なるべく開催日を一定にし、定例化したい。1on1専用の共同編集ファイルを用意し、そこをアジェンダ、アクションプラン、目標、情報を共有する場にできるのが理想。
- **週1のチームミーティングを実施する。** 情報共有、意思決定、作業レビューの場だと認識している。ビデオ会議の時差の考慮などが必要だが、参加者には万全の準備と会議への参加をお願いしたい。
- **四半期ごとにプランニングセッションを実施する。** チームやパートナー（内外問わず）同士でしっかりと事前に準備し、実施後もきちんとフォローアップするようお願いする。
- **ストライプの各事業のレビュー型会議を不定期で実施する。** 会議と計画策定の合間も効率よく働けるようにしたい。
- **1on1ミーティングについて**

（1）一緒に働き始めてから数か月以内にキャリアセッションミーティングを実施したい。これまでの経歴、今この会社にいる理由、将来への展望などを話す。こうした話は社員の興味分野や志を私が理解する助けとなり、長期的な視野で考えられるようになる。

（2）個人目標の設定。3～5つの重要視する個人目標を四半期ごとに一緒に設定する（個人として取り組むもので、チームとしての目標ではない。もちろんチームの目標実現にも取り組んでもらう）。四半期ごとに話し合い、達成に必要な時間、ゆとり、周囲のサポートを得る方法を計画しよう。これらを3～6か月ごとに実施する。もちろん、私の個人目標も皆さんに共有する。

・皆さんのチームについて

（1）チームの日々の仕事内容を理解するのに役立つ資料や情報、メール（宛先に追加またはFYIでの転送）があれば積極的に共有してほしい。

（2）仕事が順調に進んでいたりチームメンバーが仕事で素晴らしい成果を出したりした際には、私に知らせたり1on1会議資料にその旨記載してほしい。進捗中のものを見るのは好きで、成果を出した人と会って担当者視点で話を聞かせてもらえるとうれしい。

（3）チームに所属する一人ひとりと直接お会いしたい。この数か月以内にきちんと実施するように見守ってもらえると幸いだ。

マネジャーの取扱説明書

マネジメントスタイル

協調型

・私はとても協調型の人間だ。複数人でホワイトボードを使って判断や選択肢について議論するのを好む。どちらか一方の視点や意見に固執することはめったにないが、逆に言うと即決即断を常に得られるわけではない。きちんと話を聞き、案やデータや選択肢を確認する。このため私の意思決定は遅れることがあるが、すぐに判断が必要な場合は必ずそう伝えてほしい。

ハンズオフ型

・私はマイクロマネジャーではない。いちいち作業の詳細に口は出さない。ただし、何かがズレていると感じればその限りではない。その時は懸念点を伝え、状況をどう整理すればコミュニケーションがうまくいくか、または状況を立て直せるかに一緒に取り組みたい。私がプロジェクトやチームに新規に参加する際はよりよいリーダーとなれるように、なるべく皆と関わるようにしている。新しい環境の最初は細かいことを質問し、首を突っ込むことを理解してほしい。部下の助けが必要な時にすぐに行動できるようにするためだと思ってもらえれば幸いだ。

・私抜きで多くの意思決定がなされることを期待する。相談される場合、私は基本的に「あなたは何をしたいのか」「あなたは何をすべきだと思っているのか」と返してあなた自身が判断できるように手助けする。後々大きな問題になりそうな場合は、ぜひ知っておきたいし、喜んで相談に乗る。あなたとあなたのチームについては常に理解しておきたいと思っている。

責任と段取りについて

・担当業務の実行には極めて真面目に取り組み、あなた自身の担当業務と期限は常に理解すること、そして完了させることを求める。監視はしないが、抜け落ちには間違いなく気づく。期限の再調整は問題ないが、期限の翌日にそれをされると私は不機嫌になるだろう。

- 事前に準備しておけば対応できたのに、直前対応になり誰かが苦労する状況を私は好まない。負荷の高まるリスクがありそうな時は、事前に周知するようにチームとして心がけよう。同様に優先順位については、リソースが限られていることからもぶれないようにこだわってほしい。皆さんも私も常に冷静な判断ができる環境をつくろう。

データドリブン

- 進捗と結果がひと目でわかるように整理されたデータとダッシュボードがあるのが理想的。一方でデータを掘り進めないといけなかったり数字いじりに時間を費やしたりすることは好まない。本当に必要な情報を一貫性を持って運用し、気づきを得るためにデータを活用しよう。思い込みに整合性を持たせる情報収集や、不都合な状態に見て見ぬ振りをするのはやめよう。
- 「どう業務を進めるか」をまず定め、その後に派生させたり例外をつくったりする判断をグループでするようにしたい。各個人がバラバラに自己流の業務を発明するのは避けたい。
- 議論中に何かのデータが判断に役立つと思ったら、遠慮なく提示してほしい（次を参照。まず分析すべき時に直感モードで対応してしまうケースがあり得るため）。

でも直感も大事

- こう言いつつも、ファクトやデータが揃っていない環境では、人、プロダクト、そして意思決定について直感で対応するのも得意だ。「やばい、考えずに結論づけるタイプか」と不安に思わないでほしい、そうならないようにこれまで努力を重ねてきたつもりだ。個人的には直感力があるつもりだが、依存や執着はない。私の直感から議論する要素を引き出すのはあなたの役目。良い結果を得るための徹底議論は喜んで実施する。

・採用や人員配置では直感によく頼るが、人の見極め能力は高いとよく言ってもらえる。繰り返しになるが、私は決めつけをしないように努めているものの、チームメンバーに対してこういう人だろうと推測しているので、私が正しく理解できるように協力してほしい。

・全体像を理解できるように、個人的な事情などを教えてもらうのも構わない。私は人が仕事人格やプライベート人格に分かれていると考えていない。コンテキストを理解できればあなたやチームを理解する助けになると思っている。チームの誰かが辛い思いをしていたら、そのことを知って助けになりたいと考えている。

戦略的

・物事の最終到達点とそこへ向かう最短距離を常に考えるようにしているが、柔軟にも対応する。ブレが生じたら「状況を変えるには何をするか」「解決したい課題は何か」「なぜそれを解決すべきなのか」「いつ解決すべきか」「必要な情報は何で、それはいつ手に入るのか」を考えるし、あなたにもその思考を求める。毎日実施できる最重要な事柄は何かを意識し、すべてに優先してそれを実行するよう心がけている。たまにメールに忙殺されて失敗することもあるけれど！

・ちなみに、私は自身の時間を甘めに見積もってしまい、多くのものにイエスと言ってしまいがち。その様子を見かけたら、ぜひ私に知らせてほしい。人と会って話すのは大好きだが、気を取られて戦略系の仕事に十分な時間を充てられていない時がある。仕事に誠実でいたいため、そのような状況を見かけたら指摘してほしい。

ユーザー志向

・この項目を最後に記載した理由は、私が価値を出すべき領域は個別の顧客対応よりも企業のスケーリングであるからだ。ただ、販売状況、顧客の問題、顧客のストーリー、ユーザーとの接点には常に関心がある。特に出張中は出会いを重要視する。

コミュニケーションスタイル

1on1について

・口頭で共有した方が理解が深まる内容で、週次ミーティングまで待てる情報は、1on1ミーティングを活用してほしい。Eメールでのやり取りは無駄に時間がかかることがあるので使い所を見極めるようにしてほしい。

・1on1がしばらく予定されていない時は、メールなどで連絡してくれても、もちろん構わない。

Eメール

・メールを読むのは速いが、左腕に手根管症候群があるので超長文メールを書くのは苦手だし、そもそも生産性が高いとも思っていない。と言いながら書く場合もあるので、その時はその時で！

・一日に届くすべてのメールに目を通すが、返信はしない。あなたが送ったメールは読んでいる。直接質問をされたら、または私の方から質問がある場合のみ返信をする。したがって、18時間以内にそのメールを読んだと思ってもらって構わないが、返事をすべきときに反応がない場合、再度連絡をしてほしい。そのことで腹を立てることはない。

・ＦＹＩ（参考情報）メールは大好き。あなたが知ったこと、顧客の話、ニュース記事、何らかのデータ、チームの誰かが達成したことなど。件名にＦＹＩと入れておいてもらえれば、私が読むべきだが緊急性がなく、返信を必要としないものだと理解できる、私から送る時も同じようにする。ＦＹＩは返信不要。
・何かの目標達成を私が見逃していて、それを喜ぶメールに後から追加された場合、「おめでとう！やったね」と私が書き込むべきだと受け止め、対応する。ただ、やりすぎると価値が薄まるので適切な頻度で。

チャット／ピング

・緊急・重要・タイミングが勝負な場合、本当に時間がない時は、「赤（不在表示）」でもためらわず連絡してほしい。
・チャットで短い質問を送ってもらうことは構わないが、多くの時間は会議に参加中なので、返信タイミングは不安定になる場合がある。
・長くなりそうな議題や緊急性が高くないものは１ｏｎ１までとっておくのが得策。

全般的に、コミュニケーション量は少ないより多い方を好み、あなたやチームに何が起きているかを理解して仕事をしやすくなるように協力したい。これをマイクロマネジメントだとは思わないが、私が重箱の隅を突ついていると感じたら伝えてほしい。最後に、長文メールを私から書くことはないと思うが、あるとし

”一緒に働く皆と笑い合って楽しむのが大好き。
――クレア・ヒューズ・ジョンソン“

ても長文メールの前に、私から先に対面で話そうと持ちかけるだろう。同様の課題に先に気づいて呼びかけてもらえればよりありがたい。

また、資料化された計画も好ましい。パワポでもワードでもエクセルでも構わないが、必要なら詳細まで考え抜かれたものであることを期待する。作業中の資料や計画があれば作成段階から共有しておいてもらっても構わないが、基本的に関わるタイミングは具体的な確認依頼を受けた時または最終レビュー時になる。

フィードバックについて

フィードバックは建設的なものと考えており、受けることにも伝えることにも積極的だ。お互いが成長し合うための組織だ。四半期ごとに公式な振り返りはするが、何かを見聞きしたらタイムリーに対応するので、同じようにしてほしい。同時にチームがどう考えているかを知るためにスキップレベルミーティングやオフィスアワーなど、階層を意識しない会議を開催する。そこで気になる報告があれば伝えるようにする。あなたに対する不満を吐き出した人がいた場合は、その人が直接あなたに伝えられるように私がサポートする。

マネジメントと社員について

あなたとあなたのチーム、取り組みをとても気にかけている。チームのスキル向上や個人のスキル向上について常に連絡を取り合うようにしたい。スーパー社員の登場や課題の発生に気づけるようにし、一緒に環境をつくっていこう。

成果について

良い成果を目指すこと、そして良い成果が出たことを客観的に見られるようにしよう。1に指標測定、2に指標測定！

ユーモアについて

最後になるが、一緒に働く皆と笑い合って楽しむのが大好き。

今後一緒に仕事をする上でこの資料が参考になること、そして皆さんと働くことを楽しみにしている。この取扱説明書に文言を追加して、もう少し「公式感」が出るようにしてくれるのは大歓迎 :)

共同創業者の機能・役割変更について

経営陣の体制移行で最も大きい影響が出るのは、共同創業者の役割が変わることだ。創業初期のスタートアップの多くでは、共同創業者全員がすべての決定に関わる。会社が成長するに従い、意思決定の範囲と各人の役割をより厳密に定義する必要がある。

共同創業者の役割変更には、基本的に3つの結末が待っている。

- 共同創業者が経営陣ではなく個人として関与する形に変わり、そこでハッピーに過ごすケース（アップルのスティーブ・ウォズニアック）。
- 共同創業者が主要な経営陣として会社に残り、CTO（最高技術責任者）、プレジデント、プロダクト担当バイスプレジデント、その他の役職で会社の成長に貢献し続けるケース。

・会社への影響力の低下に不満に感じた共同創業者が離脱するケース。CEOにいずれなりたいが直近で見込みがないと感じたり、本人の望む役割とスキルにミスマッチがあったりする場合に発生。一部では病気の家族の世話や配偶者の都合で引っ越しをするなど、家庭の事情で離れるケースもある。

共同創業者の役割変更は、（1）会社がスケールに応じて戦略の方向性を絞る必要が生じた場合、または（2）共同創業者の能力や成長速度が会社の成長速度に見合わなくなってきた場合のいずれかで発生する。社員数が増えると、最終意思決定者が誰なのかがわかりにくくなるため明示する必要ある。これができないと会社は行き詰まり停滞する。CEOは自身の時間を最も重要かつ価値を生み出す領域に割かなければならない。並行して、共同創業者が望む役職に本当に適性があるかを見極めなければならない。

共同創業者の役割の移行では次の手順を勧めたい。

1　共同創業者が12〜18か月後に会社でどのような役割を果たしているかを考え抜く。共同創業者に求める機能と役割は何か（CTOなのかエンジニアリング担当バイスプレジデントなのか、エンジニアとして貢献するのかなど）。企業文化面で担ってもらう役割は何か（文化の見極め役として採用候補者全員と面接するのか、ほかに何かあるか）。その他関わってほしいことは何か（自分が参加できないイベントに登壇してもらう、または特定領域の取引交渉や業務提携交渉など）。意思決定に関わる領域は何か（日々話し合う議題にどんなものがあるか）。会社がスケールする限り永遠に付きまとう問題なので、遠い未来を想定する必要はない。12〜18か月先を意識するのが適正だ。

2　共同創業者自身に何をしたいのかを考え抜いてもらう。 共同創業者に自身の職務内容書を書き出してもらう。

3　話し合う。 共同創業者が取り組みたいと思っていることと、CEOが取り組んでほしいと思っていることの溝を埋める必要がある。見解にズレがある場合、何度も話し合う場をつくることになるだろう。

4　話し合いを正しい方向に導くために、双方が信頼するアドバイザー、投資家、取締役に協力してもらう。 2人だけで役割変更について解決できない場合、第三者に入ってもらって調整する必要がある。

5　合意形成後、共同創業者が新しい役割で力を発揮するためにCEOは何をすべきか。 マネジメント用のコーチングが必要か、など。

共同創業者は、まだ会社が何者でもない頃に大きな賭けをしてくれた人物であることを忘れてはならない。また、将来取締役になるかもしれない大株主でもある。共同創業者同士の関係には、あらゆる長期的なパートナーと同様に多くの感情が混ざるが、会社の成功のためには何らかの落とし所を見つけないといけない。仮にCEOと共同創業者が合意できない場合、共同創業者に会社を抜けてもらう判断が必要になるだろう。状況によっては係争に発展することも考えられる。あるいは会社の成長に安心し、勢いを止めることなく離脱できることを喜ぶ者もいるかもしれない。CEO職に就けず決裁権を十分に与えられていないことに不満を持つ共同創業者が、自身が最終意思決定者となれる場を求めて去っていくことも考えられる。

不平等な共同創業者

シリコンバレーの迷信のひとつに、共同創業者同士の株の持分は均等であるべきというものがある。[7] しかし、過去50年間で成功しているテクノロジースタートアップを見てみると、支配権を持つ共同創業者がいる。例を挙げよう。[8]

アマゾン。ジェフ・ベゾス。

アップル。スティーブ・ジョブズがウォズニアックと不平等に株を分けた話は有名。

フェイスブック。ザッカーバーグには複数の共同創業者がいたものの、ウェブサイトは「マーク・ザッカーバーグ・プロダクション」とページ末尾に記載されており、共同創業者の何倍もの株式を所有している。[9]

インスタグラム。ケビン・シストロムが支配権を持つ創業者だった。

インテル。ロバート・ノイスが7年間会社を率い、その後ゴードン・ムーアが12年率いた。[10]

インテュイット。スコット・クックが支配権を持つ創業者だった。

リンクトイン。リード・ホフマンには複数の共同創業者がいたが、株式と会社のコントロール権では実質的には支配者だった（ジェフ・ウィーナーの代わりにCEOを採用した過去もある）。

マイクロソフト。ポール・アレンは創業後数年で会社を離れ、残ったビル・ゲイツが支配権を持つ創業者となった。

ネットフリックス。リード・ヘイスティングスがマーク・ランドルフからCEO職を創業初期に引き継いでいる。

オラクル。ラリー・エリソンは単独の創業者だった。

ピンタレスト。ベン・シルバーマンが会社を成功へと導いている。

セールスフォース。説明するまでもなくマーク・ベニオフ。

スクエア。ジャック・ドーシーが最初の共同創業者。

ウーバー。トラビス・カラニックがつい最近まで力を持っていた。

ワッツアップ。ジャン・コウムが支配権を持つ創業者、株式保有者だった。

これらの会社は共同創業者の間で権力と株式が不平等な例だ。一般的に、共同創業者同士で権限を均等に分けるのは、ひとりの支配的な共同創業者（または会社が機能し始めてから支配的になる共同創業者）が運用するのに比べて、会社に良い結果をもたらさない。会社の創業は非常に困難であり、共同創業者が一緒にいることで仕事量やストレスのバランスを保ちやすくなるのは事実だが、重要なのは意思決定の流れを明確にしておき、単一の存在（CEO）が進むべき道を定め、迷いなく前に進めるようにすることだ。

これらの逆説的な事例として均等分割をしたグーグルがある（ラリー・ペイジとセルゲイ・ブリンが共同創業し、創業初期にCEOとしてエリック・シュミットが加わった）。均等分割での共同創業者の関係が不可能というわけではないが、成功している企業の中では希少な部類に入る。

［7］eladgil.comを参照。　http://blog.eladgil.com/2012/02/howtochoosecofounder.html

［8］有名未上場企業でも不平等な共同創業者権限や不平等な株式所有の例があるが、まだ上場していない状況でもあり、それらをオープンに語ることは避ける。

［9］eladgil.comのリンクを参照。　https://www.buzzfeed.com/amygrindhouse/amarkzuckerbergproduction1qq?utm_term=.qfb-BY80xEV#.su1OnjRzW7

［10］あまり注目されないが印象的なのは、CEOを務めていた人物が別の共同創業者に取って代わられる数の多さだ。インテルやロジテックを含むいくつもの会社で発生している。

第2章

取締役会のマネジメント

取締役の「採用」について

共同創業者を配偶者にたとえるなら、取締役は義理の母や父だろう。定期的に会う関係を断ち切るには面倒で、会社の未来に良くも悪くも多大なる影響を及ぼす存在だ。

取締役は会社が「採用」する対象としては、最上級の重要性を持つ。経営戦略、幹部候補の洗い出し、シニアエグゼクティブ層や重要ポジションの採用クロージング、資金調達、運用体制の構築、企業ガバナンスなど、優秀な取締役は企業経営に重要な役割を果たす。ミッドステージ企業の取締役はCEOの選出、維持、解雇に責任を持ち、そのCEOに成果、計画、期限について責任を持たせる。レイターステージになると、取締役は所属している組織を通じて、より専門性の高い役割を担う(なおここでは上場後の取締役会については触れない)。

取締役会は一般的に何人かのキープレイヤーで構成する。会社に投資したVC(ベンチャーキャピタル)、独立系取締役、そして創業者(一般的にコモンシートと呼ばれる、創業者のひとりか2人。3人の場合もある)だ。創業者ではない外部から迎え入れたCEOがいる場合は、その人物も取締役に就くだろう(非創業者で外部から採用したCOOがいることもある)。

取締役にふさわしいVCパートナーの選任

取締役の多くには投資したVCが就任する。彼らは聡明な戦略家や事業家かもしれないし、ただ大量の資金と一緒に取締役の権利を得ただけかもしれない。私なら資金額や評価額が高いだけで価値をもたらさない取締役を迎え入れるより、本当に関わってほしい取締役やVCパートナーに加わってもらえるように、低めの評価額を受け入れる。[11]

また、投資を実行するのはベンチャーキャピタリストの担当者本人ではなく、あくまでファンドだということを忘れてはならない。ファンド側にはCEOが信頼している担当者でも代える権限がある。初期にシニアパートナーが取締役に就任していても、ある日突然経験不足の未熟な新人若手キャピタリストに代わるかもしれない。この新人は最初は取締役会のオブザーバー[12]として会議に参加したりシニアパートナーと同席したりし、なぜいるのかと聞かれると「有望な会社には多くの人員を充てたいから」などと答える。会社が好調で成長していれば言葉通りに受け止めてもいいが、そうでないならシニアパートナーの時間をほかに充てたいVCファンド側の意向で、優秀でない人物が配置されそうになっていると疑った方がいい。

独立系取締役の選任

独立系取締役には、適切な職務経験(CFO経験者など)や業界経験のある事業家や起業家が就任することが多い。シリーズAの投資家は独立系取締役の選任を急がせない傾向があるが、中には急がせる投資家もいる。独立系取締役の選任は会社にとって最重要な「採用」になる。取締役の席は一度与えたら取り上げるのが極めて難しいため、慎重かつ計画的に次の手順の実行をお勧めしたい。

[11] イーロン・マスクとジョン・ドーアについての話は eladgil.com 参照。https://pando.com/2012/07/17/who-made-the-bigger-mistake-in-the-botched-series-c-for-tesla-elon-musk-or-john-doerr/
[12] 取締役会オブザーバーに関連したマーク・サスターの投稿については eladgil.com 参照。https://bothsidesofthetable.com/rethinking-board-observer-silent-observer-eee4cceac7d

1 「採用」条件を明確にする。何度も言うが、取締役は会社が採用する中でも最重要人物のひとりだ。CEOが取締役に求めることを明確にするチェックリストや採用スペック表をつくることをお勧めする。必要な要素は次の通り。

・経験——次のようなものが含まれると想定

実務経験。求めるのは、会社を立ち上げた人物か、それともある規模の会社での実務経験がある人物か。最適な手法やマネジメントのノウハウを共有してくれるか。CEOはその人から何を学べるか。

業界経験。取締役レベルで必要な情報やマーケットの専門知識を持っているか。業界内で競合優位となれる情報を提供できるか。CEOを支える業界内の人脈があるか。

専門分野の経験。特定分野での経験や知識（元CFOや海外セールスバイスプレジデントなど）をCEOが必要としているか。既存の取締役や創業者の経験次第で、業界経験、専門経験、実務経験の必要性は変化する。完璧な人物が見つからない中、長所とのトレードオフを検討することもある。

・爆速成長企業への関与（理想は創業者であること）。カフェで2人で作業する時代から数千人規模の会社に成長する経験をしていないと、その過程の多くの困難や障壁を想像するのは無理だろう。物事は常に想定よりも時間がかかり、困難な状況に追い込まれる。競合によって死にかける、毎月の多額の出費、政府による規制、その他色々な問題で、多くのスタートアップは一度は破滅の危機に追い込まれる。安定した大企業とは異なり、スタートアップには惰性による推進なんてものはない。アーリーステージのスタートアップでは、あらゆる実務遂行は誰かの明確な意思がなければ起こりえない。

会社が成熟するとこれが変化し、大型船のように操舵に時間がかかる。何年も先の話だが、そこまで成長しているということはうれしい悩みとも言えるだろう。一方で、足元ではこの旅路の困難さに理解を示す取締役を揃えておく必要がある。

仮に独立系取締役の枠が1席しかないなら、その座に現役の起業家または元起業家が就いているのが理想だ。成功した起業家は創業者の精神状態に理解を示し、自身の経験に基づいて適切にアドバイスしてくれる。創業者やCEOが初心者であることを理解し、恩に着せることもせず、資質を決めつけずに「当たり前すぎるばかげた質問」に積極的に答えてくれる。この先様々な障害にぶつかることは必然だと理解しており、実体験によるビジネスのつくり方をアドバイスしてくれる。

成功した起業家はVC系取締役の対抗馬として機能することがある。結果的にこれが会社の利益となり、そのままVCの利益にもつながる。起業家系の取締役が十分に成功している存在なら、すでに多額の資産、強力なパーソナルブランド、その人のために行動する人脈があるため、VCとしても強気の姿勢をとりにくい。会議で異論や争いが起きた際、VCはこの独立系取締役を懐柔する動きも取りづらくなる。

- **地頭と知性。** これは語るまでもない。マーク・アンドリーセン、リード・ホフマン、マイケル・モリッツ、ビノード・コスラといった面々は知性と圧倒的な能力でよく知られている。特に前者2人はフルタイムのVCを開始する前からスタートアップ投資や取締役経験が多い。
- **事業センスと戦略センス。** 爆速成長企業の取締役は遅かれ早かれ、中核事業や事業戦略面の課題に直面する。その人物は戦略策定に協力してもらえるのか。戦略的な手段としてM&Aの方法を知っているか、または価格設定や企業経営の知見があるか。創業CEOにはチームマネジメントや実務の知識も必要になるため、ビジネス系の人材が貢献できることも多い。

・起業家フレンドリーな姿勢。 VCは独立系取締役の候補に「VCが信頼する優秀な人物」を提案することがある。こうした人は会社よりもVCに忠誠を誓っている可能性が高く、揉め事が起きればVC側につく恐れがある。「独立系」であるはずの取締役が投資家寄りになり、会社のコントロールを失うリスクがある（後述の注「VCの手先を拒否するには」を参照）。これを防ぐには安易にVCの提案を受け入れないようにし、起業家に共感する独立系取締役を見つけるのが重要だ。

VCも尊敬し、発言に耳を傾ける人物が理想だ。独立系取締役の候補者がベンチャーキャピタル界隈で有名で尊敬されている人物で起業家の味方になるような人なら最高だ。CEOが以前から長く関係を築いている人なら取締役に就いてくれる傾向がある。積み重ねた信用は、会社が苦境に立たされた時にもブレずに行動するための土台となる。

・投資家／VCへのリスペクト。 独立系取締役の役割のひとつは、決議は投資家のためではなく会社のためにすべきだとVC系取締役に意識させることだ。VCの主張を跳ね除けられる知見も必要だ。独立系取締役はVCに「誠実」さを要求できる。創業者のすべての行動について全面的に賛成すべきという意味ではなく、会社にとって最善の選択がされるようにしたり、VC系取締役にも同じ姿勢で臨むべきだと気づかせる。VCも創業者もこの独立系取締役を尊敬していれば、比較的簡単に実現する。候補を探す際には、両者とも十分な時間をかけて取り組むべきだ。

2 「採用」条件について投資家と合意する。 必要な能力や役割を整理した段階で投資家に共有し、「採用」

条件について合意を得る。事前にこうすることで、VC側も創業者側もお互いに忌憚なく候補について議論できるようになる。VCがとんちんかんな候補を紹介して来たら容赦なく拒否できるし、創業者が高校の友人を連れてきた場合にはVCが指摘できるようになる。

3 候補者リストを作成する。取締役にしたい人物を希望順にリスト化する。取締役の「採用」に特化したエグゼクティブ人材ファームを活用したり、投資家、アドバイザー、知り合いの起業家に推薦してもらうのも手だ。できることなら自分の会社にフルタイムで採用したいが、取締役でないと関わってもらうことすら叶わないような人物が理想だ。

4 候補者をよく知るための時間を惜しまない。投資家は取締役を早く決めろとプレッシャーをかけてくる。しかし、最適な人物に出会うまで何か月もかけることをためらってはいけない。その場しのぎで無能なエンジニアを採用しないのと同じだ。社員よりも取締役の方が排除しにくいため、より慎重に取り組む必要がある。あらかじめ取締役候補と話す議題を整理しておくことをお勧めする。

- **会社の向かうべき方向性を話し合う。**創業者が実現したいビジョンやアプローチと嚙み合っているか。重要な知見や興味深いフィードバックを得られるか。
- **どう貢献してもらうかを話す。**積極的に関わる領域はどこか。得意なことと苦手なことは何か。
- **目標や展望について話し合う。**候補者がキャリアや人生で成し遂げたいことは何か。その目標に対し、取締役の就任がどのように影響するかを確認する。
- **具体的に何かを頼んでみる。**経験が生かせる仕事で実際に行動してもらう。あなたの得意領域のプロジェクトでコンサルタントとして雇うのも手だ。軽いテストとして、候補者の人脈から誰かを紹介してもらう、進行中の取引に助言をもらう、直面している課題のアドバイスをもらうなども選択肢だ。

5 **個人的な信頼関係と姿勢を確認する。**

これは極めて重大な要素だ。創業者と独立系取締役には個人的な信頼関係があるべきだ。金曜の真夜中に電話ができる相手で、会社の成長と同時に創業者自身を人間的に成長させてくれる、心から信頼できる人物が理想だ。機会があれば喜んで一緒に会社を立ち上げたいと思う人物が望ましい。

取締役の候補として、次のような態度をとる人物は要注意だ。

- 創業者を「ガキ扱い」し、自身を「大人の監視役」と考える**恩着せがましい年寄りの管理型経営幹部**。このような人物の口車にのせられると、判断を誤ったり、創業者がCEOから外されたり、CEOがビジョンなしの「管理者」に差し替えられたりする危険がある。
- 取締役を創業者の上司だと勘違いする**マイクロマネジャー**。
- 事業成長への興味よりも**役職による金銭報酬に意識が向いている人物**。
- **取締役になるのが目的の人物**。取締役になることで自身の威厳が増すと考えたり、就任を利用して他の複数企業の取締役になろうと行動し始める人物。
- **会社の投資家陣と人脈を築きたいと考える人物**は、投資家に気に入られるために創業者を裏切るような最悪のケースも想定しなければならなくなる。
- **VCの手先。**（注）に詳細を説明する。取締役あるあると言えるほど頻繁に起き、かつ対策が重要であるため別途説明する。

6 **ビジョンに沿っているかを確認する。**

独立系取締役は創業者が会社をどう成長させたいと思っているか

を理解しているか。取締役はその方向性とビジョンに沿っているか。うまく行かなくなってから後づけで「前々から違うと思っていたけどあえて言わなかった」と批判する人物よりも、最初からビジョンを信じる人物を引き入れたい。同様に、短期的な結果よりも、素晴らしい会社をつくるために長期視点で取り組んでくれる人を迎え入れるべきだ。

取締役候補者の経歴も確認しておこう。その人物が創業した会社はどうなったか。早期に売却したか。そうならなぜか。どんな決断をしてきたか、その決断から何を学んだかを確認するといい。

7 リファレンスチェックをかける。

取締役候補と一緒に仕事をした人たちは候補者をどのように思ってい

（注）VCの手先を拒否するには

ベンチャーキャピタリストたちは、自分たちVCと親しい人物や、VCに借りがある人物をよく取締役候補として推薦してくる。彼らは独立系取締役の席を押さえ、実質的にVC側の票を増やそうと狙っている。VCの手先かどうかを察知するには次を確認するとよい。

・候補者がVCと事業を営んでいたり、その会社の取締役にVCが就任していたりしたことがある。または、VCからの推薦でその候補者が別の会社に経営陣として参画した過去がある。
・VCから投資を受けている複数の会社で、候補者が勤務していた経験がある。
・VCが取締役を務める別会社の取締役に候補者が就任している。それが複数ある。
・取締役にふさわしい経験がない。プロダクトを理解していなかったり、一般論しか述べず、学びがない。
・候補者の次の就職先はVCによって斡旋されそうに思える（たとえばCEOになりたがっているセールス担当バイスプレジデント）。

VCの手先に入り込まれてしまう可能性は本書の確認ステップを踏むことで減らせるだろう。

るのか。誠実な人間か。専門性は何か。既に取締役の経験があれば起業家側はどう思っているのか。

8 最終決定をする。

独立系取締役の選任時の理想は、普通株を持つ起業家が推薦し、優先株を持つVCが承認する形式だ。米国大統領が最高裁判官を推薦し、議会が承認するように、推薦者に依存した力学が働く（このたとえを出したナバール・ラビカントに感謝）。VC系取締役からも良い候補者が推薦される可能性があるため、耳を傾けることも重要だ。「選挙結果」を創業者の意図通りにするには、候補者を自ら提案するのが最も効率的だろう。

会社で働く誰にでも起こり得ることだが、会社が成長することで「採用」した独立系取締役の貢献が期待に見合わなくなることがある。上場企業の取締役会はスタートアップ初期の取締役会とは求められることが異なる。独立系取締役のコントロール権を持っているなら、スキルや知識に疑問が生じた時に入れ替えることも選択肢に含めておくべきだろう。[13]

取締役会の会長

会社の定款や会社の種類によって違いはあるが、取締役会の会長が持つ法的な権限は、CEOの許可なしで取締役会を開催できることだけだ（会長とCEOが別人物である想定）。アーリーステージのスタートアップでは、「会長」の役割に特に意味はなく、ほとんどの場合は独立した立場ではない。

レイターステージ企業、特に取締役の数が膨れ上がった際に、会長は取締役会の調整役やカリスマ性のあるリーダー的な役割を担う場合がある。たとえば、会長は取締役の意見をとりまとめてCEOに伝えたり、取締役会のアジェンダ設定や事後フォローアップに協力したりする。意思決定の責任を本人が負わず、会議の空気とアジェンダを設定する役割だと考えると、会長は取締役会のテック・リードのような存在だ。

ほとんどの爆速成長企業では、会長の役割は創業者が担い、その創業者自身がCEOを務める。CEOが会長でない場合、この役割は一般的に次の2つの方法で選任される。

1 日々の業務には積極的に関与しなくなったが、株式を多く保有し、会社に貢献できる知識を持つ創業者が会長となるケース。 たとえば、ジャック・ドーシーがツイッターのCEOを退任した際に、取締役会の会長に就任している。これとは別に、取締役会でプロフェッショナルCEOを採用する判断をした場合に、創業者が会長になる傾向がある（この立場をエグゼクティブ・チェアとも呼ぶ。詳細は後述）シリコングラフィックスでは、エド・マクラッケンがCEOに就任した際、創業者のジム・クラークが会

> “できることなら自分の会社にフルタイムで採用したいが、取締役でないと関わってもらうことすら叶わないような人物が理想だ。
>
> ――イラッド・ギル”

［13］独立系取締役選任のオリジナル版を作成するにあたりフィードバックをくれたジョシュ・ハナー、ナバール・ラビカント、サム・オルトマン、デビッド・キングに感謝する。元のブログ記事はeladgil.comにある。http://blog.eladgil.com/2011/12/how-to-choose-board-member.html

長に就任した。創業者のひとりがCEOで、活動的な別の創業者が会長を務めると、かなりいびつな構造になる。2人の創業者間で権力争いが生じていると推察できるだろう。

2 VCや初期の投資家が投資時に会長職を務めるケース。

たとえば、セコイア・キャピタルを立ち上げたドン・バレンタインは投資先企業のいくつかの会長を務めていたし、オレン・ジーブはシードラウンド投資の最初の投資家となった後に、ハウズの会長に就任している。

「エグゼクティブ・チェア」という表現は、会社の日々の業務に積極的に関わっているが、実務担当がない会長を指す（組織の実務や部門を担当していない場合など）。エグゼクティブ・チェアは、会社のいくつかの戦略領域に集中することが多い。エリック・シュミットがグーグルのCEOを退任した際には、エグゼクティブ・チェアとして政府との関係構築や会社全体の事業戦略に取り組んだ。

取締役と多様性

取締役の陣営は、会社のミッションと方向性に強く賛同し、目的に向かって共に歩める人物で揃えるのが望ましい。嵐の時にも平静で、実務アドバイス、財務専門知識、人脈やその他のスキルを提供でき、ハイパフォーマンスかつ精力的な人物が理想だ。

並行して、民族、性別、性的指向などに多様性がある編成にすると、会社にメリットがもたらされる。採用、ロールモデルやメンターの獲得、会社のネットワーク拡大、観点や視野の拡大などは多様性によって良い効果を得られる領域の例だ。

創業初期のテクノロジースタートアップ企業の取締役は多様性があまりない。まず創業者の白人比率が高い。次に、多くのベンチャーキャピタリストは白人男性だ。VCから資金調達をして取締役の席を与えるとより多様性を欠いた状態となる。また、多くの独立系取締役も大企業のCEOや役員経験者であることが多く、このような役職に就く人物もそもそも多様性を欠いている。

多様性のある取締役候補者を探すには

女性やマイノリティなどの取締役を見つけるにはいくつか方法がある。その方法と最近注目を集めている情報源をいくつか紹介する。

1 **創業初期に多様性のあるエンジェル投資家を揃える。** 会社の立ち上げ期から多様性のあるエンジェル投資家と関係を築き、取締役を加えるべき時に独立系取締役の候補を紹介してもらうのが望ましい。あらかじめエンジェル投資家と方針を共有し、その人に取締役に就いてもらうように機会を伺うのも手だ。

たとえば私が共同創業したカラージェノミクスでは10人以上の女性から出資を受けている。外部からの最初の取締役はブラックロック創業者で、アップル、ブラックロック、スイス・リーの取締役を務めるスーザン・ワグナーだ。最初はエンジェル投資家として関わってもらったが、会社とミッションに理解を示してもらい幸運にも取締役として参画してもらえた。

2 **多様性のあるベンチャーキャピタリストにピッチをする。** 資金調達中に女性やマイノリティのベンチャーキャピタリストにピッチをするように意識すると、多様性のある取締役が揃う可能性が高まる。

3　リクルーターや投資家に、求める人物像を伝える。取締役の候補者探しにリクルーティングファームを活用しているなら、条件の重要項目として多様性を指定できる。また、投資家は常に取締役候補を探しているので、彼らの支援や紹介も積極的に活用すべきだ。

4　「ザ・ボードリスト」サービスを利用する。スキンダー・シン・キャシディが女性取締役候補専門の求人サービス「ザ・ボードリスト」を立ち上げている。[14]

5　影響力のある注目の人物を調べる。雑誌やメディアは「影響力のある〇〇トップ100」といった記事をよく特集する。たとえば最も影響力のある女性ランキングなどだ。こうした記事から候補者となる人物をリストアップし、人脈から繋がりを探す。[15]

取締役会の進化

取締役は一度決めたら終わりという単純なものではない。取締役会は人員が出入りすることで変わるのは言うまでもなく、会社のライフサイクルに応じて意図的に進化させなければならない時もある。

新規性のあるプロダクトで新たな価値を生み出そうとしている未熟な会社が、爆速成長モードのスタートアップへと成長するとき、取締役の構成を変える必要がある。アーリーステージの企業には、プロダクト・マーケットフィットに至るまでや、次の資金調達が得意で貢献してくれる取締役の存在は心強い。しかし、会社が拡大すると、大組織での実務経験やレイターステージ企業の幹部の人脈、より幅広い戦略知識を携えた取締役が必要になる。

次の項では非公開企業の取締役を解任する方法を解説する。退任させるのは大変な作業なので、選任時に正しい人物を選ぶことが重要だ。初めて取締役会をつくる場合でも、新メンバーを追加する場合でも、これまで説明してきた選任時の「採用」ガイドラインを常に確認する癖をつけてほしい。会社のステージにかかわらず、取締役の席を誰かに与えるのは極めて重大な決断だ。新任の取締役が会社、創業者、幹部の成長に貢献するか、あるいは頭痛の種となるかは創業者次第となる。

取締役を解任するには

残念ながらどんなに努力をしても、合わない取締役はいる。無害だが無用（意味のない一般的なアドバイスを言うなど）な取締役もいるし、積極的に会社を崩壊させる取締役まで、「合わない」の範囲は広い。メディアに情報をリークしてCEOの預かり知らぬところで派閥争いを扇動して資金調達を遅らせたり、訳の

> **"新規性のあるプロダクトで新たな価値を生み出そうとしている未熟な会社が、爆速成長モードのスタートアップへと成長するとき、取締役の構成を変える必要がある。"**
>
> ――イラッド・ギル

[14] https://theboardlist.com/
[15] eladgil.com を参照。https://www.forbes.com/power-women/#750df0665e25 および http://savoynetwork.com/top100/

わからない戦略案を強要したりする取締役も認識している。外部取締役による稚拙なアドバイスで共同創業者が退社する例もあるし、VC系取締役が別の投資先企業にあてがうために幹部社員を引き抜く事例もある。

問題を起こす社員を排除する方法は割と単純だが、問題を起こす取締役の排除は離婚のように難しい。また、VC系取締役の方が独立系取締役より排除しづらいことを付け加えておく。

VC系取締役の解任

資金調達がきっかけで就任したVC系取締役を排除するのはとてつもなく難しく、膨大な手続きが必要となる。資金調達時の契約書（シリーズA、B、Cなどの関連書類）に取締役就任の権利を記載するのが一般的だからだ。[16] VC系取締役の解任は、何らかの大きな変化（資金調達、会社の方向性の大幅な変更、IPOなど）の時だけ実行される傾向がある。加えて、VCは取締役として得られる情報や、社外での評価を意識して取締役に固執する場合もある。問題の取締役をどう排除すべきだろうか。会社のステージや起業家の影響力、VCとの関係性によってできることは異なるが、試す価値のある手段をいくつか紹介する。

1　会社の成熟状況に合った取締役会にするため全面的に再構築する（これを理由にVCを追い出す）。新規性のあるプロダクトで価値を生み出そうとしている未熟な会社が爆速成長モードに入るのに合わせて、取締役の構成を変えるのが望ましい。アーリーステージでは、プロダクト・マーケットフィットに至るまでの過程や、資金調達を得意とする取締役の存在は心強い。たとえば他のポートフォリオ企業でうまく機能している新しい流通の知見が共有される場合などだ（たとえばフェイスブックがモバイルアプリで成功し始めたといった情報）。一方で実務経験や将来の幹部候補の人脈、俯瞰視点での知識などが不足している場合、急成長に合った取締役に入れ替えるのが妥当だ。

プロダクト・マーケットフィットにたどり着き、スケールに舵を切ると、取締役に求められる能力や人脈、必要なアドバイスの種類も変化する。上場に向けて準備し始めると、より多くの独立系取締役や実務者が必要となり、業務特化型の取締役も必要になる（たとえば財務／監査委員会対応に向けたＣＦＯ経験者など）。

爆速成長モードに移行する時点で、レイターステージで成功し上場するためだと説明し、初期の取締役複数に退任を迫るのもよい。個人的な恨みで特定の人物を排除するのではなく、会社の成熟に合わせて体制を変更するという大義名分が通る。初期の取締役がレイターステージでも大いに役立ってくれる場合は、取締役に残ってもらうか独立系取締役に立場を変更してもらうことも選択肢だ。

退任要求が企業価値を高める合理的なものでも、一部の投資家は取締役の権威や流動性イベントまで自社の投資を保護したいといった理由で拒否することが考えられる。しかし、他の取締役たちが退任を受け入れればプレッシャーをかけられるだろう。

レイターステージの資金調達ラウンドで新規投資家用の枠を確保するために、既存投資家に退任を促す方法もある。多くの既存投資家はこれを嫌がるだろうが、その際は新規投資家が会社に必須な新たなスキル、知識、人脈やアドバイスをもたらすと説明するといいだろう。円滑な運営のために取締役を一

［16］eladgil.comを参照。http://blog.eladgil.com/2011/03/how-funding-rounds-differ-seed-series.html

定数に抑えるべきであり、上場準備を開始すると伝えるのがよい（ここでは18か月以内に上場を目指すとする）。

2 株式を買い戻す。

一般的に、理由や背景もなくVC系取締役に退任を求めても基本的にはうまくいかないだろう。ほとんどのスタートアップでは、流動性イベントまでに5〜10年が必要だ。投資家は未来のファンドに多額の投資をしてもらうためにもリターン実績をつくりたいと考えている。つまり、VC系の取締役に対し、退任を条件に彼らの株式を買い取る案を提示すれば乗ってくる可能性がある。こうした取引はセカンダリー取引（詳細は8章を参照）で実施するか、レイターステージの資金調達ラウンドの一環として実施するなどの方法がある。投資家が上場前に株式の売却を希望した場合、次のように株式の売却と取締役の退任を同時に実施すべき理由を伝えよう。

- VCが一部の株式の売却を希望する場合、そのVCは企業価値の上昇に疑念があると示唆しているため、退任すべきだ。
- 取締役の構成は、オーナーシップを反映するものである。つまり、取締役の構成は株式の所有率と連動すべきだ。VCが会社の持分を手放すなら、所有率が下がるため取締役に留まるべきではない。
- VCの投資に対して会社はリターンを提供した。投資対象としてのガバナンスの重要性が薄まったのだから、取締役を退任すべきだ。

3 VCファームに取締役の変更を依頼する。

ファーム内での担当替えというこの方法が通用する状況は極めて限定的だ。成立するのは会社が非常に成功しており、ファーム側が会社の創業者と良好な関係を維持したいと思っている時だけだ。排除したいVCパートナーがファームの支配権を持っていなければ、関係維持を目的にファーム側は取締役の担当替えに同意するだろう（この案を教えてくれたリード・ホフマンに感謝）。

なお、これらのコミュニケーションは複雑かつ感情的になりやすい。VC系取締役もひとりの人間だ。また、成功している会社に関わり続けたいというエゴを強く抱いていることも考えられる。たとえ彼らが資金提供以外に何も貢献していなくても（資金こそが貢献とも言えるが）、VCは自身の存在が会社の成功の理由の根幹だと考えているかもしれない。退任させると決断したら、冷静に一貫した姿勢で臨むべきだろう。

独立系取締役の解任

独立系取締役は一般的に、VC系取締役よりも解任しやすい。創業者側に独立系取締役の選択権があれば、単純に退任するよう伝えるだけで済む場合がある（次の「独立系取締役の構造」を参照）。最もシンプルなのは本人に退任してほしい理由を説明することだ。当然ながら、本人のエゴ、意見の食い違い、VC系投資家の影響など、様々な理由でその取締役が退任を嫌がることがある。

独立系取締役には2つのタイプがいる。ひとつ目は創業者の人脈で就任した人物、もうひとつはVCの人脈で就任してVC側につく人物だ。このVCの手先はVCの意向で動く傾向がある。

VCの手先型の独立系取締役を排除すると、投資家の影響力が弱まることになるため、彼らは解任を支持しない。状況によっては独立系取締役の退任の交渉をVCとしなければならないかもしれない。人数が多い取締役会を運営している場合は、パフォーマンスの低い独立系取締役を降ろすのに他の取締役たちに協力してもらえるように働きかけるのも手だ。

独立系取締役の構造

資金調達時の契約内容にもよるが、独立系取締役を変更する方法はいくつかある。最も一般的なのは次の通り。

- **取締役会での決議。**各取締役は特定の取締役の解任に賛成か反対の票を投じることができ、それぞれ同じ重みで数えられる。
- **議決権行使ベースでの決議。**この種の投票では、普通株と優先株の各株が1票として数えられる。全員が投票し、それを足し合わせる。
- **普通株主クラス（すなわち創業者たち）と優先株主クラスに区分けに合意した上での決議。**各株式クラスが変更に同意しなければならない。言い換えると、普通株式の過半数（事実上は普通株の支配権を持つ創業者の判断）と、優先株式の過半数（投資家など）の両方が同意する必要がある。
- **普通株主が推薦し、優先株主が承認する。**ベンチャーハックスには、取締役会の構築と運用方法に関して素晴らしい情報が掲載されている。[17]

こうした構造や創業者の株式所有数の違いで、創業者自身の判断では独立系取締役を解任できない状況もあるかもしれない。取締役の同意をもうひとりだけ得たり、優先株の過半数を持つ株主1名の同意を得たりするだけで取締役を解任できる会社もあれば、すべての優先株主取締役の同意を得なければならない会社もある。後者なら、ＶＣの手先を排除するのはＶＣ側に何かを差し出さない限り至難の業となるだろう。

取締役の解任を決定したら、弁護士に適切な法的文書と取締役会決議・議事録の作成を依頼し、すべてが正式となるようにすることを忘れずに。

> **“プロダクト・マーケットフィットにたどり着き、スケールに舵を切ると、取締役に求められる能力や人脈、必要なアドバイスの種類も変化する。”**
>
> ——イラッド・ギル

[17] eladgil.com を参照。http://venturehacks.com/archives#board-of-directors

取締役／CEOの交代とガバナンスの重要課題 リード・ホフマン（リンクトイン共同創業者、グレイロックパートナーズのパートナー）に聞く

リード・ホフマンは、2003年に創業した世界最大のビジネスネットワーキングサービスであるリンクトインの共同創業者。リンクトイン創業時からの4年間をCEOとして務め、黒字化・収益化に貢献。リンクトイン以前はペイパルのエグゼクティブバイスプレジデントを務め、同時に設立時の取締役も務めている。

現在はグレイロックパートナーズのパートナーを務めるホフマンは、エアビーアンドビー、オーロラ、コーダ、コンボイ、アントレプレナーファースト、ジクソ、マイクロソフト、ナウト、ザポ、そして未公開のアーリーステージ企業数社の取締役に就任している。さらに、キーバ、エンデバー、CZIバイオハブ、ドゥーサムシングを含む非営利団体の取締役も務めている。グレイロック参画前は、フェイスブック、フリッカー、ラストエフエム、ジンガを含む、急成長したインターネット企業にエンジェル投資家として参画している。

マーシャル奨学制度を通じ、オックスフォード大学で哲学の修士号、スタンフォード大学でシンボリックシステム（情報工学、哲学心理学、言語学を融合した学部）の学士号を取得している。

リード・ホフマンはシリコンバレーで最も尊敬され、最も業界人脈を持つ投資家、起業家、アドバイザーだ。大変幸運なことにベストセラー書籍2冊『スタートアップ！』（日経BP）、『アライアンス』（ダイヤモンド社）と、いくつものエッセイ記事を通じ、知識と経験を共有してくれている。最近は「ブリッツスケーリング」（急激に会社を成長させる技術）に焦点を当て、書籍『ブリッツスケーリング』（日経BP）を発行した。ユーチューブに公開されているスタンフォード大学の講義ビデオでも同テーマで講演をしている。

取締役やCEOの交代について、その他の創業者や経営陣が爆速成長の荒波を乗り切る方法について、話を聞いた。

イラッド・ギル：これまで多くの取締役会に参加してきたと思います。取締役会の主な役割は何でしょうか。

リード・ホフマン：基本的に取締役会は、会社の未来をどうするのか具体的に定める場です。取締役会の唯一の役目はCEOの選出、解雇、報酬決め場だと言う人もいます。その要素もありますが、取締会は実務をできないため、CEOの選出後、CEOとの合意を形成するという流れが組まれます。でもCEOの権限にも限界はあり、「とりあえず会社を売却することにした」とか「ある会社を買収することにした」とか「全資産をXというプロジェクトに投下する」と単独で決めることはできません。こういう時は取締役会で決議をとらなければいけません。

取締役会の定義が曖昧なのは、役割が審査官や裁判官のような立場と異なるためです。取締役会は創業者やCEOの仲間なのです。彼らは会社組織の延長線上に存在し、多くの場合は創業者でもあるCEOと深く関わる集団です。共同創業者2人が別にCEOを採用した場合には、取締役会はそのCEOを3人目の創業者として扱うべきです。もしかしたら私の本を読んですでにご存知かもしれませんが、外部からCEOを採用する時はレイターステージの共同創業者を迎え入れる心構えで進めるべきです。[18] これは本当に、重要なのですが、そこまで意識されていないことのひとつです。

取締役会の議題は「私たちは何のゲームで勝とうとしているのか」という質問に集約されます。すべての

[18] ホフマンのブログ記事参照。"If, Why, and How Founders Should Hire a 'Professional' CEO." http://www.reidhoffman.org/if-why-and-how-founders-should-hire-a-professional-ceo/

スタートアップは「死ぬことが前提の脱出ゲーム」から始まります。崖から飛び降り、落下中に飛行機を組み立てるというたとえを私はよく使います。前提が死ぬ運命なのです。永続的な価値を持つものを生み出すために、ギャンブル性の高い環境で資産を投下しなければなりません。アーリーステージは皆揃って同じ立場です。誰もが「そのゲームの真っ只中だ」と答えられるでしょう。

難しくなるのはこの最初のギャンブルで勝ち抜き、いくらかの資産を築き上げた時です。上場前の段階で起きます。会社の強みとなる資産は組織や人材かもしれないし、市場でのポジショニングかもしれないし、キャッシュフローを生む事業かもしれない。一度こうした資産を持つとゲームのルールが変わります。何かを改善するために大きくリスクを背負って資産を投下することと、築き上げた資産の価値を減らさないことの適切なバランスを取る必要があります。

上場する頃には、CEOは会社の資産価値を維持することを一般投資家に期待されます。マリッサ・メイヤーがヤフーのCEOに就任後に上場企業として大きく方針転換をしましたが、このような判断がとてつもなく難しい理由のひとつがこれです。ほとんどの人はこの仕事を引き受けようとすら思いません。なぜなら新しい方針を成功させるには多くの資産を失う覚悟でギャンブルをしなければならないからです。周囲が「そこまでしなくても、資産を維持し続けてくれればいい」と協力しない場合、成長をさせながら新方針を実行するのは困難を極めるでしょう。

CEOは自身がどの立場になるか、取締役の選任前に意識すべきです。今はギャンブル期で、ハイリターンのために資産をすべて投じる覚悟をすべきなのか。それとも資産保護期で、できるだけ成長を目指す一方で最優先事項は築き上げた価値を維持することなのか。それともハイブリッドにリスクを取りながらそれに見合うものを目指すのか。

ギル：取締役会がCEOと関係を築くために取り組むべきことは何ですか。よくある落とし穴についても教えてください。

ホフマン：取締役会がCEOとの接し方で間違える事例については、私がよく使う「赤信号、黄信号、青信号のフレームワーク」で説明するとわかりやすいかもしれません。まず、青信号は「あなたがCEOなのだから最終判断をしてください。私たちはアドバイザーでしかない」と取締役会がする状態。もちろん、会社を売却するといった重大な判断では、実行前に一声かけてもらいたいところです。そうした時の対話がうまくいかない場合、青信号でなくなる可能性もあるでしょう。ただ、よくいる未熟でアホな取締役は「私の専門性からアドバイスをしてあげよう。あなたはこうすべきだ」と発言します。しかし、取締役の理想は「あなたがCEOなのだから最終判断をしてください。私たちはアドバイザーでしかない」と対応することです。

赤信号もわかりやすいです。赤信号は、現CEOは未来のCEOであるべきではないという判断が下された時です。CEOに事前に知らされる場合もあれば、水面下で進む場合もあります。当然、CEOが知っていて協力的に進行ができれば良いに越したことはありません。ただシナリオはピンキリで、CEOの合意を得て後任を探す展開もあれば「ボブ、スーザンを紹介するよ。スーザンが今日からCEOだ」といった突然の展開もあり得ます。会社の立場、CEOの立場、そしてCEOと取締役会の関係によって実施方法は異なるでしょう。

黄信号は「CEOについて疑問が生じている。このまま青信号でいるべきかどうか」と取締役会が考えている状態です。無能や未熟な取締役にありがちなのが、一度黄信号にした後に戻すことなく未来永劫黄信号にしてしまうことです。以後何かあるたびに「うーん、それはどうかな」といった態度をCEOに対して取るようになります。黄信号で重要なのは2点です。1点目は、取締役会全体で黄信号にすると合意すること。2点目は、取締役会全体で黄信号から変える条件を設定して合意することです。青に戻すのか、赤に移行するかの判断に必要な時間はどれくらいなのか。黄信号が長期間にならないようにどうすべきか。黄信号期間は実質的にCEOと会社そのものを一時的に弱体化させてしまうため、この判断は取締役会としての責務です。

次に、取締役会が審査官でなく同じチームの一員だと考えた場合、各メンバーは「価値を高めるために私たちは何をしなければいけないか」と意識し続けなければいけません。優れた取締役は取締役会のたびに「私が提供できることは何か」と考えて参加します。これは取締役会が企業統治の仕組みでありながらも、自社に取り込めない専門性、能力、人脈を持つ人々の集まりだからです。そのため、取締役が常に考えるべきことは「私が力を発揮して会社に提供できる価値は何か」であるべきです。

会議に参加して、今取り組んでいること、戦略、業務内容、実務実態などをプレゼンしてもらい、その報告に対してフィードバックするなどわかりやすい対応もあります。流れの中で「了解、それならあの人を紹介しよう」と私が言うかもしれません。ちなみに取締役は積極的に人を紹介すべきです。一方でこの言い方だと私の取締役としての基本姿勢は会議に参加してプレゼン内容について意見を言うだけだと誤解されかねません。経営陣に期待を込めるように、取締役も同様に積極的に関わるべきです。取締役は「私が取締役会に持ち寄ることで最も会社のためになることは何だろう」と自問するとよいでしょう。取締役会にこだわらず、週次でやり取りするのもよいかもしれません。私がほかのことで忙しいと承知しているのでスタートアップは私を取締役にしているわけですが、本来はもっと時間を割いてほしいと思っているはずです。私は独自の業界経験、人脈、そして思考サイクルを持っています。「あの課題についてこう考えて、最善の策だと思ったのはこれです」と会議で言えるようにするにはどうしたらよいか、常に意識しています。

取締役が「Xというプロダクトを開発すべきだ」「Yという機能を追加すべきだ」「Zという戦略をとるべきだ」と発言することがあります。こういう時は常に質問形式で話しかけるよう心がけるべきです。たとえば「戦略について真剣に考えてみたけれど、どうしてもこの要素をリスクに感じてしまうんだよね。君たちはリスクと感じているかな。それとも感じていないかな。こういう測定方法とリスク軽減案を考えてみたんだけど意見がほしい」といった風に。こうすれば押しつけにならず対話になります。

経営陣がとてつもなく優秀なら質問内容は特に目新しい情報ではないかもしれません。その場合は「そのことは僕らも検討済みでうんぬん」と説明してくれるでしょう。それなら「なるほど了解。対応策を考えたつもりだけどもう取り組んでいるようなので、それをやり切るために手伝うよ」と答えればいいのです。

逆に、取締役の経験、人脈、その他の知見次第で経営陣が「なるほど。その発想はなかったし、会社としても重要なのでその案を取り入れたい」と言うかもしれません。

当然ですが優先順位をつけることも重要です。私がこうした案を取締役会で出す場合、「何が大事かは君たちで判断してくれ。『ご意見ありがとう。ただ直近で対応すべきものとは考えていません』と言ってくれていいからね」と会話の最後に付け足すようにしています。取締役は発言ひとつで会社の優先順位を簡単に狂わせてしまう立場にいることを自覚しておくべきです。取締役の役割のひとつは「会社に危害を与えない」ことでもあるので。

ギル：取締役会が経営陣やCEOを信頼できなくなった場合、どう変わるのでしょうか。

ホフマン：たとえば、CEOに赤信号を出す判断をいつするかなどを検討し始めます。CEO自身が自分はCEOにふさわしくない、と判断する場合もあるでしょう。ただ、今のCEOは不適切だと外部が判断するにはどうすればよいか。そもそもスタートアップならこう検討される時点で崩壊レベルの危険な状態です。取締役会がCEOを不適切とすることは「投資案件そのものの判断を間違えた」ということになるので。

そう考えるとスタートアップの成功には、コミットしていて、モラルと権威があり、身を捧げていて、「最終的には自分がなんとかする」タイプの情熱を持つ人物がいることが必須です。外部の専門家を採用してうまくいかない原因は、そうした情熱がないためです。

ギル：あなたはCEOの引き継ぎについての素晴らしい記事や、創業者がCEOを譲る方法などを執筆されています。[19] 創業者がCEOにふさわしくないと外部関係者が考えたときや、創業者自身が「私はCEOであるべきではない」と判断したとき、一般的に組織内には後任がいません。また、外部から後任を見つけるのも難しいと思います。会社が急成長していたとしても、それでもまだ準備ができていない可能性は高いでしょう。この状況をうまくつなぐ方法はあるのでしょうか。

ホフマン：それは、リンクトイン時代に私も学んだ、対策がとてつもなく難しいことです。新しいCEOを探すというのは、実は共同創業者を探すことと同義だと気づきました。しかもこれまで「家族」や「部族」の組織で通用したスキルとは異なる能力を持つ共同創業者を新たに探さないといけません。矛盾しますが、探すべきは後発の共同創業者なのです。

共同創業者に向くかを見極めるテストがいくつかあります。たとえばひとつは「この企画への情熱が本気なら、今払っている給料が半分になっても仕事を続ける気はあるか」と聞いてみることです。給料を半額にすべきという意味ではなく、その人に本当にやる気があるかを見極めるために質問します。これには逆の意味もあり「今の給料の2倍を払うからうちに来ないか」と外から誘われても、「いや、この会社でやりたいことがあるんだ」と断るような人物だとわかります。

それだけのコミットメントがある人物なら、より多くのリスクを取るつもりもあるでしょう。どのスタ－

“取締役は「私が取締役会に持ち寄ることで最も会社のためになることは何だろう」と自問するとよいでしょう。”

——リード・ホフマン

[19] ホフマンのブログ記事参照。“If, Why, and How Founders Should Hire a ‘Professional’ CEO.” http://www.reidhoffman.org/if-why-and-how-founders-should-hire-a-professional-ceo/

トアップにも、あらゆる人から「全然ダメだ、ばかげている」と言われ続ける暗黒期が存在します。その時にこの人は何と言うだろうか。「私が思いついたわけじゃない」と答えるのは管理者マインド。創業者マインドの人物は「そんなことはない。この事業が成功するのはわかっている。私が成功させる。そのリスクと困難を受け入れ、血と汗を費やし、批判に耐え抜きやり切ってみせる」と答えます。共同創業者にはこういう特性が必要です。

CEO候補を探す際に「CEOの能力が必要だ」と言う人をよく見かけます。事業がどの段階であろうと、能力は当然重要です。しかし、新しいCEOが必要になる理由は、会社に不足している特定の能力が必要になったからです。創業者マインドを持たない人物がCEOに就任したら、優秀な資産管理者止まりになればまだマシです。事業を継続し、軌道に乗せるかもしれませんが、成長カーブの角度を変えられるのは創業者のようなリスクを取れる人だけです。そのためにはモラルと同時に精神的なタフさが必要で「あなたのせいで大失敗だ。最低だ」と言われるリスクを背負わなければいけません。何かを成し遂げるにはその覚悟が必要です。

ギル：話題を戻して、先ほど取締役会は創業者やCEOの仲間だと話されていました。取締役の選任方法について持論はありますか。具体的にどう取り組んでいて、候補者に何を求めていますか。

ホフマン：会社のステージによって異なりますが、いくつかの共通要素があります。ひとつ目は取締役全体をチームとして見ることです。取締役会が機能しなくなるのは、各個人が優秀でも別角度や別要素の話が持ち込まれてしまう時です。
するとは創業者は「この人は入れ替えるか排除しないといけない」と考えるようになります。これまでスタートアップに関わってきた中で、排除しにくく問題のある取締役がいる場合、次に参画する取締役の最初の役目は触媒になってもらうことだと気づきました。VCを取締役から解任する方法を話しましたが、一般的には非常に厳しいためです。

ギル：まさしく。難しいですよね。

ホフマン：私がよく提案するのは、健全な形で取締役会の構造を変えてくれる取締役に入ってもらう方法です。大抵の場合、それは影響力の強い別のベンチャーキャピタリストです。誰もが「この人は間違いなく賢くて有能だ」と思う人物です。その人が「私たちはこういう方針にすべきです」と発言すると他の取締役もその方向に傾く。私はいつもこう対応しています。チーム構造で常に考えるのが重要です。
チーム構造に重要な2つ目の要素は、取締役がCEOの触媒となって刺激を与えることです。取締役候補がCEOの能力を引き出す存在かどうかを私は見極めています。その人物とCEOのパートナー関係は良好か。またCEOには、毎週1、2時間を費やしたい相手と思えるかどうかを聞くようにしています。忙しい人なので、その1、2時間すら確保できないかもしれませんが、それが可能なら会社の最重要課題について語りたい相手か。CEOのためになる存在なら、専門性や組織経験など個人の能力はあまり重要でなくなります。CEOの能力を引き出す存在であるかどうかが、とてもとても重要なのです。

「私は銀行業界を理解できていないのに銀行関連事業をしている。銀行業界に詳しい人と毎週会って話す環境が必要だ」とか「法人向けビジネスなので法人営業をしないといけない。でも法人営業に詳しくないので誰か得意な人に成長を支えてもらう必要がある」などとCEOが悩む場合があります。必要な知識は都度変わりますが、最重要なのはCEOとの関係の強さです。その影響はCEOから経営陣に伝搬します。

その次に意識すべきは、自社に不可欠で、最大の価値をもたらす専門知識、人脈、思考法が何かを考えることです。自社で採用できないレベルの人物であるべきでしょう。採用でなんとかできるなら採用してしまえばよいからです。そしてそのまま会社の遺伝子に組み込んでしまえばいい。でも世の中には、たとえば私のように採用できない人材もいます。どうあっても不可能であるからこそ、取締役として関与してもらう仕組みをつくるべきなのです。

取締役を決める時はこんな感じで考えるといいんじゃないでしょうか。会社にとって本当にプラスをもたらすものは何で、CEOに本当にプラスをもたらすのは何か。資産管理だけでなく、増幅に貢献するのが重要です。増幅の貢献とは、CEOと経営陣が競争に正しく勝つために貢献することと同義でしょう。

※このインタビューはわかりやすさのために編集、要約しています。

CEOの役割――取締役会のマネジメント

取締役会を効果的にマネジメントすると、次のことが実現できるようになる。

- 鍵となる領域で、戦略上や運用上のフィードバックを得られる。
- 経営幹部の候補者探しと採用の両面で支援を得られる。
- 社内の優秀な人材の発掘と評価ができる。
- 資金調達の支援。追加の資金調達にあたり協力姿勢でいてもらえる(必ずしも皆が協力的でないため)。
- 良いCEOになるためのコーチングを受けられる。
- 適切な人材がCEOに就任している。

取締役会の構造

プロダクト・マーケットフィット[20]に取り組むアーリーステージから、上場準備に入る成熟した組織へと会社が進化すると、取締役会の構造[21]は変化する。アーリーステージの取締役会では、評価指標のいくつかをレビュー(たとえば「資金不足に陥りそうか」「プロダクトは市場で通用しているか」など)、全体戦略についての意見集約、組織運営への助言、採用支援などを議論し、CEOと経営陣を支援する。レイターステージの取締役会は、より高度な戦略課題(たとえばM&A)などに議題が広がる傾向がある。

取締役の人数が増えるほど、取締役会の論点を絞って生産的に運用するのが難しくなる。社員数が10人から1万人に増えるのに合わせて経営トップがコミュニケーション手法を変えなければならないように、取締役会も人数増加に合わせて運用を変える必要がある。会議そのものを生産的な状態に維持することが何よりも難しい。取締役会の存在意義は会社の成功に貢献することと、全種類の株式保有者のために適切なコーポレートガバナンスを提供することだ。

取締役会を生産的にするために、CEOは会議前に次の実施に努めるべきだ。

1　取締役会の少なくとも48〜72時間前に資料を共有する。参加者が事前に確認できるようにしておく。

2　(創業者でない取締役が3人以上いる場合)事前に各取締役と30〜60分の1on1電話ミーティングをしておく。取締役会の前に各メンバーから議題に対する意見(そして時折愚痴)を聞いておく。[22]

3　(創業者でない取締役が複数人の場合のみ)会議前夜の夕食、または当日に昼食／夕食を共にする。強制ではないが、こうした会を開けば取締役同士が絆を深め、会社に対する気持ちが強まると期待できる。特に取締役たちが物理的に離れた場所にいて、会のために飛行機を使うような場合に効果的だろう。

取締役会の議題

取締役会自体は、次のようなテーマが議題となるはずだ。[23]

1　取締役会関連の用件。参加者や日程調整など。時間をかけず、すぐに終わらせて本題に入ること。

2　ビッグピクチャーの概要。会社の全体像、概況の報告。

3　主要な指標についての振り返りと議論を手短に。会社の全体戦略に影響する指標に着目すべきだ。これらの指標はすべて48〜72時間前に共有する資料に含めておくべき。

4　前回の会議で課題となったもののフォローアップ。戦略関連の議題の後に実施してもよいだろう。戦略について時間を多く割くのが重要だ。

5　会社にとって戦略的に最重要となる2～3個の議題について議論する。議題と背景を説明する資料は、48～72時間前に共有する資料に含めておくべき。

会議の大部分は5番目に費やすべきだ。取締役陣は事前に資料に目を通しているのが望ましい。取締役会の参加人数が多い場合は、議題について各メンバーと事前に電話で話しておくべきだ。そうすれば議論に充てるべき時間を背景説明や指標の再説明に使わずに済む。

2～4番目については、経営陣の中から適切な担当者を会議に参加させるとよい。ただ、参加の判断は慎重にすべきだ。取締役会への参加要請は社内政治に利用されやすく、経営陣の相対的な序列となり得る。

取締役会にオブザーバーやその他の参加者が出席する場合

ベンチャーキャピタルの中にはVC内の若手社員を取締役会に同席させようとする者がいる。会社がうまくいっていると、彼らの上席であるシニアパートナーを参加させたがる場合もある。ここでうかつに参加させるのは絶対に避けるべきだ。VCが会社の支援のために部下を同席させたいと言う場合は、担当のVCパートナーと参加目的を確認し合うことだ。この部下は取締役会でどんな話をし、どんな役割を期待されているのか。このオブザーバーには発言権があるのか。この参加者が具体的に支援する事柄は何か。マーク・サスターがオブザーバーについて示唆のある記事を投稿している。[24]

取締役会でのその他のやり取り

取締役は会議以外でも多くの支援をしてくれるだろう。たとえばＣＦＯとして企業を上場させた経験や上場企業を経営した経験を持つ取締役なら、ＣＦＯや財務チームをコーチングできるだろう。取締役は戦略上の重要課題、マネジメント、組織その他の項目について１ｏｎ１の相手として活躍してもらうのも有益だ。重要幹部候補との面談や採用で役立ってもくれるだろう。[25]

---

[20] マーク・アンドリーセンが「唯一集中すべきもの」と称するもの。eladgil.com 参照。 https://pmarchive.com/guide_to_startups_part4.html

[21] マーク・サスターはよい取締役会の開催方法に関して記事を書いている。eladgil.com 参照。 https://bothsidesofthetable.com/why-you-re-not-getting-the-most-out-of-your-board-abf9e8b891d9

[22] 取締役会資料の好例を eladgil.com で紹介。 https://www.sequoiacap.com/article/preparing-a-board-deck http://resources.iaventures.com/#board

[23] セコイア・キャピタルのブライアン・シュレイアーは取締役会資料の準備について良い記事を書いている。eladgil.com 参照。 https://www.sequoiacap.com/article/preparing-a-board-deck/

[24] eladgil.com 参照。 https://bothsidesofthetable.com/rethinking-board-observers-the-role-of-the-silent-observer-eee4ccecac7d

[25] 取締役会に関連する他の記事は eladgil.com 参照。 http://www.bothsidesofthetable.com/2013/12/09/why-youre-not-getting-the-most-out-of-your-board/ http://www.joangarry.com/executive-session/ http://venturehacks.com/archives#board-of-directors ; https://www.sequoiacap.com/article/preparing-a-board-deck/

第1部 取締役会のマネジメント
ナバール・ラビカント（エンジェルリスト会長兼共同創業者）に聞く

ナバール・ラビカントは、エンジェルリストの会長兼共同創業者を務めている。以前はエピニオンズ（後にショッピングドットコムの一部として上場）とバストドットコムを共同創業している。アクティブなエンジェル投資家としても知られており、ツイッター、ウーバー、ヤマー、スタックオーバーフローを含む数十社にこれまで投資している。シリコンバレーで尊敬されるエンジェル投資家かつ起業家のひとりで、シリコンバレー最大級のスタートアップ成功物語の経験者でもあり、多くの成功している企業への投資家でもあり、スタートアップ業界について特別に広い視野を持っている。2部構成となる彼とのインタビューの第1部では、取締役会のマネジメントに関連する複雑かつ繊細な課題について話を聞いた。

ギル：取締役から見て、取締役の席を希望しない投資家からだけ資金調達をするのは良い案でしょうか。また、レイターステージの資金調達時に初期の取締役を排除することについてもご意見を伺いたいです。

ラビカント：会社というのはなんともややこしい存在です。そもそも会社の存在意義は、効率的に何かを成し遂げることだけなんです。人類の歴史を振り返ると、特定の誰かに権力が集中しすぎるのを防ぐために委員会や団体がつくられ、個人の力を弱めます。たとえばローマ帝国時代までさかのぼっても元老院が存在し、何かを決めるには議員全員が同意しなければならない仕組みでした。しかしローマ人が戦争に突入し、効率的に物事を進めなければならなくなると、彼らは独裁者を選出しました。その独裁者はすべてに責任を持ち戦争を押し進めましたが、そのまま最終的にローマすべてを支配してしまったので選出の判断は裏目に出たとも言えます。ただ、ローマ人はその仕組みやトレードオフを理解していました。

会社では最上位に創業者、またはCEOという独裁者が存在します。にもかかわらずなぜかある日その独裁者は取締役会に報告する立場になっているのです。創業者や独裁者の本質的な個性はリスクテイカーであることです。彼らにはビジョンがあり、情熱と勢いがあり、どこに向かいたいかを明確に理解しています。また、リスクの高い行動、賭け、方針転換などをためらいません。

一方で取締役会はそれを嫌がります。ひとりに引きずられることそのものを嫌い、団体行動や団体判断をしたがります。ただし残念ながら、委員会形式で素晴らしく優れたものが登場したことは歴史上ありません。つまり歴史上取締役会も素晴らしいことを実現したことはないでしょう。取締役会は壁打ち相手としては役立つかもしれません。しかし、取締役会が会社を経営するのは避けた方がよいでしょう。取締役会の規模が大きくなるほど、情報共有に時間を奪われ続けることになります。

ベンチャーキャピタリストは、取締役会に価値をもたらすと一般には思われています。非常に限られた特定の状況ならそれもないとは言いません。彼らは財務に詳しく、外部市場に詳しく、会社が必要とする特定の領域に詳しいかもしれないからです。

ただ、一般的なVC系取締役は平均で10社ほど担当しているため、毎月10の異なる取締役会に出席している計算になります。全業務の5割の時間は新しい投資先探しに使い、さらにVCのLP（リミテッドパートナー）や投資家のマネジメントもしています。そしてこの業界にいる人なら皆察していますが、VC専業の人なんていません。一部のトップVCはそうかもしれませんが、普通のVCは起業家と同じようにがむしゃらに働かない人たちです。なので彼らには時間の空き枠がないのです。彼らが置いてけぼりにならないように情報共有をし続け、その中でなんとか彼らの経験や知見から得られるものがないかを探るしかありません。

取締役会の規模も大きくしない方がよいでしょう。人数が増えるほど取締役会の生産性が落ちます。経験豊富な取締役メンバーなら、誰もが非公開企業の取締役の人数は5、6人以下が理想だと答えるでしょう。

取締役を少人数に抑える方法はいくつかあります。ひとつ目は、資金調達のたびに追加する議席をひとつに抑えること。起業家がよくする失敗はこんな例です。関わってほしい投資家が2人いたため、そのVC2社から調達し、一回のラウンドで2つの席を差し出してしまう。シリーズC、D、Eと同様にした場合、取締役が6人、7人、8人になってしまうのです。

2つ目は、新規の投資家に席を与えた際には自身が退任する条項を初期の投資家用契約書に記載しておくことです。たしかファースト・ラウンド・キャピタルはこのやり方を取り入れていることで有名です。次の資金調達ラウンドを実施するとき、彼らは取締役を退任するのです。

ギル：それは彼らがシード投資特化型のＶＣだからではないでしょうか。通常のシリーズＡ、Ｂ、Ｃの投資家にもそうしてもらう方法はあるのでしょうか。

ラビカント：そうですね、ユニオン・スクエア・ベンチャーズのフレッド・ウィルソンが実際にそうしていましたが、やり手は会社が上場に近づくほど退任をいといません。事前に交渉しておくこともできますし、新規調達の交渉条件に含めるのも可能でしょう。仮に急成長中の会社で５０００万ドルを調達予定だとしましょう。シリーズＡの投資家にこう伝えてみるのはどうでしょうか。「取締役を退任すれば時間もできるし、いい機会なんじゃないかな。交渉時に合意した保護条項があるから失うものは何もないし、取締役会用メーリングリストにも残すし、取締役会の資料もこれまで通り共有して、リモートで情報を受け取れる環境を用意するよ。今後は同じ情報を得ながら、毎月電話会議に参加する必要もなくなる。取締役会にわざわざ出席しなくてよくなるよ」とね。

ギル：部分的に株式を買い戻すケースもよくあります。株を手放した当人に退任してもらう理由になりますから。ただアーリーステージの投資家なら、会社が成功している限り会社に関わり続けていたいはずなんですよね。個人ブランドのためにも、ポートフォリオで機能していない案件の損を吸収するためにも。

ラビカント：まさしくそうですね。信用や評判に影響するのでうまくやるのは難しいです。多くのレイターステージ起業家が取締役会のマネジメントに業務の半分を費やしている残念な状況をこれまで見てきました。

取締役会の開催間隔をわざと長めにするのも手です。正式な取締役会は3か月ごとの開催としながら、関係者とは毎月進捗報告の電話会議をするやり方です。そして報告の時間もなるべく短くする。私自身が起業家側のとき、自分でも嫌な奴だなと自覚していますが、初めから関係者の期待値をかなり低くするようにしました。おしゃれなパワポ資料は一切つくらず、紙1枚に重要事項と重要指標を記載して、それを見ながら議論をする以外のことはしないと伝えるようにしていました。

取締役会をマネジメントすることは創業者CEOとして非常に重要です。マネジメントを怠ると、一番積極的に関わる取締役が乗り込んで来て場を支配してしまいます。取締役会で説明や質問に答えてばかりいるような立場に陥らないよう気をつけるべきです。創業者自身が取締役会と会社の方向を導くべきです。

ギル：取締役たちの調整役になってもらうために、会長職を置く企業はこれまでありましたか。それともこういう役割は上場企業で必要なものでしょうか。

ラビカント：主に上場企業で必要になる役割ですね。私はシリコンバレーで最も成功したモデルである創業者CEO型を前提にいつも考えています。会長がいるなら、共同創業者、離脱した創業者、引退した創業者のどれかであると想定します。創業者でない会長の存在には違和感を持ちますね。

ギル：取締役の中に問題人物が現れた場合、その人を追い出すにはどうするのがよいでしょうか。想像しうる最悪のシナリオは、初めての起業で考えなしに取締役を選任してしまった場合です。シリーズAでろくでもない人が就任したが、一方で会社はうまく行き始め、そのろくでもない人物が取締役であり続けている状態でしょうか。何か手はありますか。

ラビカント：最悪な状況ですね。落とし所を見つけるのにかなり苦労するでしょう。恐らく、実際の価値よりも割高な値段で株式を買い戻す形でまとめるのではないでしょうか。最悪ですけど。こういう状況では他の取締役が協力してくれることもあります。創業者に恩を売る良いタイミングですしね。こんな時は取締役会で最もベテランで信頼できる人物が助けてくれることが多いです。

ギル：VCファームそのものに対して行動を起こすのはありですか。直接ファームに出向いて文句を言ったり、別の担当者に代えてほしいと依頼したりしてもいいものでしょうか。

ラビカント：それは最後の手段にした方がよいでしょう。やり過ぎとも言えますし、やってしまうともう引き返せません。唯一通用するタイミングは問題の担当者が未熟な若手で、その問題の理由がファーム内でも既知である時くらいです。そんな状況でも、こちらに火の粉が降りかかる可能性があります。結婚している男性に「あなたの妻が嫌いだ」と直接言ったり、妻に直接「あなたの夫が嫌いだ」と言うのに近いです。VCパートナー同士は十数年続く複雑な契約で結婚した者同士のような関係です。なので、取締役の中の誰かが「そのファームの代表と仲がいいから私から伝えておくよ」とでも言うのでもない限り、やらない方が得策でしょう。

ギル：しかもそこまでひどい時はファームの経営者のところに直接行かなければならないですよね。若手パートナーではなく、トップとやり取りしないといけない。

ラビカント：その通り。

ギル：ファームの組織構造にも依存しそうですね。複数のシニアパートナーがいる場合だと権力は分散しますし、そうなるとより複雑になりそうです。

ラビカント：そうですね、それで会社が駄目になった事例がありました。ちなみに取締役問題のほとんどを解決する案がひとつあります。スタートアップ界隈では到底受け入れられないのですが、常任の取締役を置

> **”経験豊富な取締役メンバーなら、誰もが非公開企業の取締役の人数は5、6人以下が理想だと答えるでしょう。**
>
> ——ナバール・ラビカント“

かない運営方法です。排除できない取締役の席は誰にも提供しません。エンジェルリストと私の会社では実際にこの方法を取り入れました。これまでの取締役のすべてに排除できる条件を付けています。半永久的な取締役がそもそも存在しないのです。

ギル：初回の資金調達時に交渉すべき内容に思えますね。

ラビカント：経験のある起業家ならば交渉するでしょう。そうでなければ離婚不可能な結婚をするようなものです。私の会社では、私自身も含めて全員を排除できるようにしています。この仕組みのおかげで一貫性を持って相対でき「もし私がふさわしくない時は私自身を排除することもできるんだ」と言える立場で交渉できます。誰も安全圏にいないため、全員がモラルを持つ強制力が働くのです。

“多くのレイターステージ起業家が、取締役会のマネジメントに業務の半分を費やしている残念な状況をこれまで見てきました。

——ナバール・ラビカント”

第3章

人材の募集、採用、マネジメント

会社がスケールするのに伴って直面する最大の課題は、社員の採用方法と入社後研修の見直しだ。私のスタートアップを買収した当時のツイッターは、社員がたった90人だった。2年半後に私が退社した時には1500人近くに増えていた。93％の社員が新たに入社したのだ。

1年に500人を採用するには、採用方法を変えたり、人事組織を拡大する必要がある。入社後研修について熟慮し、企業文化を維持し進化させる方法に取り組み続けなければならない。この章では、こうした課題と人事面で必要となる変化について解説する。

人材採用の理想形

年10人の採用から週10人の採用にスケールする時には、いくつかの仕組みを事前に導入しておく。採用基準を高く保ち、優秀な人材を採用する環境を長い期間維持できる。

あらゆる役職のジョブ・ディスクリプションをつくる

スタートアップの多くは、個人のネットワーク内で限られた職種（エンジニアやデザイナーなど）を募集するところから始まる。会社が拡大して複数部門で業務量が急増したら、採用側として募集人材にどんな役割を求めているかを正しく理解しておくことが重要だ。たとえば、初めて事業開発人材を採用するとき、（第4章の「優秀な事業開発人材を採用するには」参照）その人物や職種に何を求め、何を重視すべきか。面接に同席するエンジニアは事業開発とセールスの違いすら理解していないかもしれない。求める能力と役割の明確化は、採用に関わる全員が同じ基準で候補者を探すためにも重要だ。

業務内容や求める経験と経歴を明記したジョブ・ディスクリプション（職務内容書）をそれぞれの役職で用意しておくことをお勧めする。同時に、求めていないことや重視していない要素をリスト化しておくとよいだろう。このジョブ・ディスクリプションは面接官に事前に共有し、人事からのメモを付け、求める人材像や優先事項への理解を深めてもらうように努めるべきだ。後で社員がその役職にどういう人を雇うべきか質問してきたら、ジョブ・ディスクリプションを見返し、必要なら修正をかけるとよいだろう。

全候補者に同じ質問をする

同じ役職の候補者には、面接時に同じ質問、または似たような質問を聞くようにする。こうすれば、回答の比較や検討ができる。

面接官同士で質問を調整しておく

面接では役職に関係する具体的な要件について質問したくなるものだ。たとえば、プロダクトマネジャーの役職ではプロダクトに関する洞察や過去の成果物、文化に合うかなどを質問することが考えられる。面接官全員が同じ時間をかけて同じ質問を広く浅くするよりも、面接官3、4人と事前に調整し、質問する分野を振り分けておくと、各分野の話を深く掘り下げて聞くことができる。

二次面接では、さらに踏み込んで質問できるようになるだろう。

実技試験を面接に取り入れる

一緒に働いた経験のない候補者を評価するには、一部の役職では課題に取り組んでもらうとよい。面接の場で実施することもあれば、持ち帰って宿題として提出してもらうこともある。たとえばエンジニアがコーディングの課題に取り組んだり、架空の製品の簡易版ワイヤーフレームやワークフローにデザイナーが取り組んだりするなどが考えられる。マーケティング部門の候補者なら架空のプロダクトマーケティング企画をつくることになるかもしれない。面接と称して労働搾取をされていると感じさせないためにも、実在の製品を使った課題や作業指示は避けておくのが賢明だ。

候補者をスコア評価システムで管理する

面接官は面接ごとに候補者の評価を書き出しておくとよいだろう。他者からの情報によるバイアスを避けられる。また、数値での評価システム（たとえば1～5点で評価）や、よりシンプルな「あり、なし」の評価基準を取り入れるのもよい。重要なのは評価に一貫性を持たせることと、面接官に求めるアウトプットを正しく伝えることだ。一貫性のあるスコア基準は判断スピードを上げられるし、スコア評価システムは面接官の「普通」や「どちらでもない」といった回答を避けられるようになる。採用あり、なしの二択フレームワークを採用する際にも「どちらでもない」の回答は選べないようにしておくのが望ましい。

すぐに対応する

私がこれまでに関わったすべての会社で、面接実施まで、オファーまでの素早さが内定承諾のコンバージョンに大きく影響する。採用のコンバージョンに限らず、各面接にどれだけ時間がかかっているかは重要指標として常に追うべきだ。面接間の時間を短縮し、オファーをすばやく出せるように最適化すべきだ。

候補者のリファレンスをかける

リファレンスチェックをかけると、候補者を最も正しく理解できる。可能ならすべての候補者にリファレンスチェックをすべきだ。なお、ビジネス系役職の場合は注意が必要だ。彼らは組織内の友人をリファレンス対象として紹介することが多く、べた褒めの推薦を聞かされることになる。エンジニアのリファレンスの場合は、もう少し直接的で正直な情報が寄せられる傾向がある。ビジネス系の候補者のリファレンスをかける場合、他部門より広範囲から意見を集めるなどして、スキルや課題点などの可視化に努めるべきだ。

多様性のある候補者

社員構成や面接プロセスには多様性（性別、人種または民族的背景、性的指向、社会階級、生い立ちな

> ”面接実施まで、オファーまでの素早さが内定承諾のコンバージョンに大きく影響する。“
>
> ――イラッド・ギル

ど）を意識すべきであり、多くの書籍やブログでも語られている。中でも特に優れているのが、多様性を実現する採用手法を紹介するジョエル・エマーソンのパラダイムストラテジーというウェブサイトだ。[26] 本書でも第5章にエマーソンのインタビューを掲載している。

多様性のある環境を実現するには、細部への対応とニュアンス理解が必要になる。たとえば、次の要素は重要だ。

1 **役職ごとに多様な候補者が揃うように調整する。**採用候補者を揃える段階で多様性がないと、入社する社員が多様になることはない。多様な候補者リストをつくるには、様々な領域から候補者を集めるのはもちろん、ジョブ・ディスクリプションの言葉遣いや表現、会社のウェブサイトでの社員紹介の見せ方なども重要になる。

2 **面接時にバイアスを取り除くことに注力する。**一般的な面接手法にはいくつかのバイアスがかかっている。バイアスを取り除く簡単な方法として、書類選考時に候補者の名前や性別を意図的に隠すなどがある。

3 **立場が弱くなりやすい社員のニーズに応える福利厚生や制度を提供する。**有給の育児休暇などが例として挙げられる。社員候補のリストに目を通し、将来的な社員構成を見据えてその社員が業務に集中して力を発揮できるような福利厚生制度を考えよう。

より詳しい情報を知るにはパラダイムのホワイトペーパーを読むことをお勧めする。[27]

採用担当組織のスケーリング

リクルーターの活用方法は、会社のライフサイクルで劇的に変化する。小規模なスタートアップ（たとえば3～10人）の頃はリクルーターに依頼するよりも創業者や社員が直接リンクトインや他のツールで勧誘する方が成果が出る。対照的に、社員数が何百、何千と増えていく頃には専門のリクルーター、ソーサー、大学のプログラムマネジャーなどを社内に抱えるのが望ましい。状況に応じて幹部採用向けに外部のリクルーターを雇うのもよいだろう。

創業初期――社内メンバーがリクルーターとして活動する

創業初期はチームメンバーに積極的に人を紹介してもらうのが最善だ。スタートアップ創業者や初期の社員は、3～15人くらいまでは労働時間の30～50％を採用に費やす傾向がある。近道はない。ネットワーキング、リンクトイン、知り合い経由などでとにかく多くの人と会い、入社してくれる一握りの人材を見つけ出す努力を続けなければならない。

私の知るいくつかのスタートアップ企業では、オフィスマネジャー兼ソーシャルメディアマネジャー兼採用コーディネーターの能力を持つ人材の採用に成功していた。この社員は紹介を受けた採用候補者とのスケ

[26] https://www.paradigmiq.com/blog
[27] eladgil.com参照。https://paradigmiq.app.box.com/s/bpk3v4umfbj8dkakepwvqpqt79y87tyt

ジュール調整や、メールやリンクトインを介して受け身な候補者に連絡を取るなどに多くの時間を使う。候補者が興味を示したら、続きのやり取りを創業者や採用マネジャーに引き継ぐ役割だ。

初期のスケーリング――社内にリクルーターを持つ

ある程度スケールする状態となり、年間15~20人以上増えるような成長スピードに突入したら、社内にリクルーターを採用するとよい。このリクルーターは大企業では分業するいくつかの役割を初期には兼務する。

・ソーシング
・採用プロセスの実務（スケジュールの調整、フィードバックの照合、採用マネジャーとの調整など）
・状況によってはオファーを出す立場（とはいえ、採用マネジャーや創業者がやるべき）

リクルーターの力量（そして会社のブランド力）次第で、月1~4人のエンジニアの採用を期待できる。会社の規模が拡大し、採用職種が増えるとリクルーターの役割も変わっていくことになる（次を参照）。

逆に年間15人未満のエンジニアしか採用しない場合、リクルーター業務を兼務かパート人員に依頼したり、社内のリファラル採用を見込んだり、外部リクルーターとなんらかの座組をつくるのがよいだろう。

セールスなど非エンジニアの職種では、ひとりのリクルーターで月により多くの人材を採用できるだろう。セールス職採用では紹介が多いことや、セールス、マーケティング、事業開発人材が活躍する先の爆速成長企業の絶対数が少ないことが一因だ。これとは逆に、すべてのスタートアップ企業はエンジニアとデザイナーを追い求めている。

リクルーターの生産性を上げる要素には次のようなものがある。

・スタートアップのブランド力
・経営陣と採用マネジャーのリクルーターとしての力量。彼らが積極的に関われば採用は円滑に進み、より多くの採用候補者のソーシングとクロージングにつなげられる。
・社員のネットワークの広さ
雑談、面接時の接触、ランチミーティングなどで採用マネジャーや経営幹部が採用活動に加わることは、どんなに強力な採用組織を持っていても無視できないくらい重要だ。候補者はどんな時でも会社の重要な役職者との接点を望むからだ（フェイスブックのマーク・ザッカーバーグは、採用したい候補者を散歩に連れ出して会社への思いを語る「クロージングウォーク」をすることで有名だ）。

爆速成長――採用担当組織内の役割分担

会社が急成長中の採用組織の役割は、徐々に分担されていく。チームメンバーの業務を特化していく。

> **採用マネジャーや経営幹部が採用活動に加わることは、どんなに強力な採用組織を持っていても無視できないくらい重要だ。**
>
> ――イラッド・ギル

1　ソーサー。調査、勧誘電話、Eメール、その他の方法で受け身な候補者とのつながりをつくる。場合によっては候補者をリクルーターに引き継ぎ、リクルーターが面接を調整する形で役割分担をする。ソーサーの中には面接まで担当する者もいるが、その先のプロセスに関わることはほとんどない。

2　リクルーター。電話面接、リアルでの面接、役員面接などの様々な面接を候補者と調整する。チームや採用マネジャーと連携し、最終的にオファーを出すか判断する。企業によってはリクルーターが判断する場合もあれば、採用マネジャーが決める場合もある。

社内でリクルーターとなる最初の数人にはソーシング経験があるべきだ。その理由は次の通り。

- リクルーターが専門的なエンジニア職のソーシングやリクルーティングをした方が生産的になる。
- ソーサー、リクルーター、採用マネジャーとチーム内のすり合わせの時間が減り、コミュニケーションミスによる候補者見落としを防げる。

リクルーターとソーサーの役割を分けると、特定タイプの人材を大量に採用する場合に効果を発揮する。たとえば、バックエンドエンジニアを50人、フロントエンドエンジニアを30人、プロジェクトマネジャーを20人採用する場合、結果に大きな違いが出るだろう。

3　候補者リサーチャー。リンクトインでグーグル在籍エンジニア全員のプロフィールを集め、優先順位をつけ、スプレッドシートに並べ、そのシートをソーサーに渡し、面接に向けてアプローチできるようにする仕事。このタイプの人材は会社が１０００人から１０００人規模となり、同じ役割の人を大量に採用する際に必要になる。

4　採用マーケティング担当者。直接応募してくる候補者を集めるために、マーケティング資料、採用広告、イベント、ハッカソン、ウェブサイトの開発を担当する。エンジニア候補者のためのエンジニアマネジャーのように、スタートアップでは通常、採用職種に直結した人物が担当する。あるいは、マーケティングチーム全体で、マーケティング活動の一環として採用を担当する場合もある。会社が数百人以上の規模になって初めて、独立した採用マーケティングの役職が必要になる。

5 大学のプログラム。新卒者やインターンの採用に特化したソーサーやリクルーターを配置する企業もある。小さいスタートアップでは、最も効果の高い数か月だけ既存の採用スタッフにこの業務を担当させるのもよいだろう。

経営幹部の採用――専用リクルーターとの定期契約

幹部の採用については、経営幹部向けの人材紹介ファームと定期契約するのも手だ。投資家や社員には個別で経営幹部候補を探してもらいながらも、専門の人材紹介会社を活用することで、法律顧問やCFOなど、創業者のネットワーク外にいる専門人材にアプローチできる。

定期契約の場合、外部リクルーターに前払いや月払いをして候補者を探してもらうことになるだろう。一般的にこの方法は役職のない社員ではなく、幹部を探す際に有効だ。こうした幹部採用の候補者は創業者のコアネットワーク外にいる可能性があるため、候補は名もないスタートアップから直接声をかけられるよりも、有名人材ファームのリクルーターから話を持ちかけられる方が興味を示すかもしれないからだ。

エンジェル、VC、アドバイザーがつないでくれる有名幹部リクルーターファームがいくつかあるので調べてみるといい。[28]

社員のオンボーディング

多くの企業は、優秀な人材を採用するための面接には何か月もかけるのに、入社後に活躍してもらうためのオンボーディング研修にほとんど時間をかけないという間違いを犯している。ここでは会社のオフィスマネジャーや人事部長が新人をオンボーディングする際に実施すべきことをいくつか紹介する。

ウェルカムレターを書く

新入社員に歓迎の意を示すウェルカムレターを書き、一緒に仕事をする全社員にCCを入れてメールで送る。メールには、本人について、本人の役割、報告先となる上司が誰か、四半期の目標、そしてできれば、本人から許可を得た上で本人に興味が湧くようなエピソードを用意しておく。この新人が明確な役割と責任を持っていることを伝え、組織内にもそう認識させることが目的だ。エピソードは、新入社員が他の同僚と初めて会話する際のきっかけとして役立つだろう。

ウェルカムパッケージ

入社初日に各新入社員が受け取るべき備品のチェックリストをつくろう。パソコンやメールアドレスといった実用的なものに限らず、会社の目指す方針を示す経営書、会社ロゴ入りのTシャツやパーカー、家族に赤ちゃんがいるならロゴ入りパジャマなどをあげてもいいだろう。また、入社を歓迎する手書きや直筆サイン入りの手紙を用意するのもよい。

バディシステム

爆速成長企業には独自の社内用語や社内ツール、社内特有の運用ルールが存在する。新入社員にはパートナーとなる「バディ」をつけよう。バディは指揮命令系統に属さない同僚として、ランチをしたり、社内の人をつなげたり、新入社員の「社内で質問するには当たり前すぎる」質問に答える役割を担ってくれるだろう。バディシステムは1〜3か月間ほど運用することが多い。

オーナーシップを持たせる

オンボーディングで防ぎたい問題は、（1）マネジャーとの人間関係の悪化と、（2）担当分野でオーナーシップを感じられない感覚に陥るという2点だ。プロジェクトの前任者が以前の仕事を自身の実績にするために必要以上に関わってしまうことがある。前任者の功績を認めつつも早く手離れさせることが重要だ。新しい担当者が居場所をつくれるように意識しよう。たとえばリリース2週間前といった短いスパンなら元の担当者に実務をやらせるのもいいが、それが2か月など長期にわたる場合は、プロジェクト担当者を移管すべきだろう。

［28］本投稿作成にあたり、アーディ・デイとクリス・ショーからのコメントとフィードバックに感謝する。

目標を設定する

マネジャーは、新入社員に30日、60日、90日の目標を設定するとよいだろう。こうすると、新入社員は自身の目指す方向性、コンテキスト、構造を把握できるようになる。個人が優先すべきものが何か、何を成し遂げることが重要なのかはっきり示される。

古参社員症候群と創業初期社員

爆速成長企業で最も貴重な社員の何人かは、創業初期に入社している人物だろう。この社員は創業者やCEOから信頼され、尊敬されていることが多く、企業文化や長期ミッションも深く理解しており、爆速成長スタートアップ内で並外れた成果を発揮できる環境にいる。グーグルのスーザン・ウォジキ（グーグル社員16号、後にユーチューブのCEO）や、フェイスブックのクリス・コックス（2005年にエンジニアとして入社し、現在はチーフ・プロダクト・オフィサー）などが思い浮かぶ。

残念ながら一部の初期社員の中には、企業が拡大するにつれて場違いになる存在もいる。金持ちになりすぎてハングリーさを失ってしまったのかもしれないし、単に会社の成長に合わせて自身の能力や思考法を進化させられなかっただけかもしれない。毎日CEOとランチをした時代に固執し、会社のあらゆる意思決定を知っていた頃にしがみつくような人もいる。

スケールに適応する初期社員

会社内で成長し、責任範囲の拡大にも適応する初期社員は非常に貴重な存在だ。創業者やCEOの考え方を理解しているためチームからすぐに賛同を得られ、経営陣や同僚からの信頼も厚く、社内ルールや用語、会社の実務やオペレーション、企業文化を深く理解している。彼らのような「古参社員」は、古いルールや仕組みを再構築したり取り除いたりするなど、これまでの慣習を打ち破る行動をしやすい立場にいる。

こうした創業初期社員の多くは業界の詳しい知識や専門性や経験は足りないかもしれないが、CEOからの信頼が厚いため、経験豊富な人物を雇う側になり、マネジメントし、彼らから学ぶ立場に就く。新メンバーから学ぶ謙虚さを持った初期社員は、会社そのものを自分自身の学びの場にして会社と共に成長する。中には成功した会社に十数年勤め続け、自身の成長ストーリーと会社の成長ストーリーを重ねるような人もいる。このような社員は他者から学ぶことに貪欲で、会社や自分の役割、企業文化が必然的に進化することを理解し、変化に対して抵抗がない。

古参社員が長期に通用するかは、会社の拡大につれて短期的、中期的に自身の役割や影響力が小さくなるにもかかわらず、その間も学び続ける姿勢があるかを見るとわかる。そういう社員は会社が拡大し続ける中で、長期的には自身の役割と影響度が大きくなることを理解している。

次に進んでもらうべき古参社員たち

会社と共に成長する初期社員とは対照的に、役割を変えるか、辞めさせるか、追い出すべき古参社員もいる。ついついチャンスを与え続けたり、生産的とは言えない重要でない役職に再配置したりする誘惑に駆られる。この状態は一般的に、社員と会社の関係が悪化していることを示唆している。本当は会社を辞めた方が幸せなのに、創業者や会社への忠誠心のために残り続ける義務感を社員が感じてしまっていることがある。

会社と共に成長できない初期社員に対しては、次のような手順をとるとよいだろう。

1　問題を特定し、解決できるかどうかを確認する。

例として次のようなものが考えられる。

- **会社と共に進化しない。** 初期社員の中には、会社の文化、組織、プロダクト、その他の変化に抵抗する人がいる。彼らはセールスチームの採用やスタッフの専門化、または優先度の下がったプロダクトや戦略の縮小に反対する。
- **本人が望む役職にふさわしくない。** 初期社員は多くの場合、ある事業分野のひとり目の社員だったり、唯一の担当だったりする。ただ、最初に入社したからといってそのマーケティング担当者が長期でのマーケティング担当役員に向くとは限らないし、最初に入社したエンジニアがCTOにふさわしいとは限らない。個人の能力や経験、熟練度が不足していることが考えられるからだ。創業間もない頃に入社した社員は、社歴を理由に本人の能力にふさわしくない役職を望むかもしれない。能力不足だったり事業拡大に対応できないチームリーダーだったりしても、それが信頼する初期社員である場合、CEOはつい我慢してしまう。
- **仲間はずれにされているように感じる。** 社員が12人しかいない頃は、初期社員は毎日創業者とランチを共にし、会社の決定事項すべてに意見を述べる機会があった。会社がスケールするにつれ、初期社員の多くはこうした影響力を失う。注目を浴びたいがために新しいプロジェクトを邪魔したり、創業者への不適切なエスカレーションをしたりする人物が出てくるかもしれない。
- **不適切な権力行使。** 初期社員や創業者の中には会社の歴史で大仰な肩書きがつけられているが、その肩書きほどの影響力がない人がいる。社員10人の時代にCTOだった人が、部下や責任領域もないのに社員1000人の組織に拡大してもCTOのままでいる場合がある。共同創業者の立場ならなおさらで、その人物が会社に日頃関わってなくても、社内に大きな影響力を持つ。共同創業者や華やかな肩書きを持つ人は、本来やるべきでないにもかかわらず、ロビー活動や自分の思い通りになるように社内を動かそうとすることがある。他の経営陣の了承を得ずにこうした行動していることは、社員には伝わらない。

・**金持ちになりすぎる。**株式のセカンダリー市場や公開買い付けで、社員が現金を手にしている場合がある。社員によっては突如数千万ドルを手にし、旅行、車や家の購入などに意識が向いてしまう。

2 **感情抜きに、そもそもの問題を確認する。**創業者兼CEOは、何もなかった頃から協力してくれた社員に恩を感じているだろう。周囲から問題社員について指摘を受けても、CEOは対応を後回しにしたり先延ばしにしたりしてしまうことがあるだろう。これは初期社員を含めた全関係者にとってよくない状況だ。実情を正しく把握し、迅速かつ明確に行動をするべきだ。

3 **真正面から問題に対処する。**まず、初期社員と起きている問題について直接話し合うべきだ。そのまま問題が対処できることも、社員とのフランクな会話で状況が好転することもある。社員の役割と能力に根本的なミスマッチがある場合、合うところに再配置するのがベストだ。降格の判断もあり得るため、離職の可能性もないとは言えないだろう。率直に話し合い、再配置の理由を説明し、相手がそれで幸せかを確認するとよい。初期社員は株主の場合もあるため、株価を最大化するための意思決定をCEOと共に下すべきだ。よくあることとして、CEOが初期社員の長所を活かす場所ではなく、害とならない場所へ再配置することがある。仮に現在同じように考えているのなら、99%の確率でその初期社員とは別の道を歩む決断をすべきだ。その人物を尊重した形で離れてもらうように調整もできるし、相手も自由の身となれて安心することもある。

“新メンバーから学ぶ謙虚さを持った初期社員は、会社そのものを自分自身の学びの場にして会社と共に成長する。

——イラッド・ギル”

CEOの成長痛
サム・アルトマン（Yコンビネーター社長）に聞く

サム・アルトマンはYコンビネーター（YC）の責任者だ。アルトマンは2005年にYCが出資し、2012年にグリーン・ドットに買収されたループトの共同創業者兼CEOを務めていた。グリーン・ドットではCTOに就任し、取締役となった。その後ハイドラジーン・キャピタルを設立。スタンフォード大学でコンピュータサイエンスを学び、在学中はAI研究室に在籍していた。

ここ10年のベンチャー投資で最大のイノベーションは、おそらくYコンビネーター（YC）の存在と、YCが生み出したアーリーステージスタートアップの革命だろう。2005年以来、YCはエアビーアンドビー、ドロップボックス、ガスト、インスタカート、レディット、ストライプ、ゼネフィッツなど、1000社以上のスタートアップに資金を提供している。

2014年にサム・アルトマンがYCの社長に就任して以来、YCはグロースステージファンドを立ち上げ、投資先の分野を広げ、非営利のリサーチラボを設立した。アルトマンはループトの創業者兼CEOとしての経験と投資家として多くの急成長中スタートアップ企業に携わってきた経験の両方を活かし、シリコンバレーで最も賢い爆速成長企業のCEOの多くをコーチングし、メンタリングしている。

アルトマンはCEOの役割と爆速成長スタートアップのリーダーがつまずくハードルについて深い洞察と経験を持つため、それらのテーマで話を聞いた。

ギル：CEOとして集中すべきものからブレないこと、つまり「重要に見えるけれど重要でないもの」と、「重要でないように見えるけれど重要なもの」を見分けることの大切さについて最近意識されていると聞きました。CEOの役割について話してもらえますか。また、よくある間違いにはどんなものがありますか。

アルトマン：CEOの役割とは、会社が何を成すべきかを考え、決断し、確実に遂行されるようにすることです。多くのCEOは、これを誰かに任せてしまおうとします。プロダクト担当役員やCOOを採用し、彼らにすべてをやらせようとする時もあります。しかし、それでは駄目で、CEOが会社を引っ張らないといけません。採用や顧客獲得、投資家その他に対するエバンジェリスト活動など、CEOにしかできないこと、少なくともCEOが深く関わらなければならないことがいくつかあります。CEO以外とは話をしたがらない相手のいる仕事、たとえば資金調達などもあります。

CEOにジョブ・ディスクリプションがあるとしたら、唯一の共通記載事項は会社を成功させることです。会社が何をすべきかを決断し、会社にそれを確実に遂行させることこそがこの役割の最重要要素です。

ギル：おっしゃることを紐解くと、よく耳にする要素が多く含まれています。現金が尽きないようにすること、適切な箇所にリソースを配分すること、全体で正しい方向に向かうようにすること、など。

アルトマン：会社が何をすべきか考えるという最初の部分だけを皆やりたがるのが問題です。実際に費やす時間では、考えるのは全体の5％程度でしかなく、残りの95％は業務の遂行です。CEOにとって面倒なのは、その遂行作業の工程がとてつもなく長い反復作業であることです。社員と、メディアと、顧客と、何度も何度も同じ会話を繰り返します。「私たちが取り組んでいることはこれで、その理由はこれで、その実現方法はこれです」としつこく言い続ける毎日です。こうした会社のビジョンやゴールを伝えるコミュニケーション活動は、投下時間的にも業務で最も大きな部分を占めることになるのです。

ギル：スケールするにつれて多額の管理費に苦労する会社もあります。会社が大きくなるほど仕組みづくりに費やす時間が増えていくように見えます。セールス計画と報酬設計の構造化に取り組んだり、特定のカスタマーサポート対応や例外処理に対応したりするなどで忙殺され、会社のビッグピクチャーを見失ってしまい、どこに向かうべきかがわからなくなります。CEOが細々としたことに巻き込まれ、俯瞰で見られなくなるトラップを回避するのによい方法はありますか。

アルトマン：きっと皆「戦術面には関わらない方がいい」といったアドバイスを期待しているのかもしれませんが、戦術面の対応も非常に重要です。初めてCEOになる人は気づくのに時間がかかりますが、大切な

> “「ノー」と上手に断り、実際に手をつけない回数を増やすことです。
> ――サム・アルトマン”

のは何が重要かを見極めることです。時間の無駄に見えるけれど実は重要な戦術は何か。重要に見えるけれど時間の無駄な戦術は何か。

たとえば、報酬体系を整えることはとても重要で、CEOが時間を費やすべき業務だと個人的には思っています。ただ、多くのCEOはこの業務に関わりません。会社の測定指標のひとつであり、セールス担当の給与基準をつくっているので重要なのですが、直感的にそう思えないのです。

生産的でいるためのコツは「ノー」と上手に断り、実際に手をつけない回数を増やすことです。緊急だけど重要でないことはたくさんあります。優れたCEOになるには、いくつかのことが壊れてもしょうがないと思えるようにならないといけません。すべてを上手にこなすには絶対的に時間が足りません。何を意味するかと言うと、緊急性は高いけれどあえて対処しないことが今後いくつも出てくるということです。これに慣れるにはとても時間がかかります。そしてとても苦しいことです。

ギル：とんでもない勢いで成長していて、なんとか壊れないように持ちこたえている中で、緊急だけど時間をかける価値のないものの例をいくつか挙げてもらえますか。

アルトマン：つい最近、めちゃくちゃな話ですが良い例がありました。YCが出資している中であまりうまくいっていないある会社の創業者の話です。うまくいかない理由を聞いていた時に、創業者から失敗要因のひとつとして既存投資家が74人いることがわかりました。そして彼は、投資家からの毎年の監査要求にすべて応えていることを誇りに思っている、と言ってきたのです。投資家は要望にすぐに応えるCEOは彼しかいないと褒め、本人もそれを誇りに思っていました。私は「よく聞け、これは完全に間違っている。君の会社は潰れかけているんだ。それなのに君は優先度の低い戦術的なタスクをひとつ完了しただけで喜んでいる状況だ。すべての投資家は口では何を言おうとも、年に一度の監査要求に応じてもらうよりも会社が成功して大きなリターンを得る方を喜ぶはずだ」と伝えました。彼はようやくそこで目を覚ましてくれました。一方で周囲はこの仕事が重要で、彼にしかできない業務として取り組ませていました。彼は言われたことをやることで、ユーザーを獲得して収益を得るという最重要なことを放置しているのに、満足していたのです。

ユーザーや売上の獲得が難しいのは、自身の時間を開発とユーザーとの対話に費やさなければいけないからです。要するにそれ以外は何もすべきではないということです。もちろんそれが絶対に正しいという意味ではなく、先ほど話したような社員の報酬体系など、とても重要なものもいくつかあります。ただ、投資家の監査要求の対応など、重要に見えて意図的にやらないと判断できるものはよりたくさんあるのです。

ギル：すでに質問に答えていただいたかもしれませんが、あえて聞きます。会社がスケールしながらもCEOが担当し続けるべきものは何ですか。

アルトマン：CEOがプロダクトから切り離されているのは、一般的には悪い兆候です。程度の差はあれ、会社が拡大すると多くなります。「いつも戦略のことだけ考えていたいけど、人をマネジメントすることに疲れた」と弱音を吐くCEOをよく見かけます。理由は簡単で、人をマネジメントするのはとても大変だからです。そこでよくあるのはCEOはCOOを連れてきて（これは良いアイデア）、以後の経営会議への参加をやめる（これは最悪なアイデア）ような判断をしてしまうのです。

ギル：CEOがプロダクトから切り離されることについて伺います。創業チームの構成はどれだけ影響しますか。経営陣全体としてのリーダーシップを取る方法と、個人に権限を寄せた完全なオーナー型のCEOとで良し悪しがあれば伺いたいです。

アルトマン：強力な創業者が何人もいるチームで役割を分担している例は数多くあります。実際にも非常に効果的です。誰が何をしているのかが、ある程度明確化するのが重要です。複数人で責任を分担する方法も同様に効果的だと思います。

ギル：CEOの役割、そしてCEOの集中領域は下降期や停滞期ではどう変わるでしょうか。会社がうまくいっていない場合などではどうでしょうか。

アルトマン：CEOが見失ってはいけない基本的なことは、ビジネスをつくっているということです。いつかは利益を出してリターンを提供しなければなりません。CEOの仕事は資金を使い果たさないことだとよく言われます。これは一般的に資金調達をしろという意味ですが、別の対処法として、売上を上げて資金を得る方法があります。会社がうまく行っていない時や環境が厳しい時こそ、CEOが会社の財務状況やキャッシュフローを追い続けることが重要になります。そもそも常に見ておくべきものですが。

ギル：取締役会のマネジメントとコミュニケーション方法について、CEOの最も重要な役割は何ですか。

アルトマン：取締役会ではサプライズが一切求められていないと認識することです。取締役会はCEOが悪いニュースを隠そうとしているように感じる状態を嫌います。取締役会への情報共有は多すぎるくらいが丁度いいです。悪いニュースがある場合は、取締役会を待たずにすぐに共有しておくべきでしょう。

また、うまくいく時も時折あるものの、一般的な運営原則として取締役会で「実はあることで悩んでいます。どうしたらいいでしょう」と発言するのは微妙です。取締役会が嫌がるという理由だけではありません（基本的には自信に満ちたリーダーを求めているので嫌がります）。取締役会では異なる立場のVCがお互いに牽制し合う奇妙なダイナミクスが発生するからです。本当にオープンなブレーンストーミングをしたいなら、事前に個別でコミュニケーションをとっておいた方が、求める結果を得られるでしょう。

ギル：ほかにCEOの邪魔になるものはありますか。たとえば、創業者たちがメディア露出を成功と同一視してしまうことなど。ほかにやるべきことがあるのにCEOが露出を目的にメディアを追い回しているような状況です。初期にメディアに出ることでユーザー獲得に効果があるツイッターのようなプロダクトであれば話は別ですが。

アルトマン：ほとんどの場合が間違いでしょうね。ツイッターは特殊な例で、私の知る限りでは、ツイッターのベストユーザーは今でもジャーナリストたちです。顧客が報道関係者ならメディアを追い回すのは当然正しいでしょう。しかしほとんどの場合、メディア露出は最高の気分になれる半面、何も実を得られません。言いすぎかもしれません、中には良い例もあるでしょう。面白いことをしていれば大抵の場合メディアに出るのは簡単です。ただ、ほとんどの創業者、いやすべての創業者と言い換えましょう、は、メディア露出の重要性を過大評価しています。もちろん露出も良いことです。間違いなく役に立つし、価値もあります。しかし、メディア露出に注力しなかったことを後悔するスタートアップよりも、会社全体がメディア露出に振り回される過ちを犯すスタートアップの方がはるかに多いのです。

ギル：イベント登壇もありますよね。オフィスにいてビジネスに集中したり、顧客と会ったりするのではなく、イベントと懇親会尽くしになるような状況です。

アルトマン：多くの創業者はその誘惑に負けてしまいます。それほど大変なことでもないし、旅行もできるし、会社の経費で落とせる。そして自分が特別な存在に思えます。創業者にはなるべく少なくするようにと私は伝えています。少ないほどよいと。大成功している創業者を見ると、こういうことをしていないのがよくわかります。

ギル：企業がスケールする時の最大の課題は何ですか。それに応じてCEOの役割はどう変化するのでしょうか。

アルトマン：最も影響が大きい失敗は、CEOの役割が変わるべき時に変わろうとしないことです。ある時点で、CEOの役割は自分自身で仕事を進めることから、仕事を成し遂げてくれる人を採用し、その人に仕事を進めもらうことに変化します。CEOによくあるスケールアップの失敗第一位は、この移行を怠ることです。すべてを自分でやろうとするのではなく、人を雇って取り組んだ方が、自分の時間をはるかに有効に使えることに気づくべきですし、そのタイミングを意識しなければなりません。これはCEOにとっては大変難しい決断です。

ギル：うまくやれている人はどのようにしていますか。また、うまくやるためのヒントはありますか。

アルトマン：初めての時は誰もが失敗します。とても大切に思うものを手放すのが得意な人など存在しません。なので、しばらくは失敗し続けることを自分自身で受け入れる必要があるでしょう。権限を与えたり委譲したりすることが大切だと頭では理解しているつもりでも、最初の数回はうまくいかないものです。継続して取り組んで改善していくしかありません。

ギル：同じことが新卒でスタートアップに入ったような、初めてマネジメントをする社員にも起こっていると、CEOは意識しておくべきでしょう。彼らもスキルを身につけないといけない。規模がある程度の段階になると、社内の様々なメンバーが共通して生産性で苦労をします。組織がその人をコーチングするか、より経験豊富な人を連れてきて解決するまで、会社は停滞することを受け入れなければなりません。

アルトマン：まさに。初期社員をマネジメント層へとどう進化させるかという点で正しい手を打てている企業はほとんどありません。個人的にはものすごく重要なことだと思っています。初期社員は長い間会社で働いてくれています。そしておそらく非常に優秀な人材でしょう。（1）社員の成長のためにも正しいことだと思いますし、（2）他の誰も持っていない組織特有のノウハウを彼らは持っているでしょうから、会社に居続けてもらうことに価値はあります。

ギル：初期社員がCEOの求めるレベルに成長しない場合、どうすべきでしょうか。役職なしの社員にすべきでしょうか。それとも、たとえばCTOという役職だけれど部下がいないインフルエンサー的な役割にすべきでしょうか。彼ら向けにコーチを雇うべきなのでしょうか。

アルトマン：その質問に対する万能な回答はありません。ただ初期社員のこうした問題に対応することは大きな価値があると伝えています。

ギル：CEOとして会社をスケールさせようとしているが、忙し過ぎて必要な人材を雇う時間がないという人にアドバイスはありますか。思い切って一歩引き、何かを諦める以外に選択肢はないのでしょうか。

アルトマン：それ以外にないと思います。こうしたアドバイスは言う方も言われる方も楽ではないですが、ほかにうまくいった例を見たことがありません。

こうした転換点で、CEOは何らかの公式、または非公式なコーチを見つけます。取締役の誰かがこの役割を担う傾向があります。私の時も取締役のひとりがコーチでした。毎月会食をし、彼と話をしましたが、彼は信じられないほど寛大に時間を割いてくれました。彼はとても成功した元CEOでした。私は「色々壊れてきていて、このままではまずいと思っている。本物のCEOになるにはどうすべきか教えてくれないか」と頼んだところ、それを教えてくれました。同じような関係になれる相手を起業家たちはそれぞれ見つけているかと思います。

ギル：皆がそうしたコーチを積極的に探すべきだし、そうした経験を持つ、自分に時間を割いてくれる人を見つけるべきだと思います。自分で能動的に動いてその人に何を求めているのかをしっかり考える必要があります。

"CEOの仕事は資金を使い果たさないことだとよく言われます。これは一般的に資金調達をしろという意味ですが、別の対処法として、売上を上げて資金を得る方法があります。"

――サム・アルトマン

アルトマン：最近は投資環境が変化し、特定の会社にたくさんの時間を割いてくれる投資家が減ってきていることがこれを難しくしている要因です。非常にまずいことになっています。

ギル：私の会社カラージェノミクスでは、エンジェル投資にそこまで積極的でないけれど、ゼロから事業を立ち上げた経験を持つ投資家を探してその状況を打開しようと試みました。そういう人は世の中にそれなりにいる中で、彼らを投資家として認識してアプローチする人があまりいなかったのです。シリコンバレーではなぜか皆同じコミュニティから調達をしようとする傾向があるので。

アルトマン：その発想は素晴らしく、とてもよい方法だと思います。創業者は何かが破綻するまでこの重要性に気がつきません。なので有名投資家や最高額を提示する投資家とつい組んでしまう。そして1、2年後にあらゆることで炎上し、もっと違う形で調達ラウンドをまとめておけばよかったと後悔するのです。

※このインタビューはわかりやすさのために編集、要約しています。

第4章

経営チームをつくる

経営幹部の採用

初めて起業した創業者やCEOにとって、経営幹部の最初の採用は難しい。創業者は、これまで実務経験が足りなくても、たとえ周囲に不可能だと言われながらも、多くの人が「使いたい、お金を払いたい」と思うプロダクトやサービスを生み出した。それをグーグルやフェイスブックにいるようなスカした経営幹部を雇わずに実現し、無駄に高いコストをかけずにやってきた自負もある。

しかしある時点で、色々なことが破綻し始めていることに気づく。社内のコミュニケーションがぎくしゃくする。プロダクトチーム間の連携がなぜか悪くなっている。CEOもその日の重要事項すべてをこなせず、一息ついて考える時間すらない。採用がおろそかになり、採用候補者への連絡が遅れ、やり取りに何週間もかけてしまう。セールスの進捗はCEOとたった数人の一般社員に大きく依存しており、ある日突然顧客対応が崩壊する。未経験だがやる気のある社員に担当させようとするが、失敗したり何も進まなかったりする。

こういう事態になって初めて、経験のある人材が必要だと気づかされるのだ。

初めての経営幹部の採用は想像よりも難しい。経験豊富で自社に合う経営幹部と出会えたら、その存在に心から感謝するだろう。あらゆることが魔法のように解決されていく。採用が進み、契約はまとまり、仕組みも整う。これまでこうした経営幹部を雇わなかったことを悔やみたくなるほどだろう。

逆に、想定通り物事が進まないこともある。経営幹部が企業文化に合わなかったり、得意とするマネジメント手法と任せるチームの規模が噛み合わず空回りしてしまうこともある。時間が漫然と過ぎ、進捗は遅れる。最悪の場合、抜けられては困る優秀な人材が、その噛み合わない人物のせいで辞めてしまうことすらあり得る。

優秀な経営幹部の採用は簡単ではないが、取り組む価値は十分にある。採用を成功させられるように、次の手順をお勧めする。

12～18か月先の未来のために採用する

現状は10人のエンジニアリングチームで、12か月後に30人規模になると見ている場合、1500人のチーム管理に慣れたセールスフォースのシニアバイスプレジデントを引き抜く必要はない。その人物が入社したら、ちっぽけな仕事内容に飽きてしまい、空回りして機能しなくなるリスクがある。

経営幹部を採用する時は、12～18か月先に求める経験を持つ人物を探すのが望ましい。それよりも短期で考えると採用コストと拡大スピードが嚙み合わない。それより長期で考えるとやるべき仕事に対してオーバースペックな人物を雇ってしまうことになり、業務内容に合わなくなる。

経営幹部に求める資質

役割に関係なく、経営幹部が備えているべき重要な能力や資質を紹介しよう。

1　担当部門の専門知識

・担当部門の主要な問題点や失敗の発生ポイントを認識しているか。
・組織内のメンバーはその人物の意見を尊重し、学びを得られると思っているか。
・会社の現在の規模や成長曲線と合っているか。会社のフェーズに合う人物を採用する必要があり、立場が上過ぎる人も下過ぎる人も雇ってはいけない。アルファベットのCFOのルース・ポラットを、売上がまだない10人規模の会社の財務責任者として雇い入れる必要はないだろう。

2 担当部門でチームをつくり、マネジメントする能力

・その幹部は優秀な人材を採用できるか。さらに優秀な人材を連れてくる採用文化を築けるか。
・担当部門でメンバーのやる気を引き出す方法を理解しているか。セールス担当とプロダクトマネジャーでは、望むインセンティブは異なる。
・部門の社員を適切にマネジメントできるか。デザイナーのマネジメントはえてしてカスタマーサポートチームのマネジメントとは異なるアプローチが必要になる。
・必要に応じて階層を増やした組織をつくれるか。過去にどんな規模の組織を管理した経験があるか、またその経験が現在のニーズにどう適合しているか。ここでも12〜18か月先を考えるべきだ。

3 人間関係を築く力

・ほかの経営幹部とうまくやっていけるか。
・担当部門に限らず、会社全体で相互に助け合う環境を構築できるか。
・自身の信条と異なる方針でも、会社にとって最も正しいことを実現しようとしているか。
・企業文化に合っているか。他の社員と同様に、文化に合う経営幹部と合わない経営幹部がいる。

4 コミュニケーション能力の高さ

・会社横断のコミュニケーションが得意か。
・チームの変更、昇進、ロードマップ策定、目標設定その他について、ほかの経営幹部やCEO、創業

者陣を常に巻き込めるか。創業者が内向的だったり発言が少ないタイプだったりする場合、経営幹部にとって創業者とのコミュニケーションには職人技が必要になる。

・根本的な問題を理解し、チームにそれを伝えられるか。取締役会、外部パートナー、顧客、その他主要な利害関係者と適切なコミュニケーションをとれるか。

・「社内横断型の共感力」で他部門の協力を得る効果的なコミュニケーションができるか。[29]

5 オーナー・メンタリティ

・担当領域にオーナーシップを持ち、スムーズかつ効果的な運用に取り組んでいるか。

・課題を自身事として捉え、解決しているか。CEOが概要を理解して関与できるほどに抽象化しながら、CEOが毎日全情報を把握しなくても済む、良い意味でのブラックボックス化ができているか。

・経営幹部という立場は、オーナーのように考え取り組むべきだということを理解しているか。[30]

6 スマートさと戦略的思考力

・**担当部門を戦略的、全体的に考えているか。**社内のあらゆる部門を戦略的に構築できることは意外と知られていない。CEOとして常々、「戦略的なXの組織はどのようなものか」と自問するのはよい訓練となる（Xには人事、オペレーション、プロダクトなどの言葉が入る）。

・**担当部門の成熟度が会社の競合優位性につながることを理解しているか。**ひとつか2つ優れた分野が

[29]「社内横断型の共感力」について指摘をしてくれたマーク・ウィリアムソンに感謝する。
[30] 理想的には全社員に要求したいが、会社組織全体に大きな影響を与える経営幹部には必須だ。

あれば多くの会社は成功できる。しかし、複数部門で秀でている企業は圧倒的に優位になれる（アップルはハードウェア設計、サプライチェーン、マーケティングすべてに強い）。[31]

- **原理原則に基づいて考えているか。**専門知識を会社、チーム、プロダクトの文脈に当てはめて貢献できるか。それとも、前職の経験を単純に繰り返そうとしているだけなのか。

成功者から、求める人物像を見極める

創業者が社内のある部門を丸ごと任せられるような人物を探そうとしても、どこから手をつけていいか見当もつかない状態に陥りがちだ。ＣＦＯ、法務統括責任者やセールス担当バイスプレジデントは、そもそも日々何をしているのか。それぞれ優れた人物を配置するにはどうすればいいのか。部門のバイスプレジデントに必要な能力はどんなものか。たとえば、エンジニアリング担当バイスプレジデントとセールス担当バイスプレジデントはどう違うのか。ＣＦＯと比べて違うのか。そんなことすらわからない場合もある。

優れたＣＦＯやエンジニアリング担当バイスプレジデントがどんな仕事をしているか本当に知りたいなら、実際にその仕事に就く優秀な人物に会ってアドバイスを受けるのが一番だ。投資家やメンターが、そうした人がどこにいるかを知っている場合もある。たとえばＣＦＯを採用したいなら、自社の数年先のステージにいる会社の優秀なＣＦＯや、グーグルやネットフリックスのような確実に優秀な人物が担当している大企業のＣＦＯなど3、４人に会ってみるといい。彼らがＣＦＯ採用をするなら重要視するのは何か。どんな特徴を見ているのか。採用面接での質問、実技試験、テスト、リファレンスチェックでの質問、その他のアプローチはどんなものか。自社の規模と成長ロードマップの18か月後で照らし合わせた場合に求めるべきはどん

な人物か。

財務、セールス、エンジニアリングなどの優れたリーダーとつながるには、投資家やアドバイザーに紹介を頼むべきだ。先のステージにいるCEOの知り合いに頼み、その会社のCFOやプロダクト担当バイスプレジデントを紹介してもらってアドバイスを得たり、幹部候補者を教えてもらったりするのもいいだろう。

役職に求める理想像ができ上がったら言語化し、経営幹部や面接官など、幹部採用に関わるチームに共有する。関係者全員で求める人物像を理解し、判断基準を共有しておくべきだ。これを機会に候補者に求める企業文化面での必須要項も伝えられる。求める人物像を明確化すると、採用チームのフィードバックや議論の精度も格段に上がる。また、共通認識がないために起きる採用の失敗（あるいは素晴らしい候補者の取りこぼし）を防ぐことができる。

“経験豊富で自社に合う経営幹部と出会えたら、その存在に心から感謝するだろう。あらゆることが魔法のように解決されていく。採用が進み、契約はまとまり、仕組みも整う。”

——イラッド・ギル

［31］ eladgil.com の元記事を参照。http://blog.eladgil.com/2014/02/6-traits-for-hiring-executives.html　本章執筆初期にフィードバックをしてくれたアリ・ロウガーニに感謝する。

数回の失敗は覚悟しておく

時が経つにつれて創業時の経営陣やその後の経営陣を総入れ替えする例もある。たとえばフェイスブックは、立ち上げ時の経営陣をかなり早い段階で解任し、シェリル・サンドバーグなどが就任するまではしばらく安定せず、何回も経営陣を入れ替えている。

採用を成功させるために仕組みをつくることも重要だが、失敗についても心の準備をしておこう。失敗は仕方がない。その失敗から学び、採用プロセスを改善すれば問題はない。逆に、これまで失敗を恐れた創業者たちが採用に時間をかけすぎた例を私は何度も見てきている。創業者は失敗した時にはすぐに対応することを前提に、採用ミスも覚悟しておくべきだ。当然、失敗回数は少ない方が望ましいが、やはり起きてしまう時は起きてしまうし、その時の立て直しこそが重要だ。

第1部　経営幹部の採用、マネジメント、解雇
キース・ラボワ（コースラ・ベンチャーズ パートナー）に聞く

キース・ラボワはコースラ・ベンチャーズのパートナーだ。2000年以降、IPOを実現した5社の有名スタートアップにアーリーステージから携わり、ペイパル、リンクトイン、スクエアで役員を務め、イェルプとズーム（Xoom）の取締役を務めている。コースラ・ベンチャーズでは、ドアダッシュ、ストライプ、ソートスポット、アファーム、イーブンフィナンシャル、ピアッツァを含む多くのスタートアップへの投資を担当。VCとして働くかたわら、不動産テック分野のスタートアップであるオープンドアを共同創業した。

キース・ラボワには、爆速成長企業を次の段階に押し上げるコツや具体策について話を聞いた。IPOをすべき時期とその理由、優秀な経営幹部の見つけ方、創業者への報告ラインを減らすべき理由などについても語ってもらった。

ギル：創業者たちは、最初のＣＦＯ、最初の法務統括責任者、それこそ最初のエンジニアリング担当バイスプレジデントの採用で悩みます。慣れていない業務領域や人脈がない部門かもしれません。採用の第一歩はその役割で「優秀」とは何かを正しく知ることだと思います。候補者が優秀かどうかをその業務を未経験の創業者が見極めるにはどうすればよいでしょうか。

ラボワ：未経験の業務領域の採用はなかなか大変です。優秀なデザイナーはデザイナーをマネジメントするデザインリードに適した人材を見極められますし、優秀なエンジニアはエンジニアリング担当バイスプレジデントに適した人材を見極められるでしょう。一方で彼らはそこそこのＣＦＯと素晴らしく優秀なＣＦＯを区別できるどころか、ＣＦＯがそもそも何をするのかすらわかっていないことがあり得ます。

私がエアビーアンドビーＣＥＯのブライアン・チェスキーから学んだ手法は、採用したい役職に就いている人の中で自分が会える最高レベルの５人に会いに行き、コーヒーミーティングをするというものでした。そしてただ雑談をする。この雑談から、Ａ＋とＢ＋の能力の違いが理解できるようになります。実際に採用候補者と会ったとき、優秀と証明されているコーヒーミーティング相手と比較できます。取締役や投資家を活用し、会える中で最も優秀な５人に会いにいくべきです。

次に、優秀な投資家や取締役は過去に各役職を採用した可能性があります。できれば採用面接プロセスに彼らを早めに巻き込んでしまうのがよいでしょう。思った以上の効果を期待できるかもしれません。

それでも大変です。自分と違う背景を持つ信頼できる友人、同僚、創業者仲間に面接をしてもらうのも手です。以前私がペイパルを辞めてほかのスタートアップをしていた時に、技術的な背景がない私にとっての最大の挑戦はエンジニアリング担当バイスプレジデントを採用することでした。そこで最終候補者を2人まで絞った段階で技術に非常に強い友人のマックス・レブチンに面接してもらい、フィードバックをもらいました。当然、レブチンに気軽に面接を頼める訳ではありません。ただ、極めて重要な採用の場合は二者択一くらいにまで候補者を絞った上で、彼のフィードバックをもらうように心がけていました。

ギル：経営幹部の採用について、取締役や投資家の紹介以外のルートはありますか。人材紹介会社を活用するなどはどうでしょうか。

ラボワ：私なら活用します。上級管理職の採用の時は経営幹部専門のリクルーターは有効です。CXOレベルやバイスプレジデント以上の経営幹部のノウハウを彼らは持っています。逆に一般的なマネジャー職や管理職の採用は苦手ですね。専門のリクルーターを活用すべき理由は2つあります。ひとつ目は彼らがネットワークを持っていること。業界内で誰が転職を検討しているかを把握しています。そして同時に候補者の評判もよく知っている。候補者リストに掲載された人たちは過去に同じリクルーターによってリファレンスチ

"リファレンスチェックで必ず聞くべきなのは「この人がうちの会社に入社したら、あなたも入社してくれますか」という質問です。

——キース・ラボワ

ェックを受けている可能性がありますし、その情報を得られます。

2つ目は、リクルーターが何らかの採用プロセスを導入してくれることです。毎週候補者とのミーティングが設定される仕組みがあるだけでも採用活動は前進します。ですから幹部の採用では活用するとよいでしょう。費用も大したことはありません。心配している10万ドルのコストは、優秀なCFOやエンジニアリング担当バイスプレジデントを雇えるなら安いものです。

また、VCの多くは内部にエグゼクティブ・リクルーターを抱えていたり、ハイエンド人材紹介のコネクションや取引先を持っていたりします。つまり無料でこれを活用できます。私たちVCは投資先の経営幹部が転職を検討していることを知っています。その人物の能力やスキルを整理し、自社のポートフォリオの別企業で再活用できないかを常に考えています。なので一気に無料でショートカットするチャンスもあり得ます。

あとはツイッターなどのソーシャルメディアを使うべきです。自社がうまくいっているならCFOを募集中だと投稿してみる。こんなすごい人は無理だろう、と思っていたような人から突然連絡が来るかもしれません。投資先の会社の体験談で「経営幹部募集中」とつぶやいて大成功した話はよく聞きます。

幹部専門リクルーターを活用する際のデメリットもあります。彼らのインセンティブは契約を締結することであり、報酬は採用が成立した時にのみ支払われます。つまり彼らは最終的に誰かを絶対に雇ってほしい。優秀でないリクルーターが担当の場合、クロージングしやすい人材にバイアスがかかってしまう可能性があります。これは報酬設計上、仕方がないことです。理想の候補者ではなく成約しやすい候補者を連れてきてしまうのです。CEOとしての責務は理想の候補者を採用することであり、場合によっては採用に1年以上かかることもあります。この意識のズレを事前に認識しておくといいでしょう。

候補者の探し方から話はそれますが、経営幹部採用での重要な基準のひとつは、その人物にさらに優秀な人材を惹きつける力があるかどうかです。リファレンスチェックをかける時は、「採用候補となる優秀な人たちとのつながりがあるか。その優秀な人と働きたいがために、さらに優秀な人たちが入社し、その結果組織全体の能力が底上げされるか」を意識するとよいでしょう。

リファレンスチェックをすればその答えが出ます。また、経営幹部を採用する際には徹底的にリファレンスチェックを行うべきです。一般社員が死ぬほどリファレンスチェックをされない理由は理解できますが、経営幹部を徹底したリファレンスチェックなしで採用すべき理由など存在しません。

リファレンスチェックで必ず聞くべきなのは「この人がうちの会社に入社したら、あなたも入社してくれますか」という質問です。「私は引退したから」とか「今はベンチャーキャピタルをやってるから」など、あらゆる断り文句を聞かされるでしょうが、そうした回答に「間違いなくイエスだ」という感情がにじみ出てくるかを読み取るべきです。全員がそうであるべきとは言いませんが、そうした答えが返ってくるのが理想です。そしてこの感覚を得られない場合は、何か注意すべきことがあると考えた方がよいでしょう。

ギル：私は創業者によく、経営幹部の採用では失敗しても構わないと伝えています。失敗の恐怖は行動を妨げてしまうからです。経営幹部としてうまく機能しているか判断するには何を見るといいでしょうか。また、失敗の兆候にどれだけ早く気づけるものでしょうか。

ラボワ：経営幹部なら30日以内で大体わかり、60日経つ頃には確実にわかります。当然、事業の複雑さによっても変わります。たとえばオープンドアのように、最高レベルの経営幹部でも全体を完全に把握するのに時間がかかる複雑な事業もあります。ただ、一般的に経営幹部となる人たちは仕事に非常に精通しているので、キャリアの中で培ってきたパターン認識能力から素早く本題に着手できるはずです。彼らが早期に苦戦しているようなら、それは危機的状況と認識した方がよいでしょう。

CEOや創業者の役目は、彼らが活躍できるように援護することです。援護は義務と捉え、新しい経営幹部が活躍するようにあらゆる手を尽くすべきです。残念ながら、そうしない創業者もいます。「優秀な人を雇ったんだから、勝手に仕事を推し進めてくれるだろう」と思い込んでしまうのです。新しい経営幹部が順応するために自身の予定の10〜20％を割くことは、明らかに価値のある初期投資だと私は思います。

そうしないとしっぺ返しを食らうからです。採用が失敗だった場合、その人を置き換えるには間違いなく何らかの痛みや衝突が発生します。幸いなことに、致命傷になることはめったにありません。これまでたくさんの企業で創業者が経営幹部採用でミスをし、そのたびに対応しています。たとえばマーク・ザッカーバーグは、２００7年に当時の経営陣のほとんどを入れ替えています。当時のフェイスブックはすでに成功しているプラットフォームでしたが、現在の経営陣には誰ひとり残っていません。

常に改善可能とも解釈できます。魔法のような解決策を焦って見つける必要はありません。失敗率ゼロの採用を目指した場合、それは失敗率ゼロの意思決定と同義なので、保守的すぎます。VCとしては経営幹部を採用する確信度が70％になった時に踏み込むべきだと投資先に伝えていて、私自身もその意見に賛同しています。50％以下では無謀。でも１００％では慎重になりすぎで、候補者を逃している恐れがあります。失敗率も下がりますが、機会損失も多く発生します。採用すべきだった人を逃す機会損失について指標を設定している人はそう多くないでしょう。

ギル：採用した人材が機能していないことを示す兆候には、どんなものがありますか。

ラボワ：意思決定のオーナーシップがない時が兆候になります。ただ、CEOや創業者の影響も十分にあります。オーナーシップを持ってもらうには、直接対話が必要な場合もあります。最初の一歩を踏み出すことに躊躇していることもあるからです。つまりひとつ目は、受け身すぎる状況が具体化した時です。

もうひとつの兆候は、新しい経営幹部にではなく創業者に社員が相談しに来る時です。ここには2つの可能性が考えられます。ひとつ目は、経営幹部が職務を果たしていないこと。2つ目は組織改革が実施されたけれども、まだ完全に機能していないこと。リーダーを変えても旧体制を維持したがる人は少なからず現れます。もっとも、新しい経営幹部が対応すべき課題なのに周囲が創業者に相談しに来るのは、その経営幹部がうまく機能していないことを示すサインと言えるでしょう。

究極的には、わずかな気づきで判断します。オープンなオフィス環境の場合、全体を見渡して、誰が誰のデスクに向かっているかを観察すると色々と見えてきます。管理職だろうと現場だろうと、活躍している人の席にはいつも誰かが相談に来ています。助けてもらえると思うから相談しに行くのです。担当組織外の社員も含めて多くの人が幹部に会いに来ているようなら、それはとても良いサインと言えるでしょう。

もうひとつブライアン・チェスキーから学んだ教訓があります。経営幹部を変えるタイミングにも通じますが、本当に優れた経営幹部は常に6～12か月先を見越して行動しています。彼らは6～12か月先の未来に必要なことを計画し、行動し始めます。そこそこの経営幹部は、最長3か月先あたりを見ています。

なので経営幹部の評価は、こうした視点で見るとよいでしょう。彼らの責務の一歩先までを対応しようとしているかどうか。なぜなら一朝一夕で変化は起こせないからです。たとえばエンジニアが50人追加で必要だったとしましょう。明日いきなり50人を雇えません。でも優秀なエンジニアリング担当バイスプレジデントなら、戦略上50人のエンジニアが必要だと気づき、そうしないと目標を達成できないことに気づきます。そこで彼らは一年前から採用活動を開始する。そんな感じですね。

ギル：たしかに優秀な人は先読みして行動していますよね。でも先読みしすぎて、5年後の会社のあるべき姿を前提に考えるような人も問題となりそうですね。

ラボワ：当然うまくいきません。6〜12か月先と具体的に言ったのはそれが理由です。1〜3か月先を考える人は悪くはないですが、理想とも言えません。6〜12か月先読みタイプこそが極めて優秀な経営幹部です。常に課題の解決策を持っているので、組織内では完璧な人物と思われがちです。でもその理由は、常に6〜12か月先のことを考えているからとも言えます。この先何で行き詰まるか、改善まで時間を要するものが何かを正しく把握しています。課題が可視化される頃には「ああ、それにはこう対応すればいいよ」と即答できるのです。

優秀なソフトウェアアーキテクトのようなものです。彼らはスケーリングの課題に、さっと銀の弾丸を取り出して解決するように見えることがあります。でも実際はずっと前から想定していて「もし今日いきなり全国ネットの人気テレビ番組で紹介されて、同時アクセスが普段の10倍になったらどうしようか。まずこれをして、負荷分散システムを用意して、あの対策をすべきだろう。サーバーの遅延が心配だからあのハードウェアも用意しておこう」といった感じでいつか訪れるその時のために備えているのです。

ビジネス課題でも同じです。今後3～12か月の間に想定される最悪の状況や最高の状況で、各課題に関連したリードタイムはどれくらいか。その瞬間が訪れたらいつでも取り出せるツールを備えているのです。

ギル：経営幹部の採用失敗は何回まで許されますか。役職ごとに一定数の失敗なのでしょうか。年間の失敗の合計数なのでしょうか。

ラボワ：1回くらいではないでしょうか。経営幹部を増やす機会はそんなに多くないですし、ほとんどの企業は決めた期間にひとりから3人程度を採用するのではないでしょうか。何回も採用ミスをしたら、採用プロセスそのものを疑った方がよいでしょう。1回の失敗は普通です。でも複数回起きたら「そもそも間違って取り組んでいるものはないか」と考え抜くべきです。

ギル：ここでいう複数回というのは、一定期間においてでしょうか。急成長企業の場合、12～18か月ごとに経営陣をアップグレードしなければいけません。会社の成長と共に成長できる経営幹部もいれば、機能しなくなる人もいると思いますが。

ラボワ：では18か月から2年ごとに1回の明確なミス、としましょうか。採用ミスと、数年後に活躍できなくなるケースは別物と考えるべきです。採用ミスは「しまった、判断を間違えた。今すぐ対応しないと」というものです。これは1回に抑えたいです。

ビジネスの複雑化や組織の拡大などに対応できないのは別問題で、厳密には採用ミスとは言いません。採用前に今と同じ情報を持っていても、その人物を採用しているでしょうから。採用ミスは、採用前に今の情報を持っていたら見送りの判断をする場合です。そのミスはできる限り1回に抑えたいものです。

規模拡大や役員の入れ替えは会社の成長率に直接関連します。会社の成長速度が速いほど、要求される能力の変化の傾きも急になります。経営幹部の学習曲線がその傾きを下回っていたら変化が必要な時期です。

ギル：仮にあなたがCEOとして経営チームをつくったとしましょう。社員数が数十人から数百人になるとCEOのチームマネジメントにも変化が求められます。自分直属のチームのマネジメント方法も大きく変わります。CEOはどのように取り組むべきでしょうか。誰がCEOに報告し、誰がすべきではないのか、など。

ラボワ：いい質問ですね。ただ、万能な回答は残念ながらありません。事業内容や事業間のつなぎ目などの状況次第です。意思決定にトレードオフがあるかは事業次第ですが、CEOにはこうしたトレードオフを伴う意思決定を頻繁にさせないようにした方がよいでしょう。毎日どころか週1回ですら、タイブレーカー役は担わない方がよいです。月に一度か四半期に一度程度なら、組織内で衝突しているトレードオフ案件に関与するのはよいですが、それ以上の頻度で必要なら、誰かの管理下に両部門を統一すべきです。

2つ目は単純に能力の問題です。経営幹部はそれぞれ異なる強みと弱みを持っています。完璧な組織図が描けていても、素晴らしい専門性を持つ幹部に別の能力が抜け落ちていて、それが表面化したりします。彼らの強みを引き出すために、組織設計を調整することも検討すべきでしょう。

たとえば、私の友人にプロダクトリードで事業開発と業務提携にも強い人物がいます。この能力を併せ持つ人は実はとても珍しい。彼が経営幹部なら、組織設計上一般的でなくても、音楽レーベルとの提携や複雑な交渉などの業務をプロダクトチームに担当させるでしょう。彼の能力がとてつもなく優れているからこそです。このように例外をつくってよい場合もあります。

ただし、組織の状況を正しく理解していることが重要です。また、CEOに報告するのは優先度1位から3位のみ、とするのもよいでしょう。基本的には会社の生死を決めるような問題をCEOに報告すべきです。なぜなら究極的にはCEOが全事業、全部門のすべての責任と説明責任を負っているからです。大成功にたどり着くために必須なものを順位付けして、最重要となる2つか3つの要素を常に目の届くところに置くべきです。

“管理職だろうと現場だろうと、活躍している人の席にはいつも誰かが相談に来ています。”

——キース・ラボワ

ギル：適切な報告ラインの数はいくつくらいでしょうか。もちろんコンテキストや能力、その他あらゆる状況で異なると思いますが、ざっくりこのくらい、というのを教えてください。

ラボワ：古典的な回答としては、アンディ・グローブの『HIGH OUTPUT MANAGEMENT』（日経BP）の多くても7つというものです。または5つ。5つか7つとしましょうか。週次で1on1を実施するとして、1日1回程度にしたいからです。そうすると5〜7本になります。これくらいに抑えるのが理想でしょう。この範囲内を意識するなら、状況次第で多少変わってもよいと思います。

ギル：最近のスタートアップ企業の経営陣は、10人以上がCEOに直接報告しているように見えます。

ラボワ：それはまずいですね。非常にまずい。部門を統合するための責任者の採用活動など、特定の時期ならまだ許されますが。

私もスクエア時代に報告ラインが11〜13くらいあった時期がありましたが、CEOのジャック・ドーシーはそのことにカンカンで、取締役会も皆怒っていました。私自身もこの環境が良くないとわかっていましたが、無理に統合して解決されたように取り繕うより、報告を束ねる存在が内部に現われるまで耐えることにしました。そして最終的には実現できました。無理に報告ラインを束ねて価値を生まない上司に報告させるぐらいなら、一時的に私が直接関与する方がよいと判断した経緯があります。もちろん、後任の採用にも手を抜かずにです。

こうした例外は一時的なものとして、数か月単位なら許されるでしょう。ただ年単位では駄目です。そして今後そうした例外をつくらないようにするのが最優先事項になります。

ギル：創業者がチームを再構築する際に一番恐れるのは離職リスクだと思います。直属の部下との間に誰かを挟んだり、外部から人材を入れると、社員が辞めてしまうのではないかと気にします。この問題を避けるにはどうすればいいですか。そもそも課題として捉えるべきでしょうか。実は離職しても問題ないのでしょうか。

ラボワ：離職リスクは悩ましく、創業者たちが判断を先延ばししてしまう理由でもあります。階層をつくって間に人を挟む時は、その新しい人物が明らかに優れている場合のみにするのがよいでしょう。

ＣＥＯに直接報告する経営幹部が多すぎる時の対策のひとつは、組織内の別の経営幹部に報告ラインを変更することです。問題は、明確な業務分担がされていない限りうまくいかないことです。フェアじゃないし離職リスクを生みます。ただし明確に業務が分担され、活躍領域も異なると言い切れる場合は良い判断になることもあります。どう指標を設定するか、他者がその２人の経営幹部の立場をどう見ているか次第です。うまくいけば、新規幹部採用という名の臓器移植手術をせずに済みます。実施可能かどうかだけでは駄目で、パフォーマンスが大きく改善される必要があります。パフォーマンスの改善に疑いが出る場合は、別の経営幹部を報告ラインにするのはお勧めしません。

外部から採用する場合、活躍中の既存メンバーが尊敬できたり多くの学びを得られたりする人物を雇うとよいでしょう。そうした人なら、モチベーションの高い人材は辞めません。心理的にも業務的にも新任の経営幹部を受け入れられない既存メンバーには転職してもらい、別のところで学び直してもらった方がその人のためになるかもしれません。基本的に離職リスクは新規採用をしない理由にはなりません。

経営幹部の中でどうしても大切で残したい人物がいるならば、ほかにも手はあります。ひとつはその人物にメンターを付けて、より大きな事業領域を扱えるように成長してもらうことです。これができるかどうかは会社にそのゆとりがあるか次第です。協力してくれるメンターのネットワークも必要ですし、複数の経営幹部に同時には実行できません。仮にポテンシャルの高い財務担当バイスプレジデントをCFOに育てたいと思った場合、その人物を外部から採用した人物の配下に置かず、CFOにするのもありです。しかし、かなりの労力が必要です。なので、プロダクト担当部長、エンジニアリング担当部長、財務担当部長の3人を同時に育てるのは無理です。

ギル：CEOは経営会議をどのように執り行うべきですか。

ラボワ：いい質問ですね。あらゆるCEOはこのテーマで何らかのストレスを溜めていることでしょう。私が学んだ教訓のひとつに、経営会議は必ずしもCEOのためにあるわけではない、というのがあります。実際は会議に参加している経営幹部たちにこそ重要なのです。仲間と顔を合わせる機会であり、横断的に組織の状況を理解できるため、より賢く、より良い意思決定ができるようになります。

CEO自身は会議で新たな気づきを得ることはあまりないでしょう。それは当然で、すべての経営幹部や組織内の部門と既に1on1を実施済みだからです。会議中の議題は既知なことがほとんどで、そうあるべきです。この会議が有意義なのは、横串で議論や対話が行われ、情報が共有されることにあります。

自身で新たに得られるものが何もないため、CEOは会議に不満を持ちがちです。ただ、その場にいる仲間たちにはとても価値があるという事実に気づいていないのです。あなたの時間を1、2時間投資することで経営幹部たちがより成果を出せるなら会議の価値は十分にあります。わかりやすくレバレッジの効く行動と言えるでしょう。

ギル：良いアジェンダはどういうものですか。

ラボワ：議題を3つ程度に絞ることです。情報共有もありますが、アクションに落とし込むための議論や議題もあります。同じ時間帯に議論するものがいくつもあると、摩耗して集中力が途切れてしまうので。

経営会議に丸一日を使い、詳細まで議論をする会社もありますが、正直このやり方はあまりお勧めできません。組織が稼働するためにそれだけ連携が必要ならば仕方がなかもしれません。個人的には効果測定ツー

“外部から採用する場合、活躍中の既存メンバーが尊敬できたり多くの学びを得られたりする人物を雇うとよいでしょう。”

——キース・ラボワ

ルやKPI、ダッシュボードなどをきちんと導入してあって、会議開始前から事業概況を理解している状態をつくれれば、1～3時間もあれば十分でしょう。

その場合、前日の夜に資料を共有しておくのが望ましいです。計画、進捗、課題の3つのP（プラン、プログレス、プロブレム）が箇条書きで書かれている程度で構わなくて、事前共有によって思考を始めてもらえるように整えます。そこに会社に大きく影響を及ぼす議題や、CEOが答えに迷っていて判断のために意見を集めたい内容などを加えておきます。

ギル：会社の初期段階では、ひとつの経営会議でほぼすべての議題が交わされ、成長に合わせて細分化していきます。売上進捗会議と指標分析会議が別で行われ、同席する経営幹部も全員ではないような形です。事業進捗を共有する大人数の会議が開催されながら、経営会議では異なる議論が交わされるなどもあります。

ラボワ：そうですね。物議を醸すような戦略議題や、はっきりとした答えがない議題を論じる場合は意図的に分割して運用することもあります。実務とは別物で考えます。実務は、KPIはどうか、業務効率はどうか、進捗率はどうか、ほかに取り組むべきことは何かといった内容です。前者をCEOが仕切り、後者をCOOや経営幹部が仕切ることでその区別を明確化する方法などがあります。

※このインタビューはわかりやすさのために編集、要約しています。

COOは必要か

10年前にあなたが爆速成長企業の創業者だったら、投資家たちは「経験豊富な大人」を新しいCEOに据えるよう求めてきただろう。現在はフェイスブックがシェリル・サンドバーグを起用して成功を収めた例にならって、COO採用を勧める流れに変わった。死の谷を乗り越えた爆速成長企業は、創業者を置き換える新CEOを探すよりも、彼らを支えるCOOを求める時代となった。[32]

ボックス、フェイスブック、ストライプ、スクエア、ツイッター、イェルプなどは「白髪交じりのプロ経営者」にCEOを任せるのではなく、創業者を支える存在としてCOOを選んでいる。[33]

なぜCOOが必要なのか

COOを採用する時は、求める背景や経験を持つ人物をCEO自身が見つける必要がある。創業者を支え、実務を行い、ビジョンを実行してくれる人物が理想だ。一般的に、技術系・プロダクト系の創業者は、プロダクトや全体戦略に携わり続けたいと考える（そしてそうあるべきだ）。COOは創業者が疎い事業領域や興味のない領域、あるいは単に管理する余裕のない部門を巻き取ってマネジメントし、体制を構築する。

[32] まだ本当の爆速成長企業になれていない場合、CEOと同格のCOOを雇うのは難しい。CEO以外はやらない、と考える優秀な経営者は多い。

[33] その他面白い事例としては1980年代にビル・ゲイツがマイクロソフトで複数の「プレジデント」を彼の下に配置した例や、ラリー・エリソンがオラクルで様々なCOOと組んできた例がある。ゲイツはマイクロソフトが黒字になってから投資を受け入れたため、自分が追い出される心配がない状態で会社をコントロールできていた。

ＣＯＯの責務には次のようなものが考えられる。

1 経営陣の対応領域を増やす。ＣＯＯは、技術系やプロダクト系の創業者のビジネスパートナーの役割を果たせる。

2 会社のスケーリングに貢献する。爆速成長企業には、事業拡大と仕組みの導入に特殊なニーズがある（たとえば、採用体制、コーポレート・ガバナンスなど）

3 経営陣と組織の土台をつくる。ＣＯＯは、創業者が苦手とする分野、たとえば財務、会計、セールスなどを担当する経営幹部の採用やチームづくりに責任を持つことが多い。プロダクト、エンジニアリング、マーケティングの経営幹部の採用に貢献することもある。

4 創業者が取り組む時間がない、向いていない、または興味がない領域を担当する。一般的にＣＯＯは「ビジネスサイド」（組織設計／Ｍ＆Ａ、事業開発、セールス、人事、採用など）のマネジメントを引き受け、創業者はプロダクト、デザイン、エンジニアリングに注力する（たとえばマーク・ザッカーバーグがフェイスブックでプロダクトを重視する姿勢）。逆に、ＣＥＯがセールスに集中するためにプロダクト中心型のＣＯＯを採用するケースもある。

5 会社の次のフェーズに向けた文化をつくる。シェリル・サンドバーグは、人材育成と卓越したマネジメント体制の文化を持ち込み、フェイスブックの組織全体の運営手法を改革している。

なぜCOOは不要なのか

爆速成長企業は、経営陣を強化して事業をスケールする能力と専門知識を備える必要がある。そのためには会社を急速かつ効果的に成長させられる人材を採用するなどして、創業者をサポートするのが鍵となる。その鍵となる人物は、COOの肩書きでなくても構わない。

COOの肩書きは、非常に高いハードルを与えることにも留意すべきだ。[34] COOの上に役職を後から配置するのは、バイスプレジデントの上にシニアバイスプレジデントを配置するほど簡単ではない。会社が100人から5000人規模に成長する時期に組織の柔軟性が損なわれるリスクがある。COOがバイスプレジデントに降格することを受け入れる可能性は低く、大抵は退職するだろう。[35]

COOの選任

COOには、CEOになれる力を持つ人物、少なくとも一般的なマネジメントや会社の重要な役職を経験した人物が望ましい。シェリル・サンドバーグは、フェイスブックのCOOに就く前に、いくつもの企業のCEOの候補になっていた。同様にボックスCOOのダン・レビンは、2つの会社のCEOや社長、インテュイットのゼネラルマネジャーなどの経験があった。会社のビジョンに可能性を感じ、他社のゼネラルマネ

［34］最初に「ゼネラルマネジャー」の肩書きで採用し、後にCOOに変える企業がある。COOに任命する前にその人物の適性と能力を確認できるためだ。

［35］もうひとつの選択肢は自分の代わりにCEOになってもらうことだ。このテーマについては、リード・ホフマンが素晴らしい記事を書いている。http://www.reidhoffman.org/if-why-and-how-founders-should-hire-a-professional-CEO/

ジャー職やCEO職で得られるメリットを放棄してでも入社してくれる人物がふさわしい。

また、次の要素もあれば、なお望ましい。

1　成熟していてエゴがない。創業者のビジョンに賛同し実行するために、自身のエゴを抑えられる経験豊富な人物。

2　創業者、CEOとの相性が良い。COOが創業者とうまく意思疎通できないと、対立と不幸な結末が訪れるだろう。

3　会社や組織をスケールさせた経験がある。1000人の組織のマネジメント経験と、20人から1000人に会社を成長させた経験とは似て非なるものだ。組織づくりだけではなく、急速なスケールが求められる場合は、過去に爆速成長を経験した人を探すとよい。

4　起業家精神がある。スケールの経験があると同時に、スタートアップで働いたことがある人（または大企業でゼロから何かをスケールさせた経験がある人）が理想だ。

5　担当部門の専門知識がある。COOは、担当部門での経験と専門知識を持っているべきだ。

6　採用能力がある。COOは会社の組織図の骨格をつくる。優秀な人材を採用でき、自ら経営幹部をマネジメントできることが重要だ。

7　見習う要素があり尊敬できる。初めて創業者やマネジャーを務めるCEOに、マネジメントやその他のことを教えてくれるCOOは心強い。ビル・ゲイツが学びを目的に経営幹部を雇った話は有名だ。

8　仕組みづくりに長けている。理想的なCOO候補者は、他社でうまくいっている仕組みやベストプラクティスを参考に、会社に合う新しい仕組みを開発して導入する。

COOを採用する時は、創業者が譲れない責任領域がどこなのか（デザイン、プロダクト、マーケティング、エンジニアリングなど）、そして何を本当に委譲したいのか（事業開発、セールス、企業開発、財務、人事、オペレーションなど）を明確に決めておくこと。これが明確でないと、初めの一歩から失敗のリスクを抱えることになる。また、COOは必ずしもCEOがやらないことすべてを担当するわけではないことも覚えておくべきだ。マイクロソフトでは、ビル・ゲイツがプロダクトを、スティーブ・バルマーがセールスを、ボブ・ハーボルドがCOOとして財務、人事、マーケティング、広報などを管理していた。[36]

すべての会社にCOOが必要だと私は思わない。充実した経営幹部やチームがいれば、そのままでよいこともあるだろう。しかし、必要だと判断したら、慎重かつ計画的に採用を進めるべきだろう。[37]

“創業者を支え、実務を行い、ビジョンを実行してくれる人物が理想だ。”

——イラッド・ギル

[36]「ビル・ゲイツと仕事をする秘訣」参照。https://www.americanexpress.com/us/small-business/openforum/articles/the-secrets-of-working-with-bill-gates/

[37] eladgil.comに掲載されたこの記事のオリジナル版のレビューとフィードバックに協力してくれたアーロン・レビィ、ジエス・リー、キース・ラボワに感謝する。http://blog.eladgil.com/2013/02/should-you-hire-coo.html

COOを雇うこと
アーロン・レビィ（ボックスCEO兼共同創業者兼会長）に聞く

アーロン・レビィ（@levie）は、ボックスの最高経営責任者、共同創業者兼会長。2005年にCFO兼共同創業者のディラン・スミスと共にボックスを創業した。レビィはボックスのプロダクトとプラットフォーム戦略のビジョナリーで、事業のスケールについて多くの起業家に頼られる存在だ。2003年から2005年まで南カリフォルニア大学に通った後に中退し、ボックスを創業した。

アーロン・レビィとはCOOをテーマに語り合った。最高執行責任者はそもそも経営幹部として加えるべきか否か、そしてそれはどのタイミングか。2010年、ボックス創業から5年後にダン・レビンをCOOに迎えた経緯があり、この点について私自身も詳しく聞いてみたかった。

レビィは経営陣にCOOを加えることについては賛成で、COOを雇うことのメリットと、ボックス社内でその意思決定がされるまでの経緯を聞いた。

ギル：2010年にボックスのCOOを採用した際、あなたが中心に進めたと聞いています。なぜ自身で担当しようと思ったのですか。起業家たちはCOO採用について何か考え方を変える必要はありますか。

レビィ：取締役会レベルで「今のCEOは適切か」と議論されるところから始まるのが一般的です。特に起業したての創業者で経験が少ない場合「自分は優れたCEOになれるのか、自分は会社をスケールさせられるのか」と悩みます。しかし、この思考法はCEOの要求水準を過剰に高く定義してしまいます。CEOに求められる仕事は実は単純で、会社を成功させること、これだけです。CEOに苦手な業務があっても、CEO自身が得意になる必要はないのです。優れたCEOであるためには、会社がその業務を得意になる仕組みをつくればいいだけなのです。

創業初期でボックスを20、30人の規模から拡大していた頃、この課題に直面しました。私も「果たして自分は大企業をつくり上げたCEOたちと同じことができているのだろうか」と悩みました。そう思えない時が何度もありました。私の得意領域は一般的ではなく、有名CEOが得意としていた領域は苦手だと認識していました。そしてある日、私自身がすべてを個人的に抱え込んで解決する必要はなく、何らかの方法ですべての問題を解決することが私の仕事だと気づいたのです。

1990年代や2000年代初頭に比べれば明らかに減っていますが、創業者個人が解決できない問題によって会社を追われ、経験豊富なCEOが新たに入るという過ちは今でもよくあります。当時の企業が創業者には得意な仕事に集中させ、事業構築の相棒となる存在を加える判断をしていたら、もっと良い結果が得られたのではないでしょうか。

ギル：つまりCOOはCEOの相棒だと考えているのですね。起業家たちがCOOの役割の定義を具体的にするにはどうすればよいのでしょうか。

レビィ：COOは一般論では組織のナンバー2として語られることが多い役職ですが、実際は創業者や会社の特徴によって必要な能力が異なる極めて属人的な役職です。CMOやプロダクトヘッドなど、担当分野がおおかた定まっている役職とは違い、COOの役割は環境によって可変的です。COOのいる会社を5つ挙げれば、職務内容や責任領域はすべて違うでしょう。フェイスブックのシェリル・サンドバーグの仕事はイェルプのCOOの仕事とは異なり、当然ボックスのCOOとも異なります。COOに共通の決まった仕事内容があるという考えをまず払拭するとよいでしょう。

私がCOOの採用を最終的に決めた理由は、ビジネスを構築するにあたって会社や組織の拡大や、大規模な環境での経験が豊富な相棒のような存在が欲しかったからです。私は大学時代の友人と一緒に会社を立ち上げましたが、2人とも会社を本当にスケールさせた経験はありませんでした。そこで、数千人規模の組織を管理した経験、数億ドル規模の売上のマネジメント経験を持つCOOを迎え入れられれば、社内のあらゆる分野でその経験を活かせるだろうと考えました。

この時に採用したCOOの前職はインテュイットの大きな部門のゼネラルマネジャーで、それ以前にCEO経験を持つ人物でした。彼は会社組織の主要な役割すべてを豊富に経験していました。彼は人材開発や組織設計、スケーリングなどの分野に興味がある、人材面を得意とするタイプのCOOでした。

彼がオーナーシップを持って会社の構造を組み直し、それぞれの組織が立ち上がっていく体制をつくりました。その結果、私の仕事は戦略を練ったり、長期的な計画を考えたりする立場に変わりました。プロダクト戦略やプロダクトそのものに注力できるようになりました。

ギル：それは納得しますね。COOがセールスを担当し、CEOがプロダクトやエンジニアリングを担当するのが一般的ですが、別の例もよくあります。「会社による」という説明と噛み合いますね。

レビィ：そうですね。COOをなぜ、そしていつ雇うべきなのかという問いに答えるなら、こんな感じでしょうか。CEOがいくつかの分野で独自の強みを持っていて、その分野にさらに取り組みたいと思ったり、理想とのギャップを埋める必要があると感じた場合、COOの採用を検討し始めるとよいです。

どちらにせよ成功するにはうまく機能する組織がいくつも必要です。CEO自身が特定分野の組織管理に興味がなかったり、関わる余裕がなかったりする場合、代わりに担当してくれる相棒が必要になります。

CEOがセールス志向の強い創業者なら、プロダクト面を支える人を雇う。逆にCEOがプロダクト志向の強い創業者であれば、セールス面を支える人を雇う。CEOがセールスとプロダクトの両方の能力を兼ね備えた創業者なら、運用やインフラを支える人を入れるとよいかもしれません。つまり、COOに求めるものが何かを明確にするのと同じくらい、CEO自身の担当分野を理解しておかなければならないのです。

ギル：COOを検討する適切なタイミングはありますか。たしかストライプがビリー・アルバラドを迎え入れたのは、社員が8人か10人くらいの頃だったと思います。一方で100、200、300人といった規模になるまでCOOを配置しない会社もたくさんあります。適切なのはいつでしょうか。

レビィ：成長速度の転換期が来るまでは無理に採用する必要はありません。COOを雇った後に会社に散らばる雑務をただささせることのないように設計するのが大事です。いくつかの判断基準を設定しておくとよいと思います。爆発的な成長でCEOの業務が実務ばかりになっているかどうか。たとえば採用、目標設定、人事評価、組織面の問題への介入などです。そしてそのせいでプロダクト戦略やプロダクトデザイン、顧客との接点から遠ざかっていないか。組織課題に限らず、あらゆる問題はいつか何らかの方法で解決しなければいけないため、成長カーブのある時点で実務を担当してくれるパートナーが欲しいと思う時が来ます。

それは12人目の社員が入社した時かもしれないし、安定成長している会社なら社員が数百人の時かもしれない。初期にはそもそも必要ないかもしれません。影響が大きいのはビジネスの変化の速度、成長率のグラフの角度です。急激な成長スピードを観測したタイミングでCOOを追加するのがよいでしょう。

ギル：COOに必要なバックグラウンドには何を求めていましたか。たとえばプロダクト担当責任者は、極めて具体的な経験を求められます。COO候補者を見極める方法をアドバイスするなら何と伝えますか。

レビィ：繰り返しになりますが、自分自身を見つめ直すところから始めるべきです。自分の苦手なことは何か、あるいは自分が時間を費やしたくないと思いながら費やしている業務内容は何か。その業務領域はCO

Oを採用する価値があるほど広い範囲なのか。法務や財務の会話に嫌々参加しているなら、必要なのはCOOではなく、法務部長、弁護士、CFO、財務責任者などである可能性もあります。

まず、スケールするためにパートナーに任せたい分野を明確にすることです。そしてここからが大事です。山奥に行き、ロウソクに火を灯し、内なる自分を見つめ直すかのように、自分にいくつかの重要な質問を問いかけてください。自分自身が本当に優れていることは何か。自分自身がより成長したいと思うことは何か。自分でこなせるようになったとしても競争優位にならないことは何か。すべてのことを得意になる日は永遠に訪れないからです。

ギル：あなたの自己分析はどんな内容でしたか。COO探しをどう開始したかも教えてください。

レビィ：私の場合、マネジメント、組織開発、仕組みやルールづくりなど、汎用化できる事柄がやりたくないことリストに出てきました。まさしくそうしたものが苦手だったのです。社員が40人か50人ほどになって会社を本気でスケールさせようと思ったとき、私や共同創業者とは別種のマインドセットやメンタリティが

“ある日、私自身がすべてを個人的に抱え込んで解決する必要はなく、何らかの方法ですべての問題を解決することが私の仕事だと気づいたのです。”

——アーロン・レビィ

必要になると気づきました。

ＣＯＯ候補を探す時も実際は暗中模索でした。最初はＣＲＯ（最高収益責任者）が必要なのではないかと思っていたのですが、実務面で汎用化できていない多くの課題の解決がより重要でした。最終的には、数千人の社員を統括し、数億ドルの収益を見てきた経験を持つ人物の採用を目指すことにしました。採用条件にはこのように記載しました。スケール経験、スケール時のマネジメント経験があり、大規模な収益目標を掲げた事業での実績があり、実務面で横断的、多面的に関わる必要がある環境にいたこと。つまりセールス、マーケティング、カスタマーサクセス、プロダクト、エンジニアリングなどの部門にいたこと。私たちはビジネスのあらゆる面を熟知していて対応できる人物を求めていました。

それらをすべて兼ね備え、企業文化にも合う人材を見つけたら、次のお題は、その人物とうまくやっていけるかどうか、でした。協力し合いながらもきっちり役割分担をし、勝ち切れるのか。ＣＯＯには誰にも感謝されない時期も、自分のエゴを脇に置かなければならない時期もあります。協力体制が発揮される構造は必須で、お互いに相手を深く尊重できなければなりません。その人は、あなたがたくさんの時間を一緒に過ごしたいと思えるような人であるべきです。どん底の時期も一緒に過ごす相手なのですから。

これらの要素をすべて考慮して採用に取り組むと、たくさんの候補たちを見送る中で「この人は完璧かもしれない」と思えるひとりか２人に出会えることがあります。そういう人に出会うまでは妥協するべきではありません。

ギル：自分にぴったりの人か、どう判断したのでしょうか。採用行程や面接プロセスを教えてもらえますか。

レビィ：私たちの例はとても回りくどい方法だったので、再現性はないと思います。取締役を通じてアドバイザーを入れていたのですが、このアドバイザーと何度も会って一緒に仕事をするうちに、自分では想像もしていなかったマネジメントや会社づくりの世界が広がっていることを痛感しました。私はひたすらプロダクト志向で、良いプロダクトをつくれば、すべてがうまくいくと思っていました。このアドバイザーの言葉や概念を聞くたびに、私はまったく新しい世界を学ぶ感覚があり、会社はこのレベルで思考して取り組まないとまずいと感じました。

まず、このアドバイザー、ダン・レビンを会社の取締役に迎え入れました。その後、CRO／COOの候補者探しを開始し、3～4か月かけて大量の候補者に会いました。ただ残念ながら、候補者に会うたび、レビンの方が相性がいいな、と思わされたのです。

最終的にはレビンを説得するためだけにさらに2、3か月をかけました。彼と出会ってからCOOとして参加してもらうまでの期間は、おそらく9か月くらいでしょうか。ただ、私と経営陣と取締役会と彼との間では合計何百時間ものやり取りの積み重ねがありました。

ギル：CEOが絶対に譲ってはいけない領域はありますか。たとえば、全社ミーティングでCEO以外からは話題にすべきでないことがあるのか、CEOは常に取締役会を進行しなければならないかなど。

レビィ：こちらもCEOの得意領域とCOOの得意領域次第です。共通のルールはありません。弊社の経営会議ではCOOが進行しています。正直なところ、CEOの私、COO、CFOの誰が取締役会を進行しても違いはそこまでないでしょう。

大事なのは、誰が何に責任を持つかを明確にすることです。2つの役割において、それぞれの意思決定領域や担当領域が何なのか、社内全体にわかりやすく伝わるようにすべきです。

私たちの場合「人、組織、仕組みに関連する課題は全部レビンに」と全社に通達しました。その結果、報告ラインという観点では、共同創業者以外の経営幹部はレビンに報告をするようになりました。一方で、戦略面での重大な課題や、プロダクト関連、ブランド関連の課題がある時は私がオーナーシップを持ち直接対応するようになりました。

つまりボックスの経営幹部は、ある議題についてはある人物に相談し、別の議題については別の人物に相談しなければならない状況が起きうるということです。ただ、結果として仕事を進める上でより精度の高い情報が手に入ります。レビンは彼が得意とする分野では私より何倍も何倍も優れていますし、私は戦略の長期視点を持っている立場として貢献できています。

ギル：レビンをCOOとしてオンボーディングした際に、特に意識したこと、重要視したことはありますか。別のやり方ができたかもと反省していることはありますか。

レビィ：だいぶ昔のことですからね。でもせっかくだから、どんな経営幹部を迎え入れる時にも共通するようなことを言ってみましょうか。COOが会社の中枢に入って馴染んでもらうまでの期間は短ければ短いほどいいです。新COOは就任して最初の30日で、できる限り社員と面談し、何が機能しているか、していないか、何を改善してほしいか、事業をどう伸ばしたいと思っているかについての情報を集めるべきです。最初の30〜60日の間に企業文化面に深く溶け込み、関係者をよく知るのが重要です。

就任初期に成功体験をつくることもとても有効です。就任60〜90日のどこかで、誰もが「これは素晴らしい。これは助かる。新しい仕組みのおかげで無駄が減り、効率が上がった」と思えるようなことを新COOの手でいくつか実行するべきです。就任早期にCOOの価値を証明する成功体験を提供し、会社とその企業文化に慣れてもらうこと。これらは非常に重要です。

繰り返しますが、役割分担を明確にしないとこの試みも破綻します。各人の担当をこれ以上ないくらい明確にし、衝突や重複、グレーゾーンが出た場合の対処法を構築しておくことです。完璧な業務切り分けは実質不可能ですが、開始時点にできる限り明確にしておくことです。

ギル：最後の質問です。創業者がCEOで居続けたい意思がある前提で議論してきました。逆に創業者がCEOを降りたいと自己認識する、ないしは降りるべきと自己判断すべきタイミングはどういう時でしょうか。

”その人は、あなたがたくさんの時間を一緒に過ごしたいと思えるような人であるべきです。どん底の時期も一緒に過ごす相手なのですから。

——アーロン・レビィ“

レビィ：あくまで私の持論ですが、創業者が燃え尽きる理由は2つあります。というか、理由は何百もあるでしょうけど、ひとまず2つとさせてください。ひとつは、創業者が疲弊し切っている時。関わっていた課題解決領域に情熱を持てなくなり、何かまったく違うことをしたいと思うようになったり、しばらく休みたいと思ったりします。これが燃え尽きシナリオその1で、次に話すシナリオその2と同じくらいの頻度で起きていると思います。

疲弊による燃え尽きは、自分がやりたくない仕事をやり続けていて、そこから抜け出す方法を見つけられない状況のシナリオ2と混同されがちです。自分が情熱を持つ分野に戻れていない状態が長く続く時の苦しみです。たとえば私なら、業務時間の9割を人事評価会議と組織編成会議と報酬決定会議に費やしていたら「もうこんな仕事したくない」と燃え尽きるでしょう。

忙しさから情熱を失わないように耐える日々に対する感情と、全体ミッションへの思い入れの感情を混同しないことが大切です。しかし自身の能力を補完する手段がない状況から抜け出せないでいると、そうなってしまいます。

この状況に陥っている人には、まずCOOの採用検討をお勧めします。やめたいという気持ちが、日常業務に嫌気がさしていることと直接関係しているのか、実際に人生の岐路なのかを見極められるでしょう。

※このインタビューはわかりやすさのために編集、要約しています。

経営幹部の肩書き

肩書きの付け方について、企業はだいたい2種類の方針のどちらかを選択する。ひとつ目はグーグル型。フェイスブックも真似したこの方針は、新入社員に意図的に低い肩書きを与えるというものだ。ヤフーやイーベイでバイスプレジデントを務めていた人物は、グーグルにはディレクターやマネジャー職で入社する。小規模なスタートアップでバイスプレジデントを務めていた人物は、一般社員やジュニアマネジャーとして入社する。

2つ目の方針は、アーリーステージの会社に入社するリスクを加味し、全員に高い肩書きを与えるやり方だ。どちらにもトレードオフがあるため、どちらか一方を選択した後は、切り替えずに継続することだ。個人的には「できる限り肩書きを低くする」方針を勧めたい。階層構造の問題が起きづらくなり、肩書きが上の人物の発言が優先されることを防げる。

経営幹部の採用時、肩書きにこだわる候補者とそうでない候補者とがいる。所属企業で得られるはずだった大金を捨ててスタートアップに入社するため、その分肩書きのステップアップを要求する人もいる（たとえばグーグルのディレクターがバイスプレジデントやCOO、CMOなどの肩書きを求めてくるなど）。

対処法のひとつは「セールス担当バイスプレジデント」の代わりに「セールス担当ヘッド」、「COO」ではなく「ゼネラルマネジャー」にするなど、より曖昧な肩書きで交渉したり、肩書きの決定を先延ばしにしたりすることだ。希望する肩書きにふさわしい業績を上げ、チームを拡大した時に、バイスプレジデントやCOOの肩書きを与えるように調整しておくとよい。

CXOの上に人を雇うのは非常に難しいことも覚えておくべきだ。セールス担当バイスプレジデントの上にＳＶＰ（シニアバイスプレジデント）、ＥＶＰ（エグゼクティブバイスプレジデント）やＣＯＯは配置できるが、ＣＯＯの上に人を配置するのは難しく、ＣＯＯに会社を辞めてもらうか、降格させて辞めたい気分にさせてしまうことになる。部長職の肩書きなどは比較的楽に上位に人員を配置できるだろう。

経営幹部の解雇

人を解雇するのは辛いものだ。経営幹部の解雇は、ＣＥＯと幹部自身にとって辛いだけでなく、幹部の担当部門の組織全体に影響する。[38] こうした難しい決断に伴う不確実性や混乱を最小限に抑えるために準備できることがいくつかある。

経営幹部に抜けてもらう前に、次の準備をしておくことをお勧めする。

1　**取締役会で共有する。** 取締役たちは経営幹部の変更を本人への通達前に知っておきたいと考えている。取締役会には、その幹部と直接仕事をした人や、紹介した人がいる可能性が大いにあるためだ。各取締役に直接電話して変更する理由、実施方法（引き継ぎ計画なども）、さらに必要なら退職金の詳細を説明するのが最善だ。それぞれと１ｏｎ１で話した後に、実行段階で取締役会全体にフォローアップするのが望ましい。

2　**解雇契約関連の書類すべて。** 顧問弁護士が作成してくれるだろう。事前に退職金やその他詳細情報について決めておく。話を切り出す際に、台本を用意しておくのも役立つ。何を言うにしても、ＣＥＯ自身は次のことを心がけよう。

・毅然とした態度をとる。この判断は覆らない。
・プロフェッショナルとして対応する。
・理由を明確に説明する。
うまくマネジメントしていれば、相手は通達に驚きはないはずだ。すでに会社への適応、責任領域、配置の課題について何回も伝えているはずだからだ。

3　引継ぎ計画。辞める幹部がこれまで受けている報告を今後誰が受けるのかを明確にしておく。後任のマネジャーには、この変更が短期的・暫定的なのか恒常的なのかも伝えておくこと。

4　コミュニケーションプラン。どの情報がいつ、誰に伝わるようにするかをはっきり理解しておくこと。辞める幹部が有名だったり、会社自体が注目されやすい環境だったりする場合はプレス対応も準備しておくとよい。別案として、CEOと辞める幹部で事前に話しておき、メディアやツイートで発信する共通のストーリーをつくっておくのもいい。相手のプライドをわざわざ傷つける必要はない。幹部が尊厳と評判を保ったまま退社できる機会を整えよう。

マーケティング担当バイスプレジデントのボブに退社してもらうまでのコミュニケーションプランの例は、次のようになる。あくまで理想の流れであり、ここまでスムーズに事を運べるとは限らない。
・火曜9時：打ち合わせでボブに解雇を伝える。社内への通達方法などを話し合い、方針を合意する。
・火曜10時：CEO直下の経営陣やマネジャーたちにボブが解雇されたことを伝える。意思決定の背景

［38］ベン・ホロウィッツによる関連記事を参照。https://a16z.com/2011/08/24/preparing-to-fire-an-executive/

を簡潔に説明し、彼らの部下たちへの通達方法、また例外発生時の対応などガイドラインを明示する。あわせて引き継ぎ計画も説明する。セールス担当のサラがマーケティング担当としてマネジャーを兼任すること、その変更は恒常的であることを伝える。当然、サラとは調整済みであるべきだ。

・火曜11時：サラ同席でマーケティングチームの会議を実施し、体制変更について通達する。

・火曜11時半：全体メールを通じて会社全体に体制変更を通達する。一貫性のある明確な内容で引き継ぎ計画と目的を説明する。マーケティングチームの誰かに悪影響が懸念される場合、状況や関係性に応じて、CEOかサラが直接話すといい。

・金曜開催の週次の全社ミーティング：社員からの質疑に答える準備をしておく。事前に想定問答集をつくっておく。

優秀な事業開発人材を採用するには

優秀な事業開発人材（通称ビズデブ）の採用はとても難しい。頭が切れて、カリスマ性があり、はっきり物を言うのに、何も成し遂げられないビズデブ。人脈と交渉が大得意だが、詳細をとりこぼして価値を低下させ、最悪な条件で案件をまとめようとするビズデブ。個人の能力で成し遂げたことと、成功しているプロダクトにあやかった成果を区別するのはなかなか難しい。

では、事業開発人材を見極めるには何を見るといいのだろうか。

優秀な事業開発人材

優秀な事業開発人材とは、次のような人材だ。

- **本質的な馬力がある賢い人。**頭が良く、創造性に長け、迅速に決断ができる。
- **頭脳明晰でコミュニケーション能力に優れている。**社内（エンジニア、プロダクトマネジャー、弁護士、経営幹部）とのコミュニケーションを円滑に行うのと同時に、社外（顧客や提携先、先方の法務、エンジニアリング、取引担当者を含む）ともコミュニケーションを円滑に取れる。
- **交渉条件に関して創造的で物怖じしない。**実現できることの限界に挑み、パートナーやクライアントに無茶と思われる要求にも踏み込む。ぶつけてみなければ、相手が譲歩できるものが何かはわからないのだから。
- **完遂能力。**複雑な案件をクリエイティブかつアグレッシブな条件で何度もクロージングした経験。ツイッター時代の部下のひとりにリモート勤務でインターンの学生がいたが、その環境下でも4つほど提携案件をクロージングしていた。
- **段取り上手／取引の仕組み化能力がある。**交渉系業務の人材は計画性や段取り力を過小評価されやすい。取引の様々な段階（アイデア出し、ピッチ、交渉、構造化、クロージング、実装）で、社内外の利害関係者をうまく調整できる人材は理想的だ。[39] こうした人材が見込み客を開拓し、交渉を積極的に推し進め、外部関係者を巻き込む前に社内で事前ミーティングを実施するのが望ましい。計画性のない交渉担当は、

[39] 様々な交渉ステージについて、その他多くを教えてくれたマーク・レイボビッツに感謝する。

調整不足や企画不足などで社内に無駄を発生させる。

- **細部にこだわる。** リード・ホフマンは以前、交渉担当の社員たちに業務上携わる全契約書の全文を、法律専門用語を含めてすべて読み込むよう指示している、と教えてくれた。全文を読むと、想定外の方法で埋め込まれた契約条件などを見抜けるようになり、契約書文言の真の意味を理解して検討できるようになる。
- **弁護士のような意識。** 資格や法務経験がなくても、法的な言い回しやニュアンスを正しく捉えられる。
- **企業文化への適応／会社を第一にする意識。** 全社員に共通することだが、事業開発人材にも会社を第一に動いてもらうのが正しい姿だ。会社ではなく、個人の利益を優先する手段はいくつもある。詳細は後述する。
- **組織内で横断的に良好な関係を構築できる。**
- **現実的で全体像を意識し続ける。** 重要なことを把握し、実行に向けて最適化し（80：20ルール）、案件を取りまとめる。交渉の武器として役立たない細々したものは最適化しない。同様に、そもそも着手すべきでない案件もある。優秀な交渉担当は、一歩引いて考え、継続すべきかどうかを判断し、違うと感じた場合は無理に取引を成立させようと焦らない。着手しないという判断が最善手の案件もある。
- **パートナーのニーズとマーケットのニーズを理解している。** パートナーが欲しいと語るものではなく真に求めるものを理解し、自社やパートナーに影響を与えるマーケットトレンドや事象も把握している。
- **粘り強い。** 交渉は時間がかかり、何度もやり取りが必要になる。ダメな交渉担当は、最後の最後で諦めてしまい「取引の成立」を優先してしまう。その結果、譲る必要のない莫大な価値を失う条件を飲んでしまうことがある。

- **しぶとい。**返事がなくても、誰かが対応するその時まで何度も何度もしつこくドアをノックし続けることが大事な場合がある。
- **正しいモラル意識がある。**全社員に共通するが、不愉快なものや個人の信条と異なるものでも、正しいことを実施できること。

ダメな事業開発人材

ダメな事業開発人材には、次のようなことが表面化する。

- **売り込み上手だがフォローアップ下手。**一部のビズデブ人材は、魅力的で、話し相手として楽しく、非常に頭が良かったりする。ただ、残念なことにフォローアップがまったくできず、何も完了させられないタイプがこの中に紛れている。なのに契約時に会社にとって重要な条件を譲歩してしまったことへの言い訳は潤沢に用意している。このタイプをスクリーニングする唯一の方法はリファレンスチェックだ。売り込み能力は高いが、誠実さが不足しているという情報が寄せられて見抜ける。にじみ出る社交性やカリスマ性は技術系の創業者に過大評価されやすい。フレンドリーで魅力的だからといってだまされてはいけない。
- **無秩序／無計画。**勘で判断したり、フォローアップをしなかったり、社内コミュニケーションが下手。結果として本来不要な会議や、社内のミスコミュニケーションによる無駄が発生する。
- **自社に不利な取引を締結する。**相手にとって良い取引を考えすぎてしまう。相手にとって何が重要かを想像しすぎ、こちらが不利な条件を提示する。あるいは、なんとしても取引を成立させたい思いが先走り、自社にとって何が重要かを考えられない。

- **自分ごととして取り組まない。**ダメな交渉担当は経営者のように思考しない。会社の資金や資源を使い込むことに罪悪感を覚えず、「たいした影響はない」「想定の20％範囲に収まっている」といった意識で、交渉時にみすみす相手に好条件を渡してしまう。
- **細部までこだわらない。**前述参照。
- **外部に頼りすぎる。**ダメな交渉担当は、社内の他部門や他機能に依存する。たとえば、何度も話題にのぼっている契約条項の内容を「法務の担当だ」と言い訳して自ら理解する努力をしないなど。事業の成否に大きく影響する条項が、専門家にしかわからないような法律用語や技術仕様として埋め込まれていたり隠されていたりすることがある。優秀な交渉担当はこうした仕込みを見逃さない。
- **仕事を会社のためではなく自分自身の人脈に利用する。**外部関係者の窓口となるため、ビズデブ人材はその立場を利用し、自分自身に利益をもたらすように行動することがある。会社の経費を使いながらパートナーに気に入られることを目的に契約条件を甘くしたり、会社に直接関係しないくだらない交流会やイベント登壇に力を入れたり、仕事をたいして進めずに自分の評判を優先する。[40]
- **無駄に格好をつける。**内部調整や承認なしでいきなり案件を決めたり、外部関係者に撤回できないような条件提示をしたりする交渉担当がいる。なぜそんなことをしたのか問い詰められると、「自分の役目を果たしているだけだ」と開き直る。
- **感情的になる。**交渉事には浮き沈みがあるので、担当者は安定していないといけない。
- **社内に対しても本音を見せない。**交渉担当は、上司、同僚、経営幹部などに提案する場合「営業モードオフ」に意図的に切替えないといけない。外部に多少都合よく話す立場でも、社内メンバーに都合よく話す人物はそもそも雇うべきでない。

優秀な事業開発人材のスクリーニング

- **取引実績。** 本人が実際に交渉した案件は何か。契約条件はどれだけ複雑だったか。良い条件を引き出した結果、社内が驚いた事例はあるか。編み出した独自の交渉術はあるか。成立させた取引は会社にどんな影響を与えたか。
- **リファレンスチェック。** 交渉担当はもともとカリスマ性があり、仕事柄外部と接するので、知り合いや友人がたくさんいることが多い。リファレンスを依頼した際、判断材料にならない無意味なリストを渡される可能性がある。現在の会社の同僚かつ仲のいい友人で、一緒に仕事をしたことはないのに候補者を「素晴らしい人物」と語る人がリストに並ぶ。実際の案件で直接一緒に仕事をした人のリファレンスをもらうようにして、より具体的な情報を引き出そう。実際の案件内容について、どれだけ工夫をこらしてしぶとく取り組んだか、案件が会社にもたらした成果は何かを確認する。契約条件はよかったのか、裏目に出たのか。契約時に想定できずに起きたトラブルはあるか。リスクをとって行動した結果、報われた経験は何か。
- **フォロースルー。** 面接プロセス中のフォロースルーをどうしているかを観察する。段取り力や計画性はど

---

[40] 一部の講演やネットワーキングイベントは、会社のためにもなる可能性は否定しない。しかし、本当に意味のあるものだけを選び、それぞれに目標を定めるべきだ。「すべての露出は良い露出」はまやかしだ。

うか。報酬の交渉にはどうアプローチしてきているか。

- **企業文化。**なぜこの会社に興味があるのか。肩書きか、株式持分か、成長ポテンシャルか、その他の何か。企業文化に合っているか。ビジネス系の人材は技術者やプロダクト系の人材に求められる要素と比べていくつかの点で異なるが、会社のコアな文化や価値観とは合っている必要がある。

優秀な交渉担当と優秀なクライアント管理者は別物

案件獲得力の高い優秀な人物が、取引成立後のパートナーとの関係維持でも優秀とは考えない方が得策だ。それぞれのタイプを得意とする人材をいずれチームに抱えることになるだろう。[41]

[41] この章の執筆では多くのフィードバック、アイデア、コメントを返してくれたマーク・レイボビッツ、クララ・シー、キム・マローン・スコットに感謝する。元の記事は eladgil.com 参照。 http://blog.eladgil.com/2013/02/hiring-great-business-people-is-hard.html

NTERVIEW

スケーリングは人数のことではない
マリアム・ナフィシー（ミンテッド創業者兼CEO）に聞く

マリアム・ナフィシー(@mnaficy)はミンテッドの創業者兼CEO。新製品が提供され続ける小売店を目指しミンテッドを創業、クラウドソーシングと分析を駆使し、誰よりも早く最高レベルのデザイン製品を商品化している。インターネット黎明期の1998年から消費者向けインターネットサービスに関わり、世界初のオンライン化粧品小売店イブ・ドットコムを共同創業し、後に1億ドル以上で売却している。イェルプとエブリー・マザー・カウンツの取締役を務め、スタンフォード・ビジネス・スクールとウィリアムズ大学を卒業している。

マリアム・ナフィシーは、スケーリングについては一家言ある人物だ。2008年にオリジナル文房具事業としてオンライン通販サイトのミンテッドを立ち上げて以来、限定版のアート作品、家庭用品、結婚式のアイテムなど様々な商品を扱うまでに成長し、そのすべてが拡大し続けるグローバルなデザインコミュニティによって制作とキュレーションが行われている。

ナフィシーの事業は非常にスリムなチームのまま成長しており、彼女がどのようにスケーリングに取り組んできたのか、初めて爆速成長に直面している起業家に伝えられる教訓についてインタビューした。新規事業向けの事業責任者の採用方法から爆速成長中に起きがちな技術的負債の対応方法まで、幅広い知見を聞いた。

ギル：ミンテッドは会社設立から9年で社員200人以上の規模に成長し、複数の事業分野に展開するようになりました。後輩起業家たちが会社を拡大させる際には何を意識するようにアドバイスしますか。

ナフィシー：スケーリングの意味を会社の規模、つまり社員数の増加と捉える人が数多くいます。実際には事業の差別化や複雑性など、人数とは別次元の要素がスケーリングに重大な影響を与えます。

たとえばリード・ホフマンは「この会社が村の規模だったら何が起こるか、都市の規模だったら何が起こるか」という表現を使い、その考え方を重視しています。堅実なビジネスモデルを持ち、変化の必要が少ない会社ほど最初はスケーリングにそれほど苦労しなかったりします。スケーリングが複雑化するのは、たとえば新しい事業に参入した時です。マイケル・ポーターの「戦略の本質」という論文で詳しく述べられているので、読むことを強くお勧めしたいです。[42] ビジネスの種類によって異なる様々な「活動システムマップ」の存在について述べられています。

ミンテッドでは今年の全体戦略の策定にあたり「実質的にいくつの事業分野に参入しているのか」と自分たちに問い直しました。戦略的優位性に基づく活動システムマップが、事業で異なっていたからです。

複数の業種でビジネスを展開していると、スケールさせるのが難しくなることに気づきました。私たちが展開するeコマース分野では、ある領域に特化した企業もあれば、ものすごいスピードで多角化した企業もあります。たとえばアマゾンは書籍専用でサービスを始めましたが、音楽やその他の商品に手を広げ、その後大きく成功しています。

スケーリングでは、「コアとなる活動は何か」という点を私は重視しています。たとえば特定の顧客基盤を獲得するのが目的なら、ひとつのことを何度も繰り返して拡大していくタイプのユーザー獲得チームが理想です。求められる機能が明確なチームはどんどん経験を積んでいき、スケーリングに直結します。

ギル：つまり再現性のある横展開可能なスケーリング手法と、特定の目的に向けて特定の取り組みをする再現性のないスケーリング手法との違いについて語られているのですね。ひとつのソフトウェア製品だけで突破口を見つけた会社がどう転換したかを考えるとわかりやすいかもしれませんね。グーグルを創業して検索事業に集中し、ひたすら検索市場のシェアを伸ばしていく。でもある日突然Gメールを発表し、「検索と同じように成長させる能力があるのか、適切な人材が配置されているか、検索の顧客ではなくGメールの顧客獲得方法は何が正しいのか」と悩むような感じでしょうか。

ナフィシー：加えて「イノベーションが起きるインフラが社内にあるのか」と考えることも必要ですね。

ギル：それではイノベーションが起きるインフラ構築で苦労されたことを教えてもらえますか。適切な人材を見つけることなのか、会社として新しいスキルを身につけることなのか、理想の顧客基盤を見つけることなのか。どう取り組まれたのでしょうか。

[42] 1996年にハーバード・ビジネス・レビューに掲載された。eladgil.com のリンク。https://hbr.org/1996/11/what-is-strategy

ナフィシー：社内で完全に新しい領域に事業を拡大する場合、経営者は自社のコア・コンピテンシーを広げられる領域であること、よりマネタイズができる領域であることを期待します。私の場合、ミンテッドのデザインコミュニティが新領域に参入するきっかけとなる重要資産だと認識していました。これまでの顧客に新商品も購入し続けてもらおうと考えました。

取り組むうちに、顧客は同じなのに商品が違うと全然違うことをしなければならなくなります。または、顧客獲得方法や実験的手法を実施する際に、まったく異なる戦略や考え方が必要になります。

創業者やCEOとして最重要なのは、全体戦略がどうあるべきかを理解しておくことです。たとえ同じ顧客が対象で、商品開発を担当するのが同じデザイナーであったとしても、アートに興味を持つ人を獲得する方法と文房具に興味を持つ人を獲得する方法はまったく違うことがあるのです。それこそ既存顧客を新領域に移行させる試みすらちょっとした起業家精神が求められるのです。

「新規事業の担当者を今から採用すればいいだけだ」と気軽にできるならいいですが、結局は新規事業の成功に向けて自身の時間を割くことが重要です。新規部門向けの専任人材の採用や、担当者を再配置しての成功は極めて難しいことです。優秀な起業家のようなレベルの人が要求されるためです。アーリーステージ・ビジネスで突破するには多くの発明が必要なので、発明家気質の人材を採用するのが必須です。

問題は、いずれ成功しても、半自動的に成長する別の事業がない限り、大企業のようにポートフォリオ視点で投資を考えるようになってしまうことです。「予算の15%を完全な挑戦分野に割り当てる。20%は事業化のメドが立ちそうなものに投資し、残りの65%は既存のコア事業の改善に投資する」といった具合です。

ギル：では、企業の初期のプロダクトや事業から、殻を破るタイミングはいつが適切だと思いますか。グーグルはわかりやすい例で、Gメールを開始するまでに5年かかりました。それでも当時は社内で物議を醸していたわけです。今が最適なタイミングだと判断したり、事業ラインを増やしたり国際展開をすべきと判断するのは、どういう時でしょうか。

ナフィシー：コア事業の成長率を確認し、前年比を見て、このまま行くと成長率の低下が避けられない時期がいつ訪れるかを予測します。次にその成長率低下を補う、または置き換える2つ目の中核事業をつくり出すまでに必要な期間を計算します。その計算に基づき着手タイミングを予測します。

難解なことをさも簡単に語っていると誤解されるかもしれませんが、私たちは本当にこう考えて取り組んでいます。成功したビジネスの強みと体力、そして初期の顧客獲得モデルの突破されやすさ次第で、もっと早く手を打つ必要があるかもしれません。創業者視点としてはコア事業の未来を予測し、そのコア事業に何が起こるかを予測するという本質の見極めをしているだけとも言えます。

ここで難しいのは、2つ目の事業にはかなり早くから着手しなければならないことです。前年比500％で成長している事業でも、それが全体の成長率と比べるとごくわずかなら問題です。

会社が新しいアイデアや新規事業で成功するには何年もかかると思った方がよいです。グーグルがそうしたように、自分がやるべきと思う時より少し早く始めるべき、というのが私のたどり着いた結論です。

アート事業を立ち上げてよかったと思います。爆速成長していますし、中核事業と比べても今は会社全体の成長率に重要な影響を与える規模にまでなっています。ただ、アート事業を始めてまもなく4年目になります。ミンテッドの創業は2008年で、アート事業の初期リリースが2012年ですから、多角化までにどれだけ時間が必要かがわかるでしょう。スケーリングの課題に直面し、検討に時間がかかりました。

会社を複雑にしたり難解にしたりすることは、社員数を増やすことよりもはるかに大きな影響をスケーリングに及ぼします。社員増加で抱える問題はこの問題と比べると大したことはないと思います。

ギル：ひとつの事業に集中してよりアグレッシブに国際展開するか、新領域に参入する選択肢があったかと思いますが、これらのトレードオフについてはどう考えていたのでしょうか。

ナフィシー：簡単に聞こえてしまうかもしれませんが、私たちのフォトカード事業は市場的にも文化的にも、国際展開時に米国と同じ型が通用しないことを懸念していました。これがひとつ目です。

2つ目は、ミンテッドのコアとなる価値が文房具ではなくデザインである、と私がこだわったことが関係しています。コア市場である米国でのポジションがその価値を体現するように意識し、文房具という枠にとらわれない、広義でのデザイン・マーケットプレイスとして受け入れられるように取り組みました。

文房具業界に長居しすぎると、ザッポス問題に陥ると心配していました。ザッポスは好きですが、ザッポスと聞くと靴を思い浮かべてしまう。何年もアクセサリーや多くの商品を販売しているにもかかわらずです。ミンテッドをそうしたくなかったので、ブランド意義を正しく伝えるために早めに手を打ちました。

そして3つ目は海外展開をするととてつもなく複雑化するだろうと感じたためです。経営幹部たちの時間と労力が細切れになり、出張などの移動時間を考慮すると、会社が機能しなくなる危機感を持ちました。その結果、既存事業を海外に展開するより、米国内で別のビジネスを始めた方が戦いやすいと判断しました。

ギル：新規事業を立ち上げる時に、立ち上げチームの採用にはどう取り組みましたか。社内人材の配置換えをしたのでしょうか。それとも外部から採用しましたか。

ナフィシー：着手時点から、検証にあまりお金をかけないように心がけていました。MVP（実用最小限の製品）をつくることが目的だったので、既存の仕事と兼務する形でまず開始しました。主催側の出店者によってアート制作コンペが開かれ、サプライチェーン系のユーザーがそのアートをどう印刷して額装するかを考え始めました。ユーザーの日常業務にテストを滑り込ませることで事業が成立するか検証しました。

検証できたタイミングで最初に専任者として採用したのは、スタンフォード大学を出てすぐのキャリア経験のない女性でした。彼女はいわゆる起業家精神旺盛な「何でもやります」タイプの人材でした。この頃はビジネスに巨額の損失を許容できるほどに会社は成長していなかったためです。驚くことに、このひとりの優秀な人材の採用と他の社員の協力を仰ぐことで、数百万ドルの収益を上げられました。ここからは事業独自のマーケティング方針と戦略が必要になったため、アート事業のマーケティング・ディレクターを採用しました。ちなみにゼネラルマネジャー型組織ではなくマトリックス型組織で運営しました。

現在はゼネラルマネジャー型の組織を実験しようと考えているところです。一方でこの構造にすると社内政治が起きやすくなるため、注意が必要と言われています。縦割りになることでメインのミンテッドブランドから切り離されてしまい、うまく連携できなくなるような懸念です。

ゼネラルマネジャーを配置する場合、共に問題解決に取り組む協力的な人物を探すべきです。自分の領域を抱えたがるタイプは避けるべきです。そういう人を選ぶと、新規事業と既存事業の密接な関わりを強みに顧客に提案すべき場合や、ブランドと会社の密な関係を全体像として顧客に提案する必要がある場合に弊害となります。社内の別事業のトップには協力的な人を配置した方が格段にやりやすくなります。

実際に候補者を探す際には性格診断のようなものをしていました。こうした運営体制に向くゼネラルマネジャーかを見極めるため、面接での質問を工夫してみました。この立場に必須の「CEOや他のマネジャーたちと協力して意思決定をするつもりがある」という重要な性質を持つか知る必要があったのです。

面接で私は「上司である私にあなたが期待するものは何ですか。どのような交流を望みますか」と質問するようにしました。この回答から相手が私と協力して意思決定をする気があるのか、単なる補助として私が存在しているかがわかります。

ある面談で「ネガティブな情報で驚かさないようにきちんと報告しつつ、最小限に抑えます」と言われたことがありました。私はネガティブ情報を心配する私を気にしてその時だけ話しに来るような関係は嫌だと思ってしまいました。そもそもネガティブなサプライズが起きた時に罰するのは会社の文化とは異なります。大企業的な回答なので、以降は警戒して対応したことを覚えています。

「上司とのコミュニケーションは普段どうしていますか」という質問もしています。「どのようなコミュニケーションが好きですか。フォーマルなやり取りですか。ざっくばらんな方ですか。現職の上司とはどんな頻度でコミュニケーションをしていますか。その人に連絡を取る時はどうしていますか」などです。

ギル：「私に期待するものは何ですか」という質問は、幹部候補の面接の質問に活用できますね。

ナフィシー：コミュニケーションスタイルを理解することは肝と言えます。そこがわかれば自ずと他の要素も理解できるようになるためです。「同僚に期待することは何ですか」という言い回しも良いかもしれません。どちらの質問でも、その人が同僚や上司に期待し、お互いに協力したいと思っているのか、ただそこにいるだけの存在と思っているかを示唆する回答が得られます。

ゼネラルマネジャー探しは大変です。優秀なゼネラルマネジャーを見つけるのが難しい理由のひとつは、その人物が優秀なゼネラリストでなければならないからです。自身の会社を経営したいと考えていたり、すでに経営しているかもしれません。自ら起業する気はないけれども、経営者にはなりたいと思っているかもしれません。社内に複数の部門ができたら、全ゼネラルマネジャーが高レベルであることが望ましいです。各マネジャーに期待される能力や特性は会社の構造次第で変わってくるでしょう。

たとえば、商品企画出身で商品企画志向の強いマネジャーが社内にいるとします。そして、マーケティン

"実際には事業の差別化や複雑性など、人数とは別次元の要素がスケーリングに重大な影響を与えます。"

——マリアム・ナフィシー

グ出身でマーケティング志向の強いマネジャーがいて、プロダクト出身のプロダクトマーケティングが得意なマネジャーがいる。それぞれの強みと弱みが異なる中で、全員が同程度に機能する共通の仕組みをつくるのは実はとても難しいことです。

複数事業の展開は、会社のスケーリングを最も複雑にする要素です。自分の立ち位置がどこで、どんな競争環境にあるのかがそれぞれのビジネスによってまったく異なるためです。

ギル：スケーリング中の企業がよく直面する課題に技術的負債の処理があります。一度足を止めてインフラを再構築したり再発明したりしなければならない時があります。技術的負債にはどう取り組んでいますか。改善に特化する週を設定したり、技術的負債の解決専用のプロジェクトがあったりしますか。

ナフィシー：私たちは毎年成長ロードマップを作成し、それに沿って逆算し、技術的負債の返済プロジェクトの計画を当て込みます。成長ロードマップが示すあるべき姿に沿う形で実施するものを決めています。

たとえば、当社には特定の製品情報を閲覧中に表示する製品詳細ページがあります。複数のチームがこのページ開発に関わっていたため、製品詳細ページがなんと6種類もありました。油断したら、冗長な繰り返しのコードまみれになっていました。現在はひとつのコードベースに再構築し、様々なモジュールを差し込めるように修正しています。当然便利になりました。ただ、この課題に最初に着手した最大の理由は成長ロードマップの妨げになる重要な問題だと判断したからです。優先順位設定の一例と言えます。

チームの生産性にも注意が必要です。エンジニアがコードの特定部分に触れるのを恐れ、業務効率が著しく低下している場合、ＣＥＯが責任を持って修正の決断をしなければなりません。たとえそれが売上に直結するプロジェクトでなくても、健全な戦略実行につながる効果として説明できるでしょう。このように効果を見込めるなら、ロードマップを調整して技術的負債の返済も躊躇《ちゅうちょ》しません。

優先順位は成長ロードマップを基準に設定しますが、社員の生産性や、日頃の不満などでも設定します。社員が大きな不満を抱えていて我慢の限界に近い場合、それらを解決することも真剣に検討すべきでしょう。

資金調達環境も戦略策定に大きく影響します。資金調達をしやすい環境では長期的に取り組むための資金を集められます。投資回収に時間がかかる長期プロジェクトの優先度を上げられるでしょう。逆に資金調達をしづらい環境である場合、選択と集中で短期的なリターンを狙う必要があります。ベータプロジェクトの数を減らしたり、同年内に結果が出るものにリソースを集約しなければならないかもしれません。12か月以内に投資を回収するのは、なかなか厳しい条件だと個人的には思います。その条件に当てはまるプロジェクトはそれほど多くはないでしょう。

私はバランスト・スコアカード式の業績評価システムを好んで使っています。また、売上の成長の優先順位を高くしています。売上が最優先ですが、スコアカードにはブランド、顧客満足度、コミュニティ満足度などの重要指標もあります。これらのどの事業計画にも影響しないような、大規模な技術的負債の返済だけを目的にしたプロジェクトは実施しようとは思いません。

ギル：そうした企業文化はどうつくっていますか。エンジニア側とビジネス側の対立があるのではないでしょうか。エンジニアは面白いものやインフラ全体に貢献するものに着手したがりますが、先程の指摘通り、そうしたインフラの改修がビジネス側からは必須事項ではない場合がありますよね。

ナフィシー：エンジニアリングチームとプロダクトチームが共に優先順位について議論し、会社のゴールを一緒に追えるように力を入れています。本質的には、ビジネスに携わっている自覚を得られない人、会社のゴールを信じられない人物は会社を去ります。自分で合わないと判断して自ら辞めていくのです。私たちの事業はeコマースビジネスであること、働く意義があること、目指しているのはデザインコミュニティとマーケットプレイスであることなどは採用面接で伝わっているはずです。そして事業の成功のための重要指標のひとつが、売上だとも説明しています。理想は、会社が大切にしている価値が正確に伝わり、それを判断基準に候補者が入社を決めてくれることです。価値観を揃えるためにも採用プロセスは極めて重要です。

また、基本姿勢として普段から会社の全体戦略と会社の目標を何度も何度も何度も伝えています。財務チームはエンジニアチームにROI計算方法の社内勉強会を実施するなどして、エンジニアがビジネス上の判断を理解できるように支援しています。

ギル：素晴らしいアイデアですね。他の企業も真似すべきだと思います。どうやって思いついたのですか。

ナフィシー：私が社内でROIやそういったファイナンス用語を多用していたからだと思います。プロダクトマネジャーやエンジニアリーダーたちがある日、「そろそろ用語の意味を社内に説明した方がいいのではないか」と提案してきました。そこでプロダクトのヘッドの提案で、財務担当バイスプレジデントが勉強会を開催することになったのです。
社員が高い関心を持って参加したのは想定外でした。何人ものエンジニアが全社ミーティング終了後に私のところに来て、株式市場や彼らがチェックしている銘柄について質問してくるようになりました。私自身は全然専門家とは言えないにもかかわらずです。「ミンテッドは上場するの？」とか「テッククランチにこういう記事があるんだけど、どういう意味？」とエンジニアたちが興味を持つようになりました。
社内文書や社内用語への理解が深まることで、コミュニケーションがスムーズにもなりました。たとえばプロジェクトの優先順位を設定するオンライン上のドキュメントで「ＲＯＩ」や「収益の正味現在価値」といった財務用語が受け入れられるようになりました。純粋に企業文化として深く根づいていて、普段の仕事ではその特殊性を意識しないほどです。私は元投資銀行家で、共同創業者のメリッサはイーベイの財務部門出身です。２人とも数字で考える癖がついていて、それが浸透していきました。

ギル：チームのレベルを高めることとチームの拡大、あるいは技術的な負債を取り除くことでは、どちらを

優秀なゼネラルマネジャーを見つけるのが難しい理由のひとつは、その人物が優秀なゼネラリストでなければならないからです。自身の会社を経営したいと考えていたり、すでに経営しているかもしれません。

――マリアム・ナフィシー

優先すべきですか。

ナフィシー：この判断はとても重要です。最初にスケールすべき部門はエンジニアリング部門だと思っています。予算を抑えるために未経験の若いエンジニアだらけのチームにするのは絶対に避けた方がよいです。他部門なら、若い人だけでもなんとかなる場合もありますが。

ギル：他部門とはどこのことでしょうか。

ナフィシー：成果物が良いものかどうかが一目瞭然な部門です。たとえばデザインなど。若手で実績の少ないデザイナーに任せても、できが良いかどうかは一目でわかります。一方で、CEOがはっきりと状況を理解しづらい、見えないものが多い部門では熟練者を採用した方がよいでしょう。エンジニアリング部門での設計や、社内システムの運用などが該当します。

ギル：熟練者と若手の配置に役立つ素晴らしいフレームワークですね。成果物が良いものかCEOがはっきりわかる分野では若手を配置しても大丈夫。わかりにくい分野なら熟練者を配置すべき。

ナフィシー：それが私のやり方です。実際に社内のデザイン部門や商品化部門などの私が判断できる分野では若い人や未経験者を採用しています。

エンジニア型の起業家がトラブルに陥りやすい領域は、マーケティングや財務関連だと思います。ビジネスモデルを固めるという非常に重要な課題がある中で、ビジネス系の起業家が優秀なエンジニアの見極めに苦労するように、エンジニア系の起業家は優秀なビジネス系人材の見極めに苦労します。この二者間の分断は残念ながらなかなか埋まりません。

エンジニア型の創業者が、財務とエンジニアリングの両方を理解している人はめったにいません。財務構造、マーケティング構造、顧客獲得活動などの設計をこの人物に任せていいのか」と悩むことがよくあります。あっという間に悲惨な結末になった例もあります。指標を正しく設定できずに顧客獲得に膨大なコストをかけてしまう事態も起こりかねません。エンジニア型の創業者なら特に採用に慎重に取り組むべきでしょう。

熟練者が絶対に必要とは言いませんが、すごく、すごく優秀な人の採用が必要です。そうした人材は残念ながら安くはないでしょう。

ギル：このフレームワークに何かひとつ付け足すなら、社内に不可欠なスペシャリスト職の存在でしょうか。そうしたポジションにも熟練者が必要だと思います。たとえばデータセンターを皆が持っていた時代には、データセンター設営の設計担当者には熟練者が必須でした。カラージェノミクスでは自社の臨床検査室を運営するため、臨床検査室の運営経験のある熟練者を採用しています。

ナフィシー：おっしゃる通りですね。政府や規制などへの対応も考えるとそうなります。スペシャリストに熟練者が必要な点は同意です。また、法務も安易に予算をケチって若手に任せる分野ではないかもしれませんね。経験を積んだ人物でないと法務はいざという時にかなりまずいことになります。当たり前かもしれませんが、気をつけてほしいですね。

※このインタビューはわかりやすさのために編集、要約しています。

”資金調達環境も戦略策定に大きく影響します。資金調達をしやすい環境では長期的に取り組むための資金を集められます。投資回収に時間がかかる長期プロジェクトの優先度を上げられるでしょう。逆に資金調達をしづらい環境である場合、選択と集中で短期的なリターンを狙う必要があります。ベータプロジェクトの数を減らしたり、同年内に結果が出るものにリソースを集約しなければならないかもしれません。

――マリアム・ナフィシー“

第5章

爆速成長期の組織構造

組織構造は実用性がすべて

初めてCEOになった人や起業家から、組織構造をどうすべきかという相談の電話をよく受ける。頻繁に聞かれる質問は次の通りだ。COO（最高執行責任者）は雇うべきか。マーケティング担当役員は誰に報告すべきか。プロダクト部門とエンジニアリング部門の担当をどう分けるべきか。海外拠点にはそれぞれ部門を持たせるべきか、それとも米国本社に組み込むようにすべきか。

彼らは、組織構造には「正解」があり、間違った方法で組織をつくると悲惨なことになると考えている。しかし、それは間違いだ。ほとんどの場合、組織構造に正しい答えなどなく、実用性に基づいた判断を積み重ねていくしかない。つまり、会社にいる人材や進めるべき施策、12～18か月先を見据えた組織構造を考える必要があるということだ。

組織構造を考える際に覚えておきたい重要なポイントについて説明しよう。

爆速成長中の企業は6～12か月ごとに、まったく別の会社に変貌する

私がグーグルに入社した時に1500人程度だった社員数は、3年半で1万5000人規模になった。私が創業したスタートアップがツイッターに買収された後、ツイッターの社員数は3年足らずで90人から1500人へと増えた。これだけ成長している会社は半年後には、文字通りまったく別の会社になっている。つまり、半年から12か月ごとに会社の組織構造が変わってもおかしくないということだ。

爆速成長中のスタートアップは、次の6～12か月に焦点を当てて組織構造を考えるべきだろう。「長期的なソリューション」を探さないことだ。経営陣は徐々に固定されるが、各経営陣が担当する組織はどんどん

変わるだろう。

組織構造に正解はない

組織構造のあり方に対する答えはひとつではなく、多くのトレードオフを検討して決定する必要がある。2つの異なる組織構造を検討したら、どちらの選択肢にも良い点と悪い点が同程度あるものだ。気にしすぎないようにしよう。ミスをしても、痛みを伴うものの修正できる。

社員には、会社の急速な成長に合わせて様々な変化が起きると伝えよう。こうした変化は自然なことで、急成長中の会社はどこも同じであり、成功している証拠であると伝える。

経営陣の力量に応じた組織づくりが重要になることも

組織構造は典型的なレポートライン通りにするより、経営陣の力量に合わせる方がいい。たとえばツイッターでは、法務統括責任者のアレックス・マクギリブレイが法務以外にユーザーサポート、信頼と安全チーム、企業開発/M&Aなど、時期は異なるが複数部門のリーダーをしていた。通常は、こうした部門を法務統括責任者が担当することはない。ただ、マクギリブレイには、担当できる幹部がいない部門のマネジメントを引き受ける能力があった。新しい担当者を採用したり、社内の人材を抜擢したりすると、仕事を引き継いだ。

リーダー不在の部門があるなら、CEOはその部門を成長させられるスキルと時間の余裕がある幹部を選んでリーダーにする必要がある。任命した幹部がずっと兼任し続ける必要はない。ただし、意思決定やスキルセットの点で、兼任が向かないケースもある。たとえば、エンジニアリング担当役員は、セールス部門の担当役員まで兼任すべきではないだろう。しかし、エンジニアリング担当役員なら、デザイン部門やプロダクト部門を短期的に担うことは可能だ。それが理にかなうなら、長期的に兼任しても構わない。

組織構造は意思決定と関わる

レポートラインは、突き詰めると意思決定のためにある。たとえば、エンジニアリング部門とプロダクトマネジメントの間には対立が生まれやすい。意見が違った時には誰が意思決定をするのか。この場合、両部門が仕事を報告している上司が、最終的な意思決定者になる。組織構造を考える時はこのことを心に留めておこう。

次の12~18か月に最適な経営幹部を採用する

忙殺されている創業者やCEOは、会社のためにずっと先まで力になってくれる経営幹部を雇いたいと思うものだ。しかし、その考えでは必要以上の人員を採用したり、今の会社規模では力をうまく発揮できない人を採用したりしてしまうだろう。たとえば、20人のエンジニアリング部門のリーダーを任せるのに、1万人のチームを率いた経験のあるエンジニアリング担当役員は必要ない。今が20人規模なら、50人から100人規模のチームを率いた経験があり、次の12~18か月で会社を適切な水準にスケールさせられる人を採用しよう。会社の成長と共に担当役員も成長すればよいが、できなければ新しい人を雇う必要がある。ベン・ホロウィッツは著書『HARD THINGS』(日経BP)でこの問題について鋭い考察を述べている。

もちろん、採用した幹部が会社と共に成長するのが理想だ。盤石な経営陣は、会社にとって大きなプラスである。しかし、たとえ経営陣が少ししか変わらなくとも、組織構造は大きく変わることがあると覚えておこう。

会社にとって完璧な組織構造というものはない。会社は生き物のようなもので、時間とともに変わり、会社の土台である組織構造も変化する。ＣＥＯは長期的に見て完璧なソリューションを追い求めるのではなく、次の６〜12か月で最も実用的なソリューションを見つけることに注力しよう。[43]

組織を再編する

爆速成長期の企業は、平均して６〜12か月ごとに規模が倍増する。このペースだと20人のチームは、２年後には３００人、４年後には５００〜１０００人規模になる。この間、会社は新しい部門（財務、人事、法務）を急ピッチで追加したり、海外展開したり、プロダクトロードマップを拡大したり、企業買収や新プロダクトをローンチして新たな市場に参入したりしているだろう。

ＣＥＯは６〜12か月ごとにまったく違う会社を率いることになる。そしてほとんどの社員は過去12か月内に入社している状態だ。

会社がスケールし複雑になるにつれて、新しい経営陣、新しい部門、社員の増加、プロダクトや市場の変化に合わせて組織構造を変えていく必要がある。つまり、組織再編を頻繁に行うということだ。

［43］ eladgil.com を参照。http://blog.eladgil.com/2015/10/organizational-structure-is-all-about.html

初期の段階では、経営層レベルでの再編が多く、その後現場に下っていく。様々な部門を追加するのに従って、経営幹部の役割は細分化されるだろう。CMO（最高マーケティング責任者）などCレベルの経営陣を加えたら、今まで別の経営幹部が担っていた役割の一部をその人の下に集約できる。

全社レベルの再編と部門レベルの再編

初期には、全社レベルの再編が頻繁にある。社員が500～1000人規模になると全社レベルの再編は少なくなり、部門レベルの再編が増える。たとえば、セールス部門内の再編が増える。一方、プロダクトやエンジニアリングなどの部門は組織が早めに安定する。会社の優先事項がプロダクト開発から市場開拓に移ったために人が増え、対応すべき部門があるからだ。

さらに成長した後の再編は、次のような場合に起きる。プロダクト／エンジニアリング／市場開拓部門を同時に変更するとき、企業買収などにより新しい事業部門を追加するとき、マトリックス型組織からビジネスユニット型の組織構造に移行するとき、海外拠点を中央集権型から分散型に切り替えるとき（逆も然り）などだ。

初期の段階ではCEO自身が再編の方法を熟知し、主導する必要がある。部門レベルの再編が増えてきたら、経営幹部が組織再編のスキルを身につけているか確認しよう。新任の幹部は1回か2回、再編に失敗し、組織に不必要な痛手を与えてしまうかもしれない。次は組織再編のための簡単なガイドである。

組織再編の実施方法

1　組織構造を刷新する理由を明確にする。良い組織構造を考え、それが今よりも優れている理由を説明できるようにする。再編の理由は、特定の領域にフォーカスする必要があるからか、協力体制の問題を解消するためか、チームが劇的に成長してマネジャーを追加する必要があるからか、市場の変化でフォーカスする部門や連携する部門の調整が必要だからか――。理由を明らかにしてから経営幹部の配置と組織構造を考えよう。

2　最も実用的な組織構造を明確にする。経営陣の誰が手一杯で、誰に余裕があるのか。誰が優れたマネジメント層をつくれているか。どの部門同士の相性がよいか。適切な答えはひとつとは限らない。会社の状況と経営幹部の能力とのバランスを見ながら、最も理にかなう組織構造を導き出そう。

部門の担当者とレポートラインの構造を決定する。100%完璧なプランはないが、気に病むことはない。

プロダクト部門とエンジニアリング部門は社内横断的な組織にすべきか、あるいは垂直統合したプロダクトユニットをつくるべきか。海外拠点は分散型の組織がいいか、中央集権型がいいか。会社の成長と共に、この手の課題は必ず出てくる。定期的に構造を変えている会社もある（オラクルは数年ごとに

> **”経営陣は徐々に固定されるが、各経営陣が担当する組織はどんどん変わる。“**
>
> ――イラッド・ギル

海外組織を変えているという)。

また、レポートラインは意思決定のためにある。意見が対立しやすい部門は、意思決定者となる共通の上司に報告する構造にするのが望ましい(それはCEOかもしれないし、その下の役職の人かもしれない)。

3 再編の実施前に関係者の賛同を得る。 できれば、再編の影響を最も受ける部門の担当役員と話をしよう。再編について適切なフィードバックをくれるだろう(たとえば、プロダクト部門の組織構造を変えると、エンジニアリング部門やデザイン部門にも影響を与える可能性があるといったことがわかるはずだ)。

ただし、再編計画を会社全体(または各部門)に伝えるべきではない。ロビー活動や社内政治、権限の奪い合いを引き起こしかねず、再編が長引くだけだ。組織再編はできる限り社員の離職が起きないよう注意しつつ、速やかに行うのが望ましい。

4 組織再編は発表から24時間以内に実施する。 新しい組織構造を決めたら、部下と1on1でその内容を伝えよう。経営陣とは、いつ、どのようにチームメンバーに組織再編を伝えるか、詳細な計画を共有しておく必要がある。組織再編の影響を強く受ける人や不満を持ちそうな人がいれば、CEOや経営幹部が、発表の直前や直後に会って再編の根拠を説明したり、話を聞いたりするのがよいだろう。

再編の告知と実施はできる限り同時に実行しよう。事前に知らせると、社員は仕事が手につかなくなる。会議室は噂話で持ちきりになり、経営陣へのロビー活動が盛んになるだろう。

5 経営陣には再編について説明し、社員からの質問に答えられるようにする。 再編が会社の大部分に影響を与えるのなら、経営陣には前もって説明しておこう。必要なら社内向けにFAQを作成して共有する。

6　不明点を残さない。社員全員の異動先を把握しておこう。部分的な再編をしないこと。社員にとって最悪なのは自分がどこに行くのかわからない状態だ。

7　誠実かつ、率直に伝える。再編する際は、遠回しな表現を避けよう。再編する事実と再編の理由をわかりやすく説明すること。人々のフィードバックに耳を傾けつつも、毅然と実行する。

再編に不満を持つ社員は必ずいるものだ。実際はそうでなくても、社員は再編により昇進のチャンスを失った、あるいは降格させられたと感じているかもしれない。彼らの声に耳を傾け、将来的に彼らの希望を満たせるか聞こう。しかし、変更は最小限に留めること。小さな文句を解消するために例外を認めると、再編の目的から逸れる可能性がある上、社員はあなたが社内政治を容認していると考えるだろう。

社員を解雇するのと同じように、再編もまた気持ちのいいものではないかもしれない。責任が小さくなったことや新しい役職に不満に持つ社員は必ず出てくる。しかし、適切な再編で会社はより機能的になり、成功へと向かいやすくなる。これは会社の長期的な成功のために欠かせない。

ウルフを呼ぶ：組織の穴を埋める「ギャップフィラー」という仕事
ルチ・サンビ（ドロップボックス元オペレーション担当役員）に聞く

ルチ・サンビ（@rsanghvi）は、ドロップボックスの元オペレーション担当役員。ドロップボックス入社前は、組織やコミュニティのコラボレーションやコミュニケーションを円滑にするコーブの共同創業者兼CEOを務めていた。フェイスブック初の女性エンジニアでもあり、ニュースフィードなど主要機能の初期バージョンの実装に貢献した。その後、フェイスブックコネクトのプロダクトマネジメントと戦略を担当。プライバシーやユーザーエンゲージメントといった重要分野の責任者も務めた。カーネギーメロン大学で電気コンピュータ工学の学士号と修士号を修めた。

会社の経営陣は会社全体をうまく制御するために必要なインフラだが、爆速成長中の企業は、あまりに急激に成長するために経営陣が十分に揃わないことがある。各部門の発展を担う経営幹部を採用するまでの間、空いているポジションに絆創膏を貼るように、信頼する社員にその役割を務めてもらうことがある。

著者はルチ・サンビと、この現象と絆創膏の役割をうまく機能させる方法について議論した。サンビは、自ら絆創膏の役割を担ったことも、絆創膏を務める人の下で働いたこともある（サンビはドロップボックスで、映画「パルプ・フィクション」に登場するフィクサーにちなんで「ウルフ」と呼ばれていた）。いつ絆創膏を貼り、いつ取るべきか、そしてその間、絆創膏を最大限活かすにはどうすべきか話を聞いた。

ギル：ドロップボックスであなたは「ギャップフィラー」、あなたが言うところの絆創膏の役割を担っていました。この役割は、爆速成長企業のスケールを支え、組織面、あるいは機能面のギャップを埋める役割を果たします。まずは、ギャップフィラーや絆創膏の役割について、あなたの経験を聞かせてください。

サンビ：絆創膏現象を初めて見たのは、フェイスブックにいた時です。そこではマット・コーラーが絆創膏の役割を担っていました。リーダーやマネジャーがいないチームには、彼が加わることになっていたのです。新しいチームをつくる時も彼が加入します。短中期的にとても影響力のある仕事で、面白い役割だと思いました。ただ、個人にとっても、会社にとっても、長く続けられる役割とは言えないものです。

ドロップボックスでは私が似たような役割を果たしました。私が働いていたコーブをドロップボックスが買収した後、私の役割は決まっていなかったので、まずは社員の半数くらいに話を聞くことにしました。メンバーには、何がうまくいっているのか、会社の取り組みを加速させるにはどうしたらいいか、今すぐに取り組むべき重要な問題をひとつ、2つ挙げるとしたらそれは何か、といったことを聞きました。

エンジニアであれ、プロダクト側の人であれ、セールスの人であれ、ドロップボックスの誰と話をしても、彼らの主張はただひとつ、「リソースが足りない」ということでした。

ドロップボックスでの私の肩書きはオペレーション担当役員でしたが、そこで最初に取り組んだのは採用チームのマネジメントです。直接採用チームを指揮し、目標を設定して、どう達成するかをメンバーと考えました。目標を達成するのは大事ですが、採用した人が会社に定着してもらう仕組みをつくることも同じくらい大事です。そうして導入した仕組みは、社員の生産性向上や企業文化の強化に役立ちました。

採用の次は、マーケティングに関わりました。マーケティング部門をつくって、部門リーダーを採用しました。その後も同じように、コミュニケーション部門、プロダクト部門の3分の1相当、グロース部門、海外事業部門に携わりました。

爆速成長している間は勢いとグロースを活かしたいので、会社の空いているところに絆創膏を貼り付けてもいいと思います。ただし、絆創膏はいずれスケール可能なソリューションをつくれる人に代えなければならないので、そうした人材の採用を早急に進めることを忘れてはいけません。

ギル：今の話は、私がツイッターで見てきたことと似ています。ツイッターでは私とアリ・ロガニが絆創膏の役割を担っていました。CEOの指示の下、部門を立ち上げ、リーダーとなる経営幹部を採用し、終われば次の部門に移ります。絆創膏としてうまく機能するには、優先順位づけが鍵であり、中でも部門リーダーとなる経営幹部の採用が最も重要ということですね。ほかに重要なことはありますか。CEOや他の経営幹部とどのような関係を築くべきでしょうか。また、どのような権限を与えられるべきですか。

サンビ：目的から考えた方が自然かもしれません。ギャップフィラーは、担当部門をスケールさせ、チームの発展のために意思決定するというユニークなポジションです。ただし、チームをひとつの方向に引っ張りすぎないよう注意が必要です。なぜなら、適任のリーダーを連れてきて、仕事を引き継ぎ、その人がチームをまとめる必要があるからです。大きな目標を設定して、チームとともに全力でそれに向かって突き進める適任のリーダーを採用するのがギャップフィラーの仕事なので、そこはバランスが大事です。

そして成功するには、CEOや経営陣から認められ、信頼されていることが重要です。ひとりでチームのマネジメントをしながら、採用は進められません。スケールするには、他の経営陣や別チームの力を借りなければならないでしょう。もうひとつ、会社全体の目標や重視する取り組みにギャップフィラーのチームがどのように関わるか、その期待値の設定も大事です。

2つ目のことは、私がドロップボックスで失敗したことです。チームを引き継ぐリーダーや経営幹部を探す際、今のチームの状況を見て、次の2年に焦点を当てる必要があります。そうでなければ、自ら手を動かし、チームをつくって、5年後には100人のチームをマネジメントできるような、幻のユニコーン人材を追いかけることになってしまいます。残念ながら、そんなユニコーンは存在しないのです。

ギャップフィラーはCEOや経営陣に、会社の段階に合わせ、それぞれ異なる経験や異なるタイプの人材を採用する必要があると説得しなければなりません。ギャップフィラーとしてその部門を任せる候補者を見つけ、面接の準備をし、終わったら振り返りを行い、なぜその候補者を採用しようとしているのか経営陣に説明しなければならないので、これは非常に重要です。

ギル：部門を引き継ぐ経営幹部の採用で、最大の失敗はどのようなことですか。

サンビ：駆け出しのスタートアップにとってコミュニケーションや人事、マーケティングなどは最優先事項ではありません。なので、絆創膏やギャップフィラーはこうした部門を補う傾向にあります。ギャップフィラーがそれなりの成果を出していると、会社はその部門を担当する経営幹部を早く採用し、組織の土台づくりを始めようとしません。経営幹部の採用が優先されず、時間がかかってしまうのです。

最大の失敗は、正しい期待値を設定しないことです。これはCEOだけでなく、部門を引き継ぐ新任の経営幹部に対してもです。ギャップフィラーは、組織の中で築いた信頼があるからこそ動けますが、新任の経営幹部にとってのレポートラインはギャップフィラーと同じではないでしょうし、はっきりしていないこともあります。双方の期待のミスマッチを避けるためには、新しい経営幹部の職務内容と責任の範囲はどこまでか、どんな経験が必要なのか、彼らはCEOに報告するのか、そうしたことを明確にする必要があります。

ギル：今の話は絆創膏の定義と言えるのかもしれませんね。担当の経営幹部がいないということは、その部門は会社の最優先事項でなかったのでしょう。会社はプロダクト・マーケットフィットを見つけ、次に販路を見出すことに集中します。そしてある日突然、事業がうまく回り始め、そこからはある意味、会社自体がプロダクトになります。けれど、その組織はどの役職にどのような価値があるのかわかっていない、あるいは価値がわかっていても、適切な人材をどのように探したらいいのかわからないままです。なので、その部分で架け橋になってくれる人は重宝しそうです。

ここでCEOがもっと役に立てる方法はありますか。また、ギャップフィラーにはどんな人が適任ですか。

サンビ：ギャップフィラーは、初期の社員と現役の経営陣の両方から広く慕われ、信頼されている必要があります。信用と信頼がなければ、担当チームの社員に受け入れられず、力を合わせるのは難しいからです。サポート面で言うと、私が見てきた中でギャップフィラーがうまく機能するのは、その人が経営幹部でもあり、CEOやCOOに報告する立場にある場合だけです。この立場だからこそリソース不足を明らかにしたり、サポートを求めたり、社内でうまくいっていることを彼らに伝えられます。採用に影響を与え、経営幹部の採用を早めることもできます。

ギル：つまり、たとえばCEOに報告したり、定期的に1on1のミーティングをしたりしている立場の人が適任ということですね。

サンビ：その通りです。創業者に報告している場合もあるでしょう。また、CEOは誰かに絆創膏の役割を任せることを恐れる必要はないと付け加えておきます。避けられないことですし、CEOが自分でやるよりも、誰かに任せた方がいいでしょう。CEOの時間の効果的な使い方ではないですから。

ギル：どのタイミングで絆創膏は不要になりますか。あるいは、いつその役割をなくすべきですか。ある数の経営陣を確保できた時か、会社がある規模に達した時か。この役割を持つのに遅すぎるのはいつですか。

サンビ：誰かが2~2年半以上この役割を担っていたら、それは長すぎです。ギャップフィラーがそれなりの仕事をしていると、置き換えはどんどん難しくなります。それは全体の最適化ではなく、局所的な最適化なので、良い状態とは言えません。

ギル：2年、2年半が長すぎると言うのは、それまでにすべての部門に対応できる経営陣を揃えていなければならないからでしょうか。この期間が限度と思う理由は何でしょうか。

サンビ：2年から2年半で、全部門の経営陣を揃えられるはずです。プロダクト開発、ビジネス、採用をはじめ、会社がスケールするためにはそうした部門がすべて揃ってなくてはなりません。

ギル：今まで見てきた会社の中で、ギャップフィラーはどのような部門を担当していましたか。

サンビ：採用、人事、コミュニケーション、マーケティング。たまにカスタマーサポートやプロダクトも。プロダクトに関してはCEO自身が担当していることが多いので、プロダクト担当役員を採用するのは結構難しいですね。ぴったりの人を見つけるのに時間がかかります。

ギル：企業が海外展開などを始める場合、経営陣はそれぞれの部門で、ギャップフィラーを担える人を採用すべきだと思いますか。それとも、ギャップフィラーが必要なのはトップレベルだけでしょうか。

サンビ：トップレベルだけの話だと思いますね。海外拠点を開設する主な目的は、売上拡大でしょう。開設してしばらくしたら、事業拡大のためにカスタマーサポートなどの部門を拡充するかもしれません。ですがその場合、オペレーションをスケールさせるのに必要なのはギャップフィラーとは違うタイプの人材です。

ギル：では、すべての会社にギャップフィラーは必要ですか。それとも、経営陣の力量によりますか。

サンビ：こういう言い方は好きではありませんが、指数関数的な成長をしている会社は、どこもこの役割が必要だと思います。急拡大している企業は、外から見るとすべてうまく行っているように見えますが、あまりに速く成長しているため、社内はかなり混乱しています。そしてその混乱具合を前々から想定して対処するのは難しいので、どの企業でもこの役割が必要になるのではないでしょうか。

ギル：今の話は、多くの人が誤解している重要なポイントだと思います。会社が急速にスケールしていると、外部の人は皆「急成長しているのだからうまくいっているに違いない」と考えます。しかし、大抵、内部は大混乱しているか、あるいは多少マシな混乱状態なんですよね。

そうした状況の中で中間管理職や一般社員、ディレクターレベルの人は自分の役割をどう考えるべきでしょうか。また、あまりにも多くの変化がある中で、どう仕事を進めていくべきでしょうか。

“爆速成長している間は勢いとグロースを活かしたいので、会社の空いているところに絆創膏を貼り付けてもいいいと思います。”

――ルチ・サンビ

サンビ：私の経験から、急拡大している会社では次のようなことが起きます。まず、全員の仕事量が2倍から5倍に増えます。皆なんとか穴を埋めようと必死に働き、その結果、様々な仕事を担うようになります。次に、人をどんどん採用します。それで問題が解決するかと思いきや、仕事量は増える一方です。増えた人員で今までできなかったプロジェクトなど、より多くの仕事に着手するからです。

そして組織の穴が埋まるよう人員を採用し続け、均衡状態に到達すると突然、個人の役割と仕事の範囲が狭くなります。このフェーズは、特に会社が指数関数的に成長している時期に入社した初期の社員にとって、適応しにくい時期です。これに適応できる人、つまり仕事の範囲が狭く、より焦点の絞られたものになることに対応し、変化を受け入れられる人は会社と共に成長できる人です。

ギル：言い換えれば、うまく適応できないがために辞めてしまう人も出てくるということですね。

サンビ：その通りです。彼らは会社が必要としている方向に適応できていないのです。

ギル：社員にアドバイスをするなら、あまり気にしすぎないことです。会社の規模が半年で2倍になっている段階では、半年ごとにまったく別の会社になります。だから、もしあなたの同僚が突然マネジャーになったとしても、1年後にはあなたがそのマネジャーのマネジャーになっている可能性だってあるということです。なので、仕事に集中し、良い結果を残せば、大抵うまくいくでしょう。急激に成長している会社に早くからいるなら、あなたはかなりいい立ち位置にあると思います。

サンビ：その通りだと思います。半年ごとに会社は成長し、まったく違った姿形になるんですよね。今どんなシステムやプロセスを導入するにしても、それらはいずれ変わると心得ておくべきでしょう。完璧なプロセスを考え出すために時間をかけても、いずれまたやり直さなければならない時が来ます。

ギル：プロジェクトの観点、あるいは人事／採用の観点から、見落としがちだけれど、導入すべきだと思う具体的なプロセスや施策はありますか。それとも、会社の課題はそれぞれ違うので、各社で考えなくてはならないでしょうか。

サンビ：各社で検討する必要があると思いますね。最初のうちは、多くのプロセスを導入することには慎重になるべきでしょう。しかし必要になったら、恐れずに導入してください。

フェイスブックでは初期に「大人な役職の人」をたくさん雇い入れていました。当時の私は間違いなく「マネジメントされる必要はない」と思っていた若手側で、あらゆるプロセスに反発していました。しかし、その後ドロップボックスでは、私がプロセスを導入するために連れてこられた「大人」だったのです。今は、両サイドの考えを理解できます。

なので、必要ないならやりすぎないことです。でも、必要なら恐れずに導入しましょう。そして、導入したプロセスはいずれ変えなければならないものだと理解し、それに対してあまりイライラしないことです。

ギル：あなたはフェイスブックの初期の社員であり、社内で非常に影響力がありましたが、もし過去に戻って、フェイスブックにいた頃の自分にアドバイスをするとしたら何と伝えますか。

サンビ：会社が成長し、組織が大きくなるにつれて、組織の中での役割も変わっていきます。仕事の範囲が狭まるので、初期の社員はフラストレーションを感じるでしょう。しかし、それは影響力が下がったということではありません。特化した領域に対し、より大きな影響力を発揮できる場合もあります。ギルの言う通り、集中して良い仕事をし、状況に適応できれば、会社に合わせて伸びやかに成長できるでしょう。
また、10年先にぴったりの人材、つまりユニコーンを探してはいけません。会社はあまりに速く変化していて、今、必要なものしかわからないからです。次の3年を進む上でぴったりの人材を探しましょう。

ギル：絆創膏の役割について、最後に付け加えたいことはありますか。

サンビ：そうですね。どの絆創膏も、最後ははぎ取らなければなりません。絆創膏がうまく機能し、社員がその状態に慣れてしまうと、常任となるリーダーの採用は遅れるばかりです。1年以上、誰かがプロダクト部門のリーダーやコミュニケーション担当役員のような役割を肩代わりしていたら、CEOと経営陣に常任の担当者を採用する決断をしてもらうために、絆創膏をはぎ取るしかありません。ギャップフィラーやウルフ、呼び方はどうあれ、その役割がなければ、正しい方法で組織をつくる以外に道はなくなります。

あなたもツイッターで同じような経験をされたのではないでしょうか。

ギル：はい、ツイッターで起きていたことと似ています。ご指摘の通り、重要なのは絆創膏の役割を埋めるために経営陣を拡充していくことです。結局、部門リーダーがいなければ、その部門をスケールすることはできません。経営陣は、会社の骨組みのようなものです。そして、創業者はこの骨組みを早くからつくることの重要性を見過ごしがちです。だから会社が拡大し始めた途端、すべてが壊れてしまうのです。

6か月先、12か月先、さらには18か月先のことを考えてきた経験がある人なら、優秀な経営幹部を見つけるのに3～6か月かかることがわかるでしょう。採用した新任の経営幹部が担当部門のチームを確立するのに数か月かかります。そのチームがうまく機能するのにさらに数か月。なので、将来に備えて必要な組織をつくるには、ある意味、1年くらいの期間が必要ということです。それなりに時間がかかるものなのです。この役割は興味深いです。フェイスブックではマット・コーラーが、ドロップボックスではあなたが、ツイッターでは私がやっていましたが、おそらく似たような経験をしているのではないでしょうか。

サンビ：私はドロップボックスで「ウルフ」と呼ばれていました。映画、見ましたか。

ギル：映画「パルプ・フィクション」ですね、見ましたよ。私たちは「フィクサー」とか「ギャップフィラー」とか呼んでいました。でも「ウルフ」の方がカッコいいので、それを使いましょう。このインタビューの見出しは「ウルフを呼ぶ」にしようと思います。

サンビ：先ほども言いましたが、この役割は組織にいる人が担うものです。この役割のために人を採用するのはかなり難しいでしょう。本当に信頼できる人を見つけたら、COOにした方がいいと思います。

ギル：社内の信頼と信用があり、CEOや創業者と強い結びつきがある人が適任ということですね。会社にとても早い段階から関わっていた人か、あるいはCEOや創業者が以前から知っていて会社に連れてきた人がよいということでしょう。そうでなければ、基本的に担うのは不可能な役職ということですね。

サンビ：はい、その通りです。

※このインタビューはわかりやすさのために編集、要約しています。

”駆け出しのスタートアップにとってコミュニケーションや人事、マーケティングなどは最優先事項ではありません。なので、絆創膏やギャップフィラーはこうした部門を補う傾向にあります。

——ルチ・サンビ“

企業文化とその進化

会社がスケールすると、それに伴って企業文化も変化する。会社には成長を加速できる経営幹部が加わり、リスク許容度は低いけれども社内プロセスへの適応力が高い人材が入社してくるようになる。また、会社が10～100倍の規模に成長すると、上場準備やその他の理由から、コミュニケーションや仕事のプロセスなどで様々な内部統制が必要になる。こうしたあらゆる変化に伴い、企業文化もまた変わっていく。

創業者やCEOには、企業文化のどの部分を残し、どの部分を変化させ、どの部分を完全に取り除くかを決める責任がある。プロダクトやチームを改良し続けるのと同じように、文化もまた改良し続ける必要がある。文化の形成に最も影響する意思決定は、誰を採用するか、どのような行動を推奨し報酬を与えるか、どんな人材を解雇するかだ。

絶対に妥協しないこと──文化の基準を満たした採用

企業は、採用候補者の経歴、民族、性別、階級の多様性を重視して採用すべきだが、同時に候補者の目的意識や考え方といった文化が自社と合うかも考える必要がある。企業文化とは、組織の結束力を生む不文律の価値観やルールのことだ。この企業文化は社員のすべての行動の基盤となる。

強い企業文化は会社にレジリエンスを与え、ショック（市場での激しい競争、悪い報道、プロダクトの失敗やその他の問題）に耐えやすくする。また、社員のモチベーションを高め、能力を引き出せる（パランティアのエンジニアは国家安全保障に貢献していると考えてオフィスの机の下で寝てまで仕事をしていた話、グーグルの「邪悪になるな」の教義など）。

悪い文化は組織を傷つける

多くの会社は「有用な人材」や「ニーズに合う人材」を採用するためなら、企業文化を犠牲にしても構わないと考えている。これは短中期的に見て逆効果だ。企業文化の基準で妥協した採用は会社に混乱をもたらし、CEOは妥協したことを後悔する。パフォーマンスが悪くなった社員の解雇、職場環境の悪化、優秀な人材の離職、信頼関係の喪失といったことが起きる。さらにプロダクト開発が間違った方向に進んだり、インセンティブのバランスが崩れてしまったりする。

強い文化をつくる方法 [44]

1 **強力な採用フィルターをつくる。** 特に、共通の価値観を持つ人を選別できるフィルターをつくろう。ただし、それが採用候補者の多様性を減らすメカニズムになっていないかには気をつけてほしい。多様性を尊重しながら、共通の目的意識を持つ人を採用することは可能だ。詳細は、後述の項とジョエル・エマーソンのインタビューを読んでほしい。

2 **日頃から会社の価値観を社員に伝える。** 価値観は何度でも繰り返し伝えよう。同じことを言うのにうんざりしてきた頃から、周りも同じことを言うようになっていることに気づくだろう。

3 **パフォーマンスだけでなく、企業文化の面でも社員を評価する。** 社員は、仕事の生産性と共に、会社の価値観を体現していることに対して報われる（昇進や金銭的な報酬を含む）のが望ましい。

4 **企業文化と合わない人には早めに対処する。** パフォーマンスの悪い人を解雇するより先に、企業文化に合わない人を解雇すべきだ。[45]

この章では主に、1番目の会社の価値観や文化に合う人を選ぶのに最適化した採用フィルターの導入について取り上げる。

文化・価値観に基づいた人材採用

爆速成長企業は脆《もろ》い。社員がバラバラに動いたり、非生産的な議論に時間を浪費したりすることは会社の致命傷となる。初期の段階では、全員が同じ目標に向かって力を合わせるために、共通の価値観と目的を持つ人を採用するのが望ましい。これは、クローンのように似た人を採用するということでも、集団思考を持つということでもない。共通の目標に向かって一緒に協力できる人を採用するということだ。

1　会社の軸となる価値観や文化を明確にする。 次の点について考えよう。社員に意見を聞くのもよいだろう。

- 企業文化の礎となっているものは何か。どんな価値観を持つ人を採用したいか。
- 妥協できない要素は何で、妥協してもいい要素は何か（妥協してもいいなら、それは重要ではない）。
- 面接でこうした価値観を持っているかどう判断するか。採用候補者の価値観を知るのに、面接のどの段階で、どんな質問をするか。たとえば、担当外の問題でも積極的に解決しようとする人を採用したいなら、これまでの仕事での経験を聞くのがいいだろう。
- 会社の価値観、面接時の質問、フィルターは多様な候補者を惹きつけ、採用できる内容になっているか。

2　ミスマッチのサインに注意する。 企業の価値観はそれぞれ異なるのと同じように、ミスマッチのサインもそれぞれ異なる。一般的なサインは次の通りだ。

- **入社の動機が金銭的な人。** 社員は働いた分、十分な報酬を受け取るべきだが、会社のミッションや事業の影響力にも関心がある人を採用すべきだ。過度に報酬を重視する人は、より多くの報酬を出す会社に行ってしまう可能性が高い。また、こうした人は金銭的な利益のために近視眼的な意思決定をすることがある。
- **傲慢な人。** 自信と傲慢の間には明確な線引きがある。私がエンジニアの実技の採用面接で気づいたのは、賢い人たちは質問を書き留めて、それに基づいて作業をすることだ。自分が誰よりも賢いと思い

> **企業文化の基準で妥協した採用は会社に混乱をもたらし、CEOは妥協したことを後悔する。**
>
> ――イラッド・ギル

［44］ eladgil.com の関連リンク。http://www.au.af.mil/au/awc/awcgate/ndu/strat-ldr-dm/pt4ch15.html https://en.wikipedia.org/wiki/Value_(ethics)

［45］「いつ、どのように社員を解雇すべきか」についての eladgil.com の記事を参照。http://blog.eladgil.com/2010/06/startups-when-how-to-fire-employee-at.html

込んでいる人は、頭の中でやろうとしてミスをしがちだ。

・**職場に悪影響を与えそうな人。** たとえば、気力がなかったり、ネガティブ思考だったり、必要以上に議論好きだったり、実用性よりも精神論を重んじたりするような人だ。

能力が優れているようでも、文化的に合わない人は採用を見送ろう。

3 長期的な視点で判断する。

長期的な視点で判断する。 どの創業者も誘惑にかられる瞬間がある。人事に大きな穴があって、どうしても採用したい。ずっと候補者を探しているのに、良い人が見つからない。さらに厄介なのは、空いているポジションにやっと良さそうな人を見つけたけれど、企業文化の基準からはギリギリ、あるいはまったく合わない人だったというような状況だ。

そのような採用は見送ろう。「疑念があるなら、迷うな」という言葉の正しさは何度も証明されている。

文化は委任できない パトリック・コリソン（ストライプ共同創業者）に聞く

パトリック・コリソン（@patrickc）は、インターネットの中核的なインフラサービスとして台頭したオンライン決済会社ストライプの共同創業者兼CEO。コンテンツや商品のオンライン決済を実装する際に開発者が直面する課題を見て、パトリックは2010年に弟ジョン・コリソンとストライプを立ち上げた。パトリックはスタートアップ業界のベテランだ。パトリックは2007年、18歳の時に、オークションとマーケットプレイスのマネジメントシステムであるオークトマティックを共同創業し、創業からわずか1年で同社をカナダのライブ・カラント・メディアに500万ドルで売却した。

2010年に創業したストライプは、オンラインビジネスを立ち上げるためのAPIーベースのシンプルなアプローチを採用し、開発者の間でまたたく間にヒットした。共同創業者のジョンとパトリック・コリソンはインターネットのオンライン決済インフラの不備を直した。それから8年で、カルト的な人気を誇るサービスは評価額90億ドルの会社に成長し、大小さまざまなクライアントを抱えている。

当然かもしれないが、世界中にオフィスを構え、1000人以上の社員を抱えるストライプのCEOとしてパトリックは、人事について明確な考えを持っている。パトリックに、企業文化のつくり方、明確なコミュニケーションの重要性、そして彼が8年で急成長を遂げたストライプで学んだことについて話を聞いた。

ギル：ストライプはスケールの面でも、インターネットの経済インフラに興味があり会社の価値観を共有できる人を集めた面でも、素晴らしい成果を上げています。ここでは企業文化とその進化についての考えをお聞きしたいです。初めに、組織が大きくなるにつれて企業文化はどう進化すると感じていますか。また、進化の段階の初期と後期でそれぞれ何が重要ですか。

コリソン：企業文化は修正していくものと考えるのが重要です。企業文化での最大の失敗は、自社の文化に自信が持てなかったり、逆に固執しすぎたりすることです。

会社がある程度うまくいっているなら、つまりつくりたいプロダクトやサービスがつくれていて、会社が成長し、顧客もいるなら、その会社の企業文化の少なくとも一部はうまく機能していると考えていいと思います。けれど、会社が自社の文化を明示することに臆病になりすぎて失敗するのをよく目にします。

たとえば、あなたは一生懸命働くことが心底大事と考えているかもしれません。あるいは、5回やり直してでも、細部まで完璧に仕上げることが大事と考えているかもしれません。企業はこうした価値観を伝えているつもりでも、伝え方があまりに遠回しなことがよくあります。「私たちはコミットメントの重要性を信じています」とは言っても、具体的に「数年間、これに心血注ぎたいと本気で思っている人を求めています。これをあなたの仕事人生において、唯一注力する対象にしてほしいのです」とは、はっきり言わないのです。

同様に、細部にこだわるという点に関しても、「私たちと仕事をするなら、何度もダメ出しされ、何回もやり直すことを受け入れなければなりません」とは言わず、弱腰になって曖昧なことしか言わないのです。

こうした価値観は、誰もが受け入れられるものではありません。こうしたことを採用候補者に話し、候補者がその文化は自分には合わないと判断して入社を辞退することに慣れる必要があります。

このように自社の企業文化がどのようなものか、はっきりと説明していないと、3つの悪影響が出ます。ひとつは、適切な人が入社してきません。2つ目は、入社するとすぐに働き方の違いや違和感に直面するので候補者にとって不公平です。3つ目はすぐにわかるものではありませんが、社員が会社に対して抱く感情は、何のために入社したと感じているかに関係しています。社員が、多岐にわたる包括的なプロジェクトで働くと理解して入社したのなら、後から唐突にそのことを知るよりもずっと良い形でプロジェクトに参加できるでしょう。このように最初に明示するだけで、結果を変えられるのです。

ギル：「最初に明示する」の「最初」というのは、面接の段階ですか。それともオンボーディング（入社後研修）の時でしょうか。

コリソン：採用候補者がオファーを受け入れる前です。オンボーディング中でもいいですが、理想は雇用契約に合意する前でしょうね。

自社の文化を明確に伝えていても起きるもうひとつの失敗は、文化に固執することです。企業文化はバランスの問題です。文化を明確にするのと同時に、常に見直すつもりでいなければなりません。スタートアップのリーダーが直面する最も難しい課題のひとつは、このバランスをどう取るかです。社員が企業文化に従っていないがために起きている望ましくない結果や非効率はあるか。文化そのものが原因で望まない結果になっていないか。それは実装の問題か、あるいはスペックの問題か。

あらゆることが関係しますし、入手できるデータは非常にまばらです。また、ほかの物事の干渉や影響が非常に強いため、細かく分けて考えるのは相当難しいでしょう。なので、判断が難しいのです。

よくある失敗はこのようなものです。非常にゆるい、あるいはほとんどマネジメントが存在しないことのメリットを享受した会社があるとします。実際、それが要因で会社が成功したかどうかにかかわらず、組織が6人のチームから、40人、70人規模になった時に、それがもはや会社にとって最適な文化ではないことを理解しようとしないことです。

ギル：企業文化での失敗について、ものすごく重要なことを指摘しています。会社にとって初期の文化を見直すことは非常に難しいし、古くからのメンバーが元の文化に固執してしまうのが問題ということですね。ストライプで企業文化を見直すために行ったことはありますか。

コリソン：ひとつは、これまでの文化を残したいのではなく、皆で文化を正しい方向に進化させたいとはっきり言っています。これはわかりやすいルールのようですが、皆はこれまでの文化についてよく話すものです。過ぎた日々のことを感傷的に話すので、それには毅然と対抗する必要があります。「当時の私たちは色々な面で軽率だった。何をしているのかまったくわかっていなかった。必要以上に時間がかかったり、苦労したりしたことがかなりあった」と言わなければなりません。

初期の成功からは、間違ったことを学びがちです。本当の問題は文化を守ることではなく、文化を正しい方向に進化させることだと明確にしておくのは非常に重要です。私はそのために、初期にやってしまった愚かなことをいくつか伝えるようにします。

2つ目は、たとえば外部から経験豊富なシニアリーダーを雇ったり、社内に新しい部門を設けたりするなど、文化の変化を伴うことをする時に文化は変わるものだとチームに伝えています。新しいセールスリーダーを採用する際、社員は文化が変わることを心配しますが、「そんなことが起こらないように注意深く見張ります」と言うのではなく、正直に変わることを伝えるべきなのです。新しい人を雇う理由のひとつは、文化を変えるためです。採用した人が文化に何の影響も与えないなら、それは失敗です。シニアセールスリーダーを雇うのは、もっと売上を出せるようにしたいからで、もっとプロダクトが売れる企業文化にしたいからなのです。

皆心の底ではわかっていると思うのですが、伝え方が間違っているのです。ストライプの場合、グーグルのセールス部門のシニアリーダーを務めていた女性をCOOに任命しましたが、社員は彼女がストライプの文化を変えてしまうのではないかと心配していました。[46]。私はチームに彼女が文化を変えるという事実を明確に、はっきりと伝えました。それが彼女の仕事なのですから。彼女がストライプにもたらした変化は、非常に健全で有益だったと思います。

ギル：反発する人にはどう対応しますか。特に企業文化について説明するのに長け、採用時の人選もうまくいっているとしても、変化に反発したり、自分の考えを強く持っている人は必ずいます。

[46] クレア・ヒューズ・ジョンソン。本書にインタビューを掲載している。

コリソン：これもデリケートなバランスの問題です。社員は様々な理由で反対したり、問題を提起したりします。それは本質的な問題であることが多いので、解決するのが理想です。彼らは正しい動機から問題を提起しているのですから、話をよく聞き、その問題を解決するためにできることをした方がいいでしょう。すぐには解決できないと伝えることも多いかもしれませんが、それはスタートアップとして慣れなければなりません。なので、基本的には、社員の声にはきちんと耳を傾けるべきです。

しかし、あなたが純粋に同意できない理由で反対したり、異議を唱えたり、否定的な態度を取ったりする社員もいるかもしれません。これまで会社はXのような働き方をすべきだと考え、以前はそう働いていたのかもしれませんが、CEOはYの働き方にすると決めたとします。健全で有益な関係を築くには、相手にYの働き方に納得して前向きに取り組めるかを聞き、できないならこの職場は長期的に彼らが満足し、幸せに働ける場所ではないかもしれないと伝えることです。そして彼ら自身にどうしたいか考えてもらう必要があります。

反対する人たちは、これまで会社のために多くを捧げてきたからこそ反発している面もあるでしょう。なので、気まずい会話になるかもしれません。その反発はこれまでの会社のあり方を守ろうとしているからかもしれないのです。ほとんどの人は、企業文化の進化という、ある意味不自然で、慣れるのが難しいことにも適応できます。しかし、誰もがそうではありません。だからと言って、彼らが悪いわけではありません。たくさんの会社がある中で、どこに行っても貢献できないという意味でもありません。それはその人にとって、この会社の今の、そしてその先の環境が合わないかもしれないという意味です。

よくある失敗は、こうしたことを正直に話さないことです。1、2年、問題を先延ばしにしても社員の不満は募るばかりで、仕事では成果が出せず、会社に対して悪い印象を持ったまま離職してしまいます。

私は先に話すようにしています。「私たちはYの方針でいきます。心の中にあるXの方針でいきたい希望を脇に置いて、Yの方針に納得し取り組めるか考えてもらえますか。私たちに付いていけないということでも、あなたの決断を尊重します」と、感情的になったり、刺々しくなったりしないように話をします。

ギル：私が見てきたどの会社でも、急拡大する段階で初期社員の一部は離職しました。それは自然なことで、組織にとっても良いことだと思います。大きな組織で働きたくない人もいるし、やりたい仕事を具体的に決めている人もいるでしょう。会社のあり方に納得できなくなったら、別の会社で働いた方が幸せかもしれません。

コリソン：そうですね。たとえば、社員を誰も解雇しない組織があるとします。ぴったりの人材を選ぶ驚異的な採用力があるなら、解雇しないのが正しい判断です。でも、それは統計的にあり得ない話で、できるとしたら、世界の誰もがなしえていない、採用面接でのブレークスルーを果たしたと言えるでしょう。

また、初期からの社員が5年以上経っても全員いるなら、驚くほど順応性の高い人材ばかりを採用できて、全員を残すのが組織にとって正しい判断だったという可能性はあります。ですが、統計的にそれもあり得ません。もちろん順応性があり、会社の変化に対応できる人材が多ければ多いほどいいでしょう。しかし、本当に全員がそれに当てはまるか、よく考えてみるべきだと思います。

ギル：会社の価値観を社員にリマインドしたり、よく考えてもらうようにしたりすることについてどう考えていますか。評価の一部に取り入れたり、毎週の全社ミーティングで時間を取ったりしていますか。

コリソン：企業文化を考える上で心に留めておきたいマクロ的な視点は、人の組織を急速にスケールさせること自体、とても不自然な行為だということです。私たちが経験してきた組織の大半、たとえば、学校や家族、大学、地域コミュニティ、教会、それが何であろうと、急速にスケールした組織はありません。そのため、そこで見てきた人々の行動や学んだ教訓は、会社で構築しようとしている組織、それも年に規模が2倍、あるいはそれ以上に拡大している組織に、必ずしも当てはまるものではないのです。

評価や毎週の全社ミーティングで企業文化や価値観を明示するといった話を聞いて、「他のグループではそんなことしていないよね」と違和感を覚えるかもしれません。しかし、取り組もうとしているのは、たくさんの人の結束力を維持しつつ、急速に進化させるというはるかに難易度の高いことなのです。

なので、あなたが挙げた施策にはすべて賛成です。ほとんどの会社は理念や価値観を決めたり、明示したりするのが遅すぎます。私なら、メンバーがまだ一握りしかいない段階から、暫定的にでもつくるようにします。そして経営する中で、必ず間違いに気づいたり、別の発見があったりするので、継続的に更新します。

最初から企業文化について考えておくのがいいでしょう。私なら、それをプロダクトの開発や同僚間のコミュニケーション、意思決定全般に織り込むことを考えます。たとえば、シリーズAの資金調達をする時に、経営の基準としている原則や企業文化が投資家を選ぶ指針になっているのが理想です。

ギル：企業文化のリーダーや責任者を誰かに任せることについてはどう思いますか。

コリソン：いくつかの理由から、あまりお勧めできません。企業文化のリーダーを任命するというのは、CEOではない人にという意味ですよね。その役目を任せたいような人は、会社に深く関わってきた人ではないでしょうか。本当に運が良ければ企業文化に必要な進化を促せるかもしれませんが、その人自身が今の会社に愛着を持っていることが進化の妨げになり、うまくいかない可能性が高いのです。

2つ目の理由は、突き詰めるとCEOの仕事は5つしかなくて、企業文化はそのうちのひとつであり、委任すべきではないと思っているからです。5つの仕事というのは、経営陣をまとめ、最終的な意思決定者であること。チーフストラテジストであること。少なくとも初期は、会社の顔であること。ほとんどの場合でCPO（最高プロダクト責任者）であること。そして企業文化に責任を負い、それに対する説明責任を果たすことです。企業文化は会社の根幹をなすもので、それを委任するのは問題だと思います。

ギル：たとえば採用した人に企業文化を伝える手間がネックになるなどの理由で、グロースの速度には上限があると思いますか。言い換えれば、グロースが速すぎるのはどんな時でしょうか。規模を拡大する速度が2倍ではなく、3倍になった時でしょうか。入社する人数がある一定数を越えた時でしょうか。そのような自然法則はあると思いますか。それとも会社によって違いますか。

コリソン：グロースの速度は経営陣の経験と結束力によります。30人の経験豊富なマネジャーが揃っていて、全員が会社の戦略をしっかり理解していれば、驚異的なスピードで拡大できます。とはいえ、それには適切な幹部を選んで採用し、強い結束力を発揮しなければならないのですが、実際にそうした経営幹部を30人揃えてスタートした会社を私は知りません。

ただ、総じて言えばグロースの速度は、経営陣の力量に関係していると考えています。これは会社の各部門にも該当するでしょう。もし、本当に優秀なセールスのリーダーや人事のリーダーがいて、現状は2、3人しかいない組織でも、うまくいっていることが目に見えていて、情報共有がなされ、団結しているなら、数人から30人規模まですぐに拡大できます。一方で、5人体制の人事部門があって、うまく機能していても、優秀なリーダーがいなければ10人に増やすのも難しいでしょう。

ただし、現実的に言って、組織が前年比2倍以上の速度でスケールしているなら、必ず失敗するというわけではありませんが、うまくやるのはかなり難しいことです。あなたの会社はなぜほかとは違い、カオスな状況に陥るという当然の結果にならないのか、強力な理由が必要です。成功した例はありますが、稀です。フェイスブックはこの20年で、文化面でのスケールに最も成功した巨大テック企業です。彼らは実際のところ、年率約60％以上拡大しないよう慎重にスケールしていました。これをただの相関や偶然と考えることもできますが、私はそうではないと思います。

ギル：海外拠点や分散型チームの企業文化についてはどのように考えていますか。

コリソン：ストライプには規模は様々ですが、海外オフィスが10拠点あります。重要なのは、現地でリーダーとなる人と最初の核となるメンバーを適切に揃えることだと思います。リーダーだけではなく、2人目、3人目、4人目の社員がそのオフィスの文化を形成するからです。

ギル：ストライプ本社で働いていた人たちに海外オフィスに行ってもらうのですか、それとも、適切な特性を持った人を現地で採用するのですか。

コリソン：最初の核となる人たちには、本社でかなりの時間を過ごしてもらうか、あるいは長く本社で働いていて、他の場所に移りたい人にするのがいいと思います。また、長期的な取り組みとして、海外オフィスの社員も全員、少なくとも数週間、可能なら数か月間、まずは本社で働いてもらうのがいいでしょう。ストライプのダブリンオフィスには、現在70人いますが、ほとんどの社員には、少なくとも最初の数週間はサンフランシスコ本社で働いてもらいました。

”これまでの文化を残したいのではなく、皆で文化を正しい方向に進化させたいとはっきり言っています。“

——パトリック・コリソン

ギル：面接は現地で実施しますか、それとも本社ですか。

コリソン：ほとんどの面接は本社で実施します。もちろん、これはいつか変えなければならないでしょう。それでも本社で関係を築き、いろいろ見て回った経験は社員にとっても長期的に価値があると思います。

また、表面的で些細なことのようですが、コミュニケーションの設備を整えることが大事です。たとえば、テレビ会議の設備とそのための配線がある会議室を用意するといったことです。ミーティングの録画や配信が簡単にでき、遠方の社員でも参加しやすいようにするのは重要なことです。

さらに、主要なミーティングの時間にも注意しています。本社の社員がビールを楽しむ金曜午後5時から、ヨーロッパやアジアの社員が参加しやすい金曜日や木曜日の朝に全社ミーティングを移すのは、文化的にはちょっと残念に思うかもしれません。しかし、海外オフィスのことを真剣に考えるなら、こうした変更は必要です。

もうひとつ、会社の規模がそれなりに大きくなったら、それは100人か200人くらいだと思いますが、社内コミュニケーション部門を設置するのがいいでしょう。社内コミュニケーションというと大企業っぽいので、多くの人は抵抗があるかもしれません。しかし、会社で何が起こっているのか、何が優先事項なのかを社員に理解してもらうことを重視するなら、それを偶然に任せるとか、社員のタスクにしたままにするのはおかしいでしょう。社員全員に明確なコミュニケーションを図る責任者の採用後、その価値の高さに驚くはずです。

ギル：企業文化を構築するために参考にしたモデルなどはありますか。

コリソン：真似したり、参考にしたりする企業は慎重に選んだ方がいいでしょう。同世代の企業や頭にパッと思い浮かぶ有名企業をロールモデルに選びがちです。ただ、同世代・同規模の会社は文化が有効か、十分に証明されていない可能性が高いのです。私たちはサンフランシスコに拠点を置きて、ここには非常に有名で、無意識のうちに参考にしてしまう企業がたくさんありますが、良い例とは言えない企業も多いのです。

私は時間をかけて人と話をしたり、シリコンバレー黎明期の偉大な企業について調べたりしました。たとえば、インテル、シリコンバレーではないですがマイクロソフト、立ち上げ期のグーグル、スティーブ・ジョブズが復帰したアップルなどです。これらの会社はその後会社がどうなったかまで、すべてがわかります。

同世代の企業がどうなるかわかるのはまだ先のことです。個人的な意見として、これらの企業のいくつかは、企業文化や組織面でのミスを正せず、実現できるはずのことを阻む大きな障害を抱えてしまっているのではないかと思います。なので、ロールモデルは慎重に選んだ方がいいでしょう。

ギル：そうですね。プロダクト・マーケットフィットを見つけることと、企業文化が強く適応力があること

> **真似したり、参考にしたりする企業は慎重に選んだ方がいいでしょう。**
>
> ――パトリック・コリソン

は違うということですよね。たとえ、社内がひどい状態でも、事業がうまくいっていると、この2つを混同してしまいがちです。

コリソン：それは的確な表現です。プロダクトの初期に大きな注目を集めた会社は、組織づくりで失敗しがちです。いかに変化が難しいかを証明していますね。挑戦した人のほとんどは失敗していますから、確実に成功と呼べるモデルを参考にするのがいいと思います。

ギル：今のシリコンバレーの人々は特権意識を持つようになりました。たとえば、充実した福利厚生を受けているのに、社内で無料で散髪できる回数など、それほど重要ではないことに文句を言ったりします。どうしたら対処できるでしょうか。福利厚生が増え続ける中で、すべて与えられるのが当然という風潮にしないためにはどうしたらいいでしょうか。

コリソン：これは現代のアメリカ、それからシリコンバレー全体が抱えている課題です。先人たちが生み出した富によって、私たちは短期的にその利益を享受していますが、それが企業文化にも波及し、仕事への集中力や成功への執念を削いでいるのだと思います。

先ほどの話と同じように、シリコンバレーの初期の時代のことを読んだり、理想的には当時を経験した人に話を聞いたりすれば、その頃の半導体企業やソフトウェア企業、立ち上げ期のアマゾンやマイクロソフト、シリコンバレーからシアトルまでどの会社にも特権意識などなかったことがわかります。ソフトウェアはハードウェアの付属品で、取るに足らないものと考えられていました。軽視され、過酷なリリースサイクルを迫られ、会社は右も左も倒産し、アジアとの競争に勝てるのか不安視されていました。厳しい市場だったのです。もちろん、生き残った企業はよくやりました。皆シリコンバレーをテクノロジー企業のゆりかごともてはやしますが、その影で廃業した会社の多さは気にも留めないのです。

成功した企業しか参考にできないので、本当にそうした企業をつくるには何が必要かわかりづらくなっています。早い段階から成功を手にしたり、シリーズAの資金調達をしたりすると、「フェイスブックは2005年にシリーズAの資金調達をして、2008年か2009年には150億ドルの評価額になった」とか、無意識に過去の成功例を参考にしてしまうのです。率直に言って、これはかなり有害です。20〜30年前よりも、粘り強くストイックに事業に注力し、現状に甘んじない気概を持つ組織をつくることは、多くの点で難しくなっています。これは、私たち業界の全員が直面している逆風です。

シリコンバレーでは自然と享受できる恩恵や追い風は多くありますが、それは同時に私たちが直面している課題でもあるのです。シリコンバレーが他の地域に抜かれる、あるいはもっと広義の意味で、別の何かに取って代わられるなら、これが大きな原因でしょう。あまりに多くの富があり、成功を早くに手にしすぎたせいで、ハングリー精神とエッジを削がれてしまったからでしょう。

中国の優れたソフトウェア企業、たとえば、JDやテンセント、アリババ、それから次世代のスタートアップを見た人は誰もが彼らには特権意識がなく、シリコンバレーでは薄れた現状に甘んじない気概や成功への執念にあふれていることをはっきりと伝えてくれるでしょう。これは皆が心に留めておくべきことです。

※このインタビューはわかりやすさのために編集、要約しています。

採用に多様性を追求する

「見た目も行動も自分にそっくりな人」を揃えることが、強い企業文化をつくる方法ではない。結束力のあるチームをつくるには、ミッションや目的を共有し、会社にとって何が重要か共通の考えが持てる人材を採用する必要がある。

シリコンバレーでは民族や性別の多様性を図ることが企業に求められている。ここでは多様性を重視した採用に役立つアプローチを紹介する。

1 採用活動

- 候補者を募るところから、多様性を重視した採用活動を行う。
- 採用プロセスにバイアスが働く余地がないか、経営陣や採用チームと見直す。[47]
- ジョプウェル（Jopwell）やトリプルバイト（Triplebyte）など多様性を重視する人材紹介会社を利用する。
- 人材紹介会社を利用する場合は、性別と人種の多様性を重視していると伝える。
- 大学で採用活動を行う場合、学生の多様性が高いキャンパスを選ぶ。
- 女性候補者の採用では、面接官や採用決定者に女性を含めるようにする。有色人種の場合も同じ。

2 ロールモデル

- 広い視野で多様性について考える。女性や低代表マイノリティの投資家はいるか。取締役会や経営陣に多様性はあるか。
- 女性や低代表マイノリティ向けのメンタープログラムを提供しているか。

・女性や低代表マイノリティが広報活動に参加したり、講演したりする機会はあるか。こうした機会を提供することで多様な人が求人に応募しやすくなるだろう。

（訳注：「低代表グループ（Underrepresented group）」は人口構成に占める割合よりも、特定の集団（この場合は社員や経営陣、取締役会のこと）において占める割合が低い人たちのこと）

3 福利厚生

・提供している福利厚生を見直す。働く母親をサポートする制度を設けているか。子供がいる社員のために授乳室などの設備があるか。そうした部屋は、子供を持つ母親たちが予約し利用できるようになっているか。

スタートアップにとってダイバーシティ採用が難しいのは、大手テック企業（グーグルやフェイスブックなど）から重要なポジションの人材を採用しているからでもある。大規模な事業を率いたことがある幹部候補や経験豊富な人材を探しているスタートアップにとって、大手テック企業は人材輩出企業になっている。しかし、こうした大企業の社員（特にエンジニアリング、プロダクト、デザイン部門）はそもそも多様性に欠けるため、スタートアップのダイバーシティ採用も自然と難しくなる。違う方法を取るべきだが、現在多くの企業がダイバーシティ採用に注力しているため競争が激しい。多様性のあるチームにするには時間をかける必要があるだろう。[48]

[47] バイアスは人種や性別のダイバーシティ採用に影響するだけでなく、他の面でも適切な人材採用の妨げになる。たとえば、バックエンドに偏ったエンジニアチームは他のタイプのエンジニアには不利な面接スタイルや質問を用意し、優秀なフロントエンドエンジニアが採用できないといったことが起きる。

[48] ダイバーシティ採用は採用手段の問題なのか、それとも内在するバイアスの問題なのか、過去にも議論はあった。残念ながら、これはいずれか一方ではなく、どちらも絡む複雑な問題である。現実にはこの2つの点を変えなければならない。

(1) 企業は採用時に多様な候補者を探し、入社後は多様な人材がそれぞれうまく働けるようサポートする必要がある。

(2) 業界全体でも多様性は欠けているが、特に何十万人もの優秀な人材を抱え、スタートアップの人材の供給元になっている大企業も多様性の問題を解消する必要がある。

多様性は十分条件ではなく必要条件
ジョエル・エマーソン（パラダイム創業者兼CEO）に聞く

ジョエル・エマーソン（@joelle_emerson）はパラダイムの創業兼CEO。パラダイムは革新的な企業のリーダーたちと提携し、ダイバーシティとインクルージョン戦略に関するコンサルティングやアドバイスを行っている。エマーソンはウォール・ストリート・ジャーナル、ニューヨーカー、フォーチュン、ファストカンパニー、ビジネスインサイダーなどでダイバーシティ、インクルージョン、無意識のバイアスについて幅広く執筆している。

パラダイムを創業するまで、エマーソンは女性の権利を守る雇用弁護士として活躍していた。平等権利擁護団体のスカッデンフェローとして、性差別やセクハラ訴訟で女性の代理人を務めた。また、女性の同一賃金やその他職場の権利を守るために地方、州、連邦政府に政策を提起している。スタンフォード大学ロー・スクールの出身。

ジョエル・エマーソンは多様性の話題の中心人物で、スラックやエアビーアンドビーのような急成長中の大手企業に対し、多様性あるチームを構築し保持するための採用戦略とマインドセットをどう取り入れるかについてアドバイスをしている。彼女の会社は、調査研究に基づいたデータドリブンなアプローチで、なぜ多様な視点を取り入れることで企業が強くなるのかを立証し、スタートアップ向けに多様な人材を採用するためのトレーニングを提供している。包括的な文化がより良いプロダクトづくりになぜつながるのか、また成長中のテックスタートアップがどう先行企業の教訓を活かせるかについて話を聞いた。

ギル：まずは基本的なことからお聞きします。なぜ多様性は重要なのでしょうか。また、企業が早くから多様性を追求するにはどうしたらよいか教えてください。

エマーソン：多様性が重要な理由はたくさんあります。多様性のために時間、リソース、エネルギーをかけようとするすべての会社は、その理由を明確にすべきです。ひとつ目は、イノベーションに貢献する分析的思考や複雑な問題解決では、多様性のあるチームの方が優れていると示す研究結果が多くあるからです。チームの多様性と業績には相関があるという研究もあります。後者は、あまり多くの人には響かないようです（何がどう影響しているのか、他の要因があるのかがわかりづらいため）。ですが、チームの多様性と困難な問題を解決する能力との因果関係を示す豊富な研究結果には多くの会社が関心を持っています。

難しい課題に取り組む小さなスタートアップは、問題解決に優れたチームをつくりたいと考えています。異なるバックグラウンドを持つ人たち、これはジェンダー、民族、さらに意外かもしれませんが、支持政党という観点からも研究は行われていて、異なる視点を持つ人たちを集めると、イノベーションを起こしやすいチームになることがわかっています。企業が多様性を追求する2つ目の理由は、幅広いユーザーに受け入れられるプロダクトやサービスが開発しやすくなるからです。

これを示す面白い事例があります。２０１２年、ユーチューブはモバイル端末から動画を投稿できるプロダクトを立ち上げたのですが、投稿動画の約10％は上下が逆になっていました。調べてみると、左利きの人は右利きの人とは端末を違う持ち方で操作していたのが原因でした。このプロダクトの開発やデザインチームに左利きはいませんでした。このように、異なる視点を持つ人たちがプロダクトに関わると、より多くの人に受け入れられるデザインをつくれるようになります。

３つ目の理由は、採用が非常に難しくなっていることと関係しています。多くの会社は今、「良い人を見つけるのは簡単じゃない。自分たちの人脈だけではダメだ。異なるバックグラウンドを持つ人たちにアピールできる会社にしないと人を増やせなくなる」と考えています。私が一緒に仕事をしている会社の何社かにとってはこれが多様性を追求する最大の理由です。

そして４つ目も無視できない重要な理由です。多くの企業はデザインやテクノロジーの発展において、10年、20年先の未来をつくるプロダクト開発に、あらゆるコミュニティの人が加わるべきだと考えています。テクノロジーによる創造の過程に、特定グループの人々が取り残されてしまうのは問題と考えているのです。

この４つが、私たちの関わっている企業が多様性を追求する主な動機です。これらはすべて良い理由だと思います。まずは、どれが自社にとって最も響くのかを知り、会社の方針に沿った戦略を立てましょう。

ギル：多様な人材を発掘し、採用する上で最大の障害は何でしょうか。

エマーソン：今、あなたの言った「発掘」と「採用」の２つに分けて考えるとわかりやすいと思います。

発掘面での最初の課題は、人脈、特に人種、民族性、教育周りの繋がりはかなり同質的だということです。自分のネットワークは自分に似た人たちばかりで、会社の比較的初期の段階では、採用で自分の人脈を頼りがちです。多様性がもたらす価値を享受しようとする企業は、自分たちのネットワーク外で人を探すのに時間をかけなければなりません。

ただし、長い時間がかかります。そこでどの企業も、多様性の優先度を決める必要があります。異なるバックグラウンドを持つ人の採用を先延ばしにするほど、最初のひとり目、2人目の採用が指数関数的に難しくなります。50人似た社員がいる会社に、違うタイプの人が入社したいと思うでしょうか。会社の規模が5人、10人、15人規模の時の方がはるかに採用は楽なのです。

発掘面での2つ目の課題は、どんな人が適任かということについて、無意識的なバイアス、時に意識的なバイアスが働くことです。無意識的なバイアスとは、私たちの脳が勝手に認知処理をショートカットして、パターンマッチングをしてしまうことです。過去の同じポジションの人を思い浮かべ、候補者を探す際の基準にしてしまうのです。

これについて、私が「天才の文化」と呼んでいる問題があります。これはテック業界の本当に不健全な部分ですが、「天才の文化」とはつまり、天性の才能や能力があるという考えです。才能ある人を「ロックスター」と呼ぶように、「最初から持っている」人を指す言葉や信念のことです。能力や才能、知性は学んで習得し、発展できるものと捉えるグロースのマインドセットを持つ人より、それらは先天的で固定された性質と考えるマインドセットを持つ人の方がステレオタイプに基づいた意思決定をしてしまいやすいことがわかっています。私の経験では、発掘面ではこの2つが大きな課題になっていますね。

採用面での課題はプロセスにあります。会社によってはプロセスがかなり主観的だったり、場当たり的で候補者ごと、あるいは面接官ごとに違ったりするのです。採用の指針を定めることで、意思決定はより正確になり、採用判断に影響を与える無意識のバイアスが入り込む余地が少なくなることがわかっています。

たとえば、企業文化に合う人を求めて採用する場合、これは大企業でもあることですが、特に20～30人規模の場合は人によって「企業文化に合う」の定義が異なり、評価方法もそれぞれ違うことがあります。「12時間、一緒に空港に閉じ込められてもうまくやっていける人」を探す会社もありますが、その方法は人の能力を評価したり、そのポジションに適任かどうか判断したりするのに有効とは言えません。効果的な解決策のひとつは、採用プロセスにある程度の構造を持たせることです。どんな人材を求めているのかを明確にし、自社の事業と関連する課題を出して、実際にその人がどのように仕事をするのかを見ます。面接についても、必要な情報を客観的に得るための構造を設計しましょう。

ギル：私の働くカラーではバイアスを取り除くため、「カルチャーフィット」が何を意味するのか定義しました。多様性の観点からだけではなく、実際にカルチャーフィットが何を意味し、全員が同じ認識を共有できているか確認するためでもありました。私たちが候補者に求めているのは、「最高を目指すこと」や「実用的な考えを重んじる」といった要素だと再認識するためです。こうしたことは実際のところ何を意味するのか理解するのが難しいこともあるので。

エマーソン：素晴らしいですね。私はシリコンバレーが「カルチャーフィット」という言葉から離れることを期待しています。「フィット」という言葉は、これからの会社に必要な人を探すのではなく、「すでにチームにいる人に合う人」を探す方向性になりやすいからです。

価値観やワークスタイルに対する考え方が一致している、あるいはこの会社で仕事をする方法を身につけて働ける、という観点から採用を判断するのが良いと思います。こうした考え方を「カルチャーへの加算」

と呼んでいる会社と一緒に仕事をしたことがあります。「すでにある形にフィットする人」より、「私たちが今最も必要なものを足してくれる人」を採用するという考えです。もちろん名称よりも、どのように実現するかの方が重要ですが、それでも使う言葉には意味があります。言葉には影響力がありますから。

ギル：発掘面の問題で私が見てきた問題がもうひとつあります。私の会社でも、私が関わっている企業でも経験したことですが、スタートアップの多くは成功している大手テック企業から人材を引き抜きます。ただ、そうした大手テック企業の人材は同質的であるため、スタートアップの多様性も限られてしまうのです。スタートアップはほかにどこから採用すべきでしょうか。また、先ほど話していたことですが、ネットワークを広げるために何をすべきですか。

エマーソン：大企業から人材を採用する時は、本当に多様性に重点を置いた採用を心がけなければなりませんね。意識的に、自社の多様性を広げる人を探すということです。企業によって多様性の定義は違います。それは年齢や学歴、民族性、性別のことかもしれません。アウトバウンドの採用活動、つまり積極的な人材の発掘活動の90～１００％を、低代表のバックグラウンドの候補者に限定している会社があります。彼らは自ら積極的に動くことが多様性を広げる唯一の方法だと理解しています。

ギル：たとえば、どんな会社がそういう取り組みを行っていますか。

エマーソン：こうした活動を公表しているのはＨＲサービスを展開する「ガスト」です。確かアウトバウンドの採用活動の１００％を、低代表バックグラウンドを持つ採用候補者探しに費やしています。

ギル：企業として人に投資できる段階にあるかどうかというのは重要なポイントですね。多くの企業は人に投資したいと考えていますが、会社がまだ50人や１００人という小規模な段階では若手の採用でさえ負担です。そのため、会社の規模がクリティカルマスに達するまでは、人に投資するのは難しいように思えます。

エマーソン：はい、会社の初期の段階ではかなり難しいでしょう。５人の会社を経営している身として、これは本当にそう思います。それでも、たとえば低代表グループ対象のアウトバウンドの採用活動を行ったり、多様な人材が集まっている団体や求人サービスに募集要項を出したり、多様性を広げる施策を重ね、小さな成果を出すことはできるはずです。

ひとりか２人、重要な人材を採用するだけで、大きな変化が起こせます。劇的な変化をもたらすために必要な人数はそれほど多くありません。なので、最初の数人を採用するための投資だと言えます。

企業が時間をかけて採用活動を行えば、会社に必要な低代表グループのバックグラウンドを持つ採用候補

ひとりか2人、重要な人材を採用するだけで、大きな変化が起こせます。

——ジョエル・エマーソン

者が見つかります。そして企業は各社員のネットワークの恩恵を受けながらスケールできます。投資対効果は非常に高いでしょう。さらに企業が大きくなれば、先ほど言っていたように人を育てたり、もっと幅広く人材を探したりできるようになります。

ギル：素晴らしい指摘です。自社のネットワークを活用してグロースするなら、そもそも早い段階からどんどんな人をネットワークに入れたいか意識的に考えた方がよいということですね。そのネットワークから成長することになるのですから。会社の土台として早くから考えることが重要です。

取締役会レベルでの多様性については、どのようにお考えですか。これはまた別の話のように思いますが。

エマーソン：はい、それは別の話ですね。私たちの会社ではその部分はあまり関わっていません。その理由は、私たちが関わるアーリーステージの会社は「取締役会を大きくすることは望んでいないし、創業者と主要な投資家数名で十分です。これ以上人を加えるつもりはありません」という状況だからです。それは自分たちで考えて決められますが、取締役会のメンバーが創業者と投資家だけで、低代表グループからの投資家がいないのなら、多様性を持たせるのはかなり難しいでしょう。

ただ、会社が成長して、取締役に特定分野の専門家を加える時に多様性を広げられます。取締役会の多様性を広げる唯一の方法はシンプルに多様性のある採用をすることです。「会社を導く立場である取締役会には、多様な視点が重要だと思っています」と明言し、行動に移しましょう。

女性がいること、それも取締役に女性がいることと会社の業績との相関関係を示す研究が多くあります。

財務に悪影響のある判断が少なくなることもわかっています。取締役の多様性を広げたいなら、「今の取締役会はこうですが、新しい席にはこの分野の能力とスキルがあり、多様性を加えてくれる人にします」と宣言して実行することです。

ここでも最初のひとりが鍵となるので、その採用には時間はかける必要があります。急成長している会社にとって不都合なのは、多様性を広げる採用には時間がかかることです。しかし、その価値はあります。取締役の経験がある人は男性が多いので、早く役員の席を埋めたいなら女性よりも男性の方がずっと簡単に見つかります。しかし、ぴったりの人材を見つけ、良い取締役会にしたいなら、創業者はこれにコミットし、いろんな人が提案してくる他の候補者に動じないようにしなければなりません。

ギル：ジャック・ドーシーはスクエア、そして今はツイッターで、これにじっくり時間をかけていました。なので、優先事項として取り組めば、達成できます。投資家から始まっているというのは鋭い指摘です。低代表グループの投資家がいないなら、多様なチームをつくるのに必要な人脈を広げることは難しくなります。これまでの経験から会社の最初の独立系取締役は、投資家やアドバイザー、友人など、すでに何らかの形で正式に、あるいは非公式に会社に関わっている人であることが多かったように思います。

エマーソン：同感です。ベンチャーキャピタルには業界の多様性を広げる責任があります。テック企業の方がベンチャーキャピタルよりもはるかに真剣に多様性やインクルージョンに取り組んでいます。でも、テック企業だけでは難しいのです。ベンチャーキャピタルが採用候補者や取締役の候補者を投資先に推薦しているので、ベンチャーキャピタルのネットワークがそもそも多様でなければ、テック企業が多様なネットワークをつくるのはかなり難しくなります。

テック企業がベンチャーキャピタルにもっと多様性を求めれば、それに応えるようなるでしょう。実際、そうなりつつあります。テック企業が多様なチームをつくるための支援を投資家に求め始めていて、投資家はどう手を貸せるか考えています。これは良いことで、この傾向が続くことを願っています。

ギル：募集や面接のプロセスから無意識のバイアスを取り除く良いアプローチはどのようなものですか。

エマーソン：面接のプロセスを決めることは、バイアスを取り除き、多様な人材を採用するのに非常に効果的です。私はこのプロセスを４ステップに分けて考えています。

ステップ1。それぞれのポジションに必要な技術的／非技術的な要件を明確にする。

ステップ2。各要件を評価する具体的な質問を考える。どの要件を重視するのか、候補者が各要件を満たしているかをどう判断するかを明確にする。面接官と各要件に対する質問を共有する。

ステップ3。各面接官が評価する内容を規定します。面接官は「この人を採用すべきか」を判断するのではなく、「この人は私たちが必要とする2つの要件を満たしているか」を判断すべきです。認知的な負荷が高いと人の脳は楽な道を取ろうとします。５つの異なる要件で人を評価しようとするのは、どんな人にとっても難しいことです。それを30分から1時間の面接で行うというのはなおさら難しいでしょう。

ステップ4。これは本当に大事な部分です。面接官が候補者の回答を評価したり、課題の結果を採点したりするのに用いる基準を作成します。採点基準は、用意した項目のうち3つに当てはまるなら高評価、2つなら普通、1つか0なら低評価といったシンプルなものでも構いません。こうした採点基準があることで、面接官は面接時に何を見るべきかしっかりと見定めることができ、採用の意思決定に影響しやすいバイアスを抑えられます。たとえば、確証バイアスと呼ばれるものがあって、これは面接で採用候補者から素晴らしい回答があると、残りの面接時間も採用候補者の良い点を探してしまう傾向のことです。採点基準を設けることで、履歴書の内容がとてもよかったがために、その人の長所にばかり目にいってしまうといったことを防げます。候補者の話に集中し、その内容が本当に良いかが判断しやすくなります。

募集要項の文面から受ける印象にも気を配ってください。募集要項はどのように人を惹きつけていますか。どのように会社のことを説明していますか。特定の人だけを惹きつけるような書き方になっていませんか。たとえば、性別特有の表現になっていませんか。天性の才能といった、生来の能力を重視するような表現になっていませんか。研究によると、女性は学習や成長といったグロースのマインドセットではなく、天性の才能といった固定されたマインドセットで語られる募集要項に応募する可能性は低いという結果が出ています。また、どこに求人情報を掲載していますか。様々な人が見る場所に掲載していますか。

ギル：人を探して採用する段階と、入社した社員にメンタリングして、多様な人が活躍できる環境をつくる段階があります。これまで後者の面で失敗している企業はありましたか。どうすれば失敗を防げますか。

エマーソン：採用がうまくいっていても、この段階で苦労する会社は多いです。難しいんですよ。それでも、誰もが自分はこの会社にいていいと感じられる文化づくりは本当に重要で、できればいいねというレベルのものではありません。

多くの研究で、その職場は自分がいていい場所かと疑問を持つと、仕事のパフォーマンスやエンゲージメントが低下し、退職の可能性が高くなることがわかっています。企業は大多数が所属するグループの人たちにとって居心地のよい文化をつくりがちですが、そのグループ以外の人にとっては居心地がよくない文化になっているかもしれません。

「アンビエント帰属意識」と呼ばれるテーマについての研究が多くあります。周囲から発せられるわずかなサインと所属意識との関連を調べる研究です。壁に貼ってあるポスターや会社が主催する交流イベントといった本当に些細なことが所属意識に影響を与えます。たとえば、会社の交流イベントをすべて就業時間後のハッピーアワーの時間帯に行っているとします。そうしたイベントをその時間帯で実施すると、仕事以外でやらなければならないことがある人やお酒を飲まない人にとって、かなり強いメッセージになりますよね。異なるバックグラウンドを持つ人や、大多数の人と同じことができない人も参加できるイベントや活動はありますか。オフィスは、誰もが居心地が良いと感じられるよう設計していますか。

ひとつ言えることがあります。私は毎週テック企業のオフィスを訪れていますが、30％くらいの確率で「うわ、この職場は私には合わないな」とそこの社員と話をする前から感じます。オフィスのデザインだったり、壁に貼ってあるポスターだったり、卓球台だったり、至る所にお酒がある様子だったり、そうしたことを見て思うのです。たまにテック企業のサイトで、福利厚生をアピールするための画像に男性の写真が使われているのを見ます。福利厚生のためにジムを設置しているとあり、「ジム」のアイコンがウェイトを持ち上げている男性の腕なのです。そういったものもメッセージになります。メッセージが象徴するグループに所属している人は見逃してしまうでしょうが、これはかなり強力なメッセージを発しています。なので、全員が最高の仕事ができる文化をどうつくっていくかを考えることは非常に重要です。

もうひとつ、企業は新しいマネジャーや経験の浅いマネジャーを育てる点で苦労しています。アーリーステージの会社にいる社員の多くはマネジメントをしたことがないか、経験の少ない人が多いでしょう。そのため、フィードバックをするといったマネジャーとしての基本的な仕事がうまくできないことがあります。

アーリーステージの会社は、「でも、マネジャーのトレーニング研修を用意する余裕なんてないよ。どうすればいいの」と言います。簡単にできる方法のひとつは、専門企業を利用して、社員にコーチングを提供することです。マネジャーには月に一定数、適切だと思う回数で良いので、マンツーマンのコーチングを受けることを義務付けます。自社ではまだ提供できなくても、マネジャーがフィードバックをする方法について学んだり、指導を受けたりできる環境をつくるということです。

また、良いフィードバックがどのようなものかを示す例文やテンプレートを作成する手もあります。見落とされがちですが、こうしたちょっとしたことがとても役に立ちます。

悪いフィードバックがどんなものか示しましょう。たとえば、「あなたはコミュニケーションが上手です。あのプロジェクトではよい働きをしてくれました」は悪い例です。良いフィードバックは「あなたは関係者がプロジェクトの最新のステータスがわかるようコミュニケーションを図っていました。また、チームで課題に取り組んでいる間、同僚の助けとなるよう動いていたのはとてもよかったです」というものです。

社員の学びと成長に役立つフィードバックを示しましょう。また、コーチングを提供したり、外部のベンダーやコーチを活用したりすることは非常に役立ちますし、これはどのステージの会社でも取り入れられます。

ギル：社員が辞めてしまう環境や能力を発揮できない環境に陥っていることに気づく方法はありますか。

エマーソン：規模が大きくなってきたら、そうですね、50人規模になったらアンケート調査を始めるのがいいと思います。アンケート結果はかなり正確です。これも調査研究があって、社員の退職を予測するよい方法は、「1年後もこの会社で働いていると思いますか」と尋ねる方法だそうです。このように社員に直接尋ねることで、社員が実際に会社をどう思っているか把握できます。

さらに大きくなったら、人口統計に合わせた調査を実施して、異なるグループごとに結果を比較できます。この調査には一定数が必要で、回答者の匿名性を保つ必要がありますが、それができるようになれば、「女性は上司の対応について男性と違うように感じているか」とか「アフリカ系アメリカ人のエンジニアは、白人エンジニアと比べて昇進の機会に違いがあると感じているか」がわかるようになります。

会社の規模がまだ小さければ、上層部が社員と話す機会を定期的に設けるのがいいでしょう。社員に企業文化や会社についてどのように感じているかを聞くランチ会を定期的に開催したり、月に一度あるいは四半期に一度、各部門のリーダーと社員が集まり、社員が思っていることについて聞くイベントを開催したりするといったことです。月に一度、2時間のオフィスアワーを設けるのでもいいでしょう。「インクルーシブな文化を目指しています。意見がある人はぜひ話をにしに来てください」と社員に伝えます。会社がまだ本当に小さくても、これなら比較的簡単に実施できます。

もうひとつ、企業が考えなければならないことは、社員の評価とそれを報酬に反映する方法です。多くの企業は評価プロセスを導入するのが遅すぎます。先延ばしにするのは、当人たちがひどい評価プロセスを経験してきたからなのでしょう。しかし、プロセスがまったくないと評価はバイアスに引っ張られ、公平でなくなります。人の脳はデータに基づいた判断をするのが本当に苦手なのです。

だから、「50人規模からプロセスを導入します。それまではレベル分けや昇進、報酬を決める簡単な基準に従います。評価するのはこの3点」というようにある程度の枠組みをつくり、そこから次のプロセスをつくっていくようにするのがいいでしょう。評価が公正であること、そして公正だと社員に認識してもらうことが重要です。評価のプロセスがわからないと社員は結果に疑問を持ちます。なので、意思決定をどう行うのか、会社の成長に合わせてどう変えていくかを明確にしておくことが重要です。

※このインタビューはわかりやすさのために編集、要約しています。

“もうひとつ、企業が考えなければならないことは、社員の評価とそれを報酬に反映する方法です。”

——ジョエル・エマーソン

景気後退時にすること

ほかの全業界と同じく、テック業界の景気には周期性がある。[49] 好景気の間は資本調達がしやすいため、企業は急激な成長を遂げられる。ユニットエコノミクス（ユーザーあたりの収益性）が不十分でも、グロースを優先できるだろう。しかし、景気後退時は資金調達がしづらくなるので事業を見直す必要がある。必ずではないが、グロースより収益性を重視する傾向が強まる。

私は過去2回、景気後退を経験した。2001年から2002年のバブル崩壊の終盤と2008年の金融危機だ（ただしテック業界に与えた影響は軽微で、2001年ほど深刻ではなかった）。こうした周期が5年から15年単位で繰り返される。起業家はどの時期にもいるが、景気後退が起きると毎回似たような失敗をしている。

アーリーステージの会社（たとえば5人メンバーで預金200万ドル）なら、プロダクト・マーケットフィットを見つけるのが最優先だ。無駄に浪費しないことを除けば、景気後退時に事業運営で変えるべきことはさほどない。テック業界の偉大な企業のいくつかは、景気後退時に創業したり、資金調達をしたりしている（HPとシスコはその2社だ）[50]。グーグルとアマゾンは、2001年にテクノロジー市場が崩壊してから事業が本格的に伸び始めた。

ミドルステージ、レイターステージの企業（たとえば40人から数百人規模）なら、会社の財務状況を見直し、先々の計画を立てるべきだろう。

テクノロジー企業が景気後退期にすべきことは次の通りだ。

1　**預金残高に注意する。**レイターステージの会社が倒産する主な理由は、資金の枯渇だ。何か月先まで預金が持つか、資金状況を確認しよう。景気後退期には1、2年資金調達ができないことを想定し、3年分の資金を用意しておくのが望ましい。ランウェイ（預金がなくなるまでの猶予期間）を増やすには次の方法がある。

- **資金調達を行う。**3年分以上の預金を蓄えるのが理想的。必要なら低めの評価額でも資金調達をしよう。高望みしないこと。
- **経費を絞る。**本当に必要でない限りお金を使わない。会社の成功のために必要ならセールス部門を拡大してもいい。ただし、できる限り安く済む方法を考えて実行すること。お金の賢い使い方を考えよう。たとえば、節約のためにオフィスで提供している軽食を減らす一方、セールスチームがファーストクラスで移動するのを認めるのは賢いお金の使い方ではない。
- **収益性を高める。**既存の売上の利益率を高める方法はないか。ユニットエコノミクスがマイナスなら、それを直す方法はないか。売上があるたびにキャッシュが減っているなら支出は加速するばかりなので、グロースを追求する方針は考え直した方がいいだろう。[51]
- **採算が取れない顧客や市場を切り離す。**売上に対し、採算が取れていない取引はないか。そうした取引は解除し、支出を減らそう。
- **採用計画を見直す。**6〜12か月先の採用ニーズを把握する。本当に必要な採用は何か。資金調達をしたり、利益を増やしたりできないなら、チームを縮小する必要もあるだろう。ただ、不景気でも採用を続けていれば、優秀な人材を採用できるかもしれない。この機に採用基準を上げることもできるだろう。

・**不動産はサイレントキラー。**人員やその他の経費は削減しやすいが、景気後退が始まると不動産は動かしづらくなる。好況時は場所を転貸して利益を得られても、景気が悪くなった途端、たくさんの会社が高額な不動産に閉じ込められてしまう。市場に物件があふれ、転貸はできなくなるだろう。貸出先の会社が倒産したら重要な収入源を失う。資金が継続的に手に入る状況か、収益が十分にある場合を除き、高額な不動産取引をしたり、物件を借りたりしないこと。

2

社員に説明する。会社が絶好調でも、社員は会社が不景気の波に飲まれてしまうのではないかと心配しているかもしれない。

・**ノイズは無視する。**社員にも同じく無視するよう伝えよう。メディアやブログは世界が崩壊すると騒ぎ立てるだろう。これは毎回起きることだ。半年前までどの企業も100億ドルの企業評価を得て、失敗の可能性はゼロという風潮だったのに、不況時にはどんな大成功を収めた企業も、6~12か月間は失敗を疑われる。

・**財務状況を説明する。**会社の財務状況やキャッシュフロー、売上予定などを説明し、自社の経営は安定していると社員に示そう。

3

景気後退にチャンスを見出す。不況はスタートアップにとってチャンスにもなる。競合他社が現金を使い果たし、資金を調達できないかもしれない。ここで価格競争を仕掛けたら勝てるだろうか。他社が人員を削減しているなら、優秀な人材を雇えるかもしれない。ぜひとも採用したい人やもう一度会いたい採用候補者はいるだろうか。社員が経費を浪費するようになっていたなら、この機に規律を正し、スタートアップらしい質素倹約な精神を取り戻そう。

大事なのは、預金残高に注意すること、社員にはオープンに説明すること、冷静でいることだ。

[49] ビジネスサイクルの概要はWikipediaを参照。eladgil.comのリンク。https://en.wikipedia.org/wiki/Business_cycle

[50] アーロン・ハリス「ナスダックに注目するな」を参照。eladgil.comのリンク。http://www.aaronkharris.com/dont-focus-on-the-nasdaq

[51] 例外となる状況が2つある。

1 ネットワーク効果を発揮するコンシューマー向けビジネスを展開していて、収益化よりユーザーグロースが高く評価されるステージにある場合（注記：ずっと適用されるわけではないが、コンシューマー向け企業の最初の数年には該当する）

2 資金が潤沢にあり、競合他社の支出を増やすことで相手を倒産に追い込むことができる場合。

第6章 マーケティングと広報

マーケティング、広報、コミュニケーション、グロース、ブランド

この20年で、爆速成長企業のマーケティングと広報に対する認識は大きく変化した。1980年代から90年代まで、プロダクトマネジメントはマーケティングの一分野と考えられていたし、グロースマーケティングは存在すらしていなかった。広報に至ってはプレスリリースを書くことが主な仕事と考えられていた。マーケティングと広報を巡る状況は大きく変わったが、これらの取り組みはすべて会社のブランドの確立と印象形成、顧客獲得に寄与している点は変わっていない。

マーケティングと広報の各領域は次の通りだ。この分野に本気で取り組むには、それぞれ専任の担当者を置く必要があるだろう。

グロースマーケティング

グロースマーケティングは分析的なマーケティングで、計測可能なすべての分野が対象だ。たとえば、オンライン広告、メールマーケティング（正確なコンバージョンの測定が可能）、SEOとコンテンツマーケティング、バイラルマーケティング、ファネル最適化などだ。また、デマンドジェネレーションやリードジェネレーション、さらにはウェブサイトにたどり着いた見込み客を顧客に転換することも含む。

グロースマーケティングはROIに焦点を当て、重要な指標（たとえばサインアップ、ログイン、コンバージョン）の改善に注力する。グロースマーケティングの戦術の多くはフェイスブックの発案として有名だが、ROIベースの広告（グーグルなどに端を発した）やメールマーケティングが登場し、インターネットがマーケティングチャネルとして確立したことによるマクロな環境の変化に応じて台頭したと言える。

テック企業でのソーシャルメディアマーケティング（ツイッター、フェイスブック、インスタグラム、スナップチャット）は、グロースマーケティングやコミュニケーション／広報に所属する傾向にある。

プロダクトマーケティング

プロダクトマーケティング（単に「マーケティング」と呼ぶことも多い）は昔からある典型的なテックマーケティングだ。これには顧客の声や機能リクエストの収集、ユーザーテストやインタビューの実施、競合分析、マーケティング素材の作成、事例研究などが含まれる。１９７０年代、８０年代、プロダクトマーケティングとプロダクトマネジメントは同じ分野の表と裏のようなものだったが、次第に分かれていった。

ブランドマーケティング

ブランドマーケティングはブランドに対する印象形成、認知度の向上、ロゴのデザイン制作といったマーケティングの中でもより感覚的な部分に焦点を当てた分野だ。たとえば、ナイキの「スウッシュ」は有名だが、ナイキとスウッシュだけでなく、ブランドをアスリートや向上心と関連づけ、大衆文化に受け入れられるための取り組み全般を指す。最終的にマーケティングの取り組みはすべてブランドの確立に寄与する。

広報とコミュニケーション

広報の仕事には、ストーリーづくり（会社のことを外部に伝えるストーリー）、メディア対応（メディアへの働きかけや問い合わせ対応、コンテンツ制作への協力）、イベント登壇（講演やネットワーキングを含む）、顧客の声や受賞歴の宣伝といったプロダクトにまつわる活動がある。

広報活動は企業のあらゆる活動に恩恵をもたらす。企業は広報活動を通じて、プロダクトや役員のプロフィール、企業文化のストーリーを外部に伝えられる。最近では広報にインフルエンサー対応を含めることもあるが、これはマーケティングが担当している場合も多い。また、広報は企業が危機に陥った際の対応窓口となる。広報の仕事とは総じて、会社のストーリーを継続的に報道機関やより広い世界に伝えることだ。

マーケティングと広報の採用

ご想像通り、グロースマーケティング（定量的、数字重視）と広報（メディアリレーションズ、ピッチ制作、外部との関係構築、ストーリーを伝える）とでは、採用に大きな違いがある。グロースマーケティングには数値化した指標をもとに判断できるマーケターを求め、広報にはストーリーテリングやポジショニングの経験がある人を探すのがいいだろう。

マーケティング部門の構造

マーケティング部門は経営幹部の誰に報告すべきか。この問いに正しい答えはない。組織構造は自社に合う形を考えるべきだ。法人向けサービスを提供する会社やセールスを重視する会社はマーケティングをセールス、プロダクト、COO（最高執行責任者）の下に配置する傾向にある。CEOに直接報告する場合もあるだろう。各事業部を横断する形でマーケティング部門を組織している場合もあれば、各事業部に個別に備えている場合もある。プロダクトマーケティングはプロダクトマネジメントに所属し、広報やブランディングはまた別の部門の所属になっている場合もある。

近年は、規制関連業務やロビー活動の担当を広報やコミュニケーション部門に含める企業が多いが、法務部に置くのが適切な場合もある。組織構造は各社にとって最も実用的な形を考えて決めてほしい。

グロースマーケティングではプログラムを駆使する面もあるため、グロースマーケティングチームの一部には、マーケティングではなくエンジニアリング部門に報告するエンジニアが所属することもあるだろう。

会社が大きくなるにつれ、広報とブランディングは、プロダクトマーケティングとグロースマーケティングを兼任する（していなかったとしても）ひとりの責任者に報告する形がよいだろう。

広報活動はするべきか

グロースマーケティング以外のマーケティングを一切せずに成功した会社もある。ウィッシュは、ブランドマーケティングや広報をほとんど行わずに企業価値を80億ドルに押し上げた。同社は報道機関に向けた広報活動はほんの少ししかしない代わりに、グロースと流通戦略に注力することで成長した。

ポイントは、広報活動をしないと結論づけるのではなく（ツイッターは広報活動で拡大した逆の例だ）、各企業は自社の顧客基盤、プロダクト、最適なグロースの方向性に合わせてマーケティング活動をすべきということだ。一般論として、活発な広報活動は採用、案件成立、パートナーシップ、資金調達に役立つ。

嵐を乗り切るマーケティングと広報部隊をつくる
シャノン・スタボ・ブレイトン（リンクトイン最高マーケティング責任者）に聞く

シャノン・スタボ・ブレイトン（@sstubo）はリンクトインのCMOを務めている。リンクトイン入社前はオープンテーブルでコーポレートコミュニケーション担当シニアディレクターを務めていた。ブレイトンはオープンテーブルの上場前に入社し、２００９年５月の上場に向けて同社のコミュニケーション活動を指揮した。

２００８年９月にオープンテーブルに入社するまで、ブレイトンはイーベイに約７年間勤め、退社時の役職はコーポレートコミュニケーション担当役員だった。イーベイより以前は、ヤフーで数年間、広報とコーポレートコミュニケーションに携わっていた。１９９８年にヤフーに入社するまで、４年間インテュイットに在籍し、そこでさまざまな職務を経験した。

20年以上にわたりブレイトンは、テクノロジー業界の大手企業や急成長中の企業のためにストーリーをつくり、伝えてきた。また、広報として危機管理からプロダクトマーケティングまで幅広い業務をこなしている。私が、技術寄りの創業者にもわかりやすくマーケティングとコミュニケーション部門の立ち上げ方について説明できる人を探していたとき、多くの人がブレイトンを推薦したのは必然だった。

爆速成長中の企業に訪れるあらゆる変化にどう対応するか、そして組織再編を成功へと導くために必要な能力を備えた役員を集め、機動的で効率的な経営陣を構築する重要性について話を聞いた。

ギル：テクノロジー業界のマーケティングやコミュニケーションの分野で長年活躍されており、この分野のベストプラクティスが進化していくのを目の当たりにされたと思います。あなたにはプロダクトマーケティング、ブランディング、コミュニケーション／広報など、様々な部門を率いてきた経験がありますが、ここ数年のテクノロジー企業のＣＭＯやマーケティング部門で起きた最大の変化はどのようなものでしたか。

ブレイトン：この10年で大きく進化したのは社内コミュニケーションのあり方でしょう。私は２００１年から7年間、イーベイにいましたが、当時の社内コミュニケーションは、組織再編や役員退任のメールの文面を考えるのが主な仕事でした。今とはまるで違います。社員向けコミュニケーションや社員を最高のブランドアンバサダーにすることは、中心的な活動ではなかったのです。社内コミュニケーションは余力でやるものという認識でした。

１００人規模の会社になれば、広報は最初に採用したいポジションのひとつです。１００人に対してひとり、社内コミュニケーション担当者を据えるというのがよい目安だと思います。

外部に伝えるブランドメッセージは社内でも共感を呼ぶものであることが重要です。今の広報には、以前の「退職する重役について社員に知らせるメールを書く」のとはまったく違うことが求められています。

ギル：社内コミュニケーションで重要なことは何ですか。それは人事や企業文化にも深く関わってくるものだと思うのですが、どうでしょう。

ブレイトン：その通りです。今の社内コミュニケーションは、採用活動や社員のオンボーディング（入社後研修）といったもっと早い段階から始まっています。採用担当者やリクルーターが採用候補者に送るメールから、社員が入社前に受け取る書類の内容に至るまで、社員の体験がどんなもので、どう感じるか、その設計に社内コミュニケーションチームが関わるべきでしょう。採用候補者には、実際採用するかどうかにかかわらず、最初から一貫したブランド体験を届けたいからです。

また、社員が入社した最初の週から、支給されたノートパソコンがきちんと動くことから、必要なミーティングに招待されているといったことまで良い体験が重要です。些細なことですが、こうしたことは積み上がってきます。社内コミュニケーションは、社員のエンゲージメントと満足度において、これまで以上に大きな役割を担っているのです。

若い男性の創業者を悪く言うつもりはありませんが、こうした特別な体験づくりが得意な人ばかりではないでしょう。経験豊富な社内コミュニケーションの担当者がいれば、社員の体験をより良いものにできます。

ギル：人事部門とコミュニケーション部門がある場合、社内コミュニケーションの仕事はどう分けるべきですか。担当者がどこに所属しているかは重要ですか。あるいは協力することで解決する問題でしょうか。

初めて起業家になった人から、組織構造をどうすべきかという相談をよく受けます。誰が何を担当すべきか。どうやって役割を明確にするのか。会社が初期の段階だと、いろいろな人がいろいろな業務を担当しているものです。組織のつくり方についてあなたの意見をお聞きしたいです。

ブレイトン：ソーシャルメディアが台頭するまでは、社内コミュニケーションは人事部に所属することが多かったと思います。社内コミュニケーションは人事の延長線上にあるものですよね。たとえば、「福利厚生や401kといった社内制度についてのメールを社員に送りたい」といったことです。

でも今の社内コミュニケーションは「社員は、ネット上で自社のことをどう伝えるべきか」のような指針を示す存在へと変わってきています。会社での体験をどう説明するか。私や会社の創業者に対する否定的な意見にはどう対応するか。ソーシャルメディアが台頭し、今ではすべてがコミュニケーションの場です。だからこそ、そうした場での指針となるコミュニケーションの専門家が求められています。その観点から社内コミュニケーションの担当は、より包括的な責任を負うコミュニケーション部門に所属するのがよいと私は考えています。リンクトインでも社内コミュニケーションは、個別のチームではなく、より広範なマーケティングとコミュニケーションを担う部門に所属しています。

どこに配置するかは、目的にもよるでしょう。IBMのような企業は規模が大きいので、社員の入社日の体験についてあまり考えていないかもしれません。でも、リンクトインの事業は採用に関わるものですし、今は特に積極的に人を採用しようとしている時期で、その上、優秀な人材の獲得競争は非常に厳しいため、入社日から社員が会社で良い体験ができることを重視しています。良い体験は突き詰めると、コミュニケー

”この10年で大きく進化したのは社内コミュニケーションのあり方でしょう。“

——シャノン・スタボ・ブレイトン

ションにかかっています。会社をブランドとして捉え、どんな体験を提供するかを考えなければなりません。

ギル：業務が多岐に渡るマーケティング部門を任せられる責任者の採用に苦労している会社は多いと思います。マーケティングには、あなたが指摘したように、社内向けのマーケティングとコミュニケーション、従来の広報とコミュニケーション、プロダクトマーケティング、ブランディングなどがあります。ＣＭＯには、どのような人を採用するのがよいでしょうか。この仕事に相応しい人を探すよい方法はありますか。

ブレイトン：私は23年間、この仕事をしてきましたが、ひと昔前まで広報とマーケティングの境界線はかなりはっきりしていました。広報は記者と話すのが仕事で、マーケティングは広告を買うのが仕事でした。そう分かれていたのです。一方は「印刷広告を買うのは私の仕事だから、私の領分には入らないで」と言って、もう一方は「ピープル誌と話すのは私の仕事だから、私の領分には入らないで」と言っていたのです。

しかし、今は違います。ＣＭＯには機動的で汎用性の高い能力を持った人が適任だと思います。ＣＭＯはあらゆることに対応しなければなりませんから。ＣＭＯは、候補者の経歴にあまり縛られずに採用できると思います。私はＣＭＯで、コミュニケーションが得意ですが、デマンドジェネレーション、ブランド、プロダクトマーケティングにはさほど詳しくありません。

ただ、ＣＭＯには優れたリーダーの資質のある人を探すべきです。ＣＭＯは本当に１００のことができなければなりませんから。大袈裟に言っているわけではないのですよ。１００あることのすべてで専門家にはなれませんが、マーケティングのリーダーとして成功するには、それぞれのスキルについてある程度の知識を持っている必要があります。コピーライティングからクリエイティブ、リサーチ、ネットプロモータースコアの調査まで、すべてです。

大事なのは、リーダーシップと意思決定。それから自社のストーリーをどう伝えるかです。これがとてつもなく重要なのは、広告でも、デマンドジェネレーションでも、カスタマー対応でも、イベントでも、すべてで同じことを伝えなければならないからです。記者にストーリーを伝えたり、ツイッターなどで会社のストーリーを発信したりする時も同じです。

ギル：法人向けサービスの場合、コミュニケーションやグロースマーケティングの経歴を持つ人とプロダクトマーケティングの経歴を持つ人、どちらを採用すべきですか。それとも、どのような経歴でもいいけれど、汎用性が高い能力を持つ優秀な人材を採用すべきなのでしょうか。

ブレイトン：私は前者よりも後者の考え方の方がよいと思います。専門性があるのは素晴らしいです。ただ、どんな専門性が活きるかは会社によるでしょう。私の場合、コミュニケーションの専門性を持っていたことはリンクトインで役立ちましたが、顧客管理サービス「セールスフォース」だったらデマンドジェネレーションに精通している方がいいでしょうし、フードデリバリーの「ドアダッシュ」ならプロダクトマーケティングに精通している方がいいでしょう。たくさんの知識を持っている、あるいはちょっとずついろんな分野のことを知っていて機動力のある人が適任です。また、自分がエキスパートと思う分野があっても、他の分野を学ぶことも重要です。私はこの3年間、それを心がけてきました。

ギル：マーケティングの仕事をしたことがない創業者は、どうすれば適任者を見つけられますか。具体的にどんなことに注目すればいいのでしょうか。採用の際、選考に組み込んでいるプロセスや施策はありますか。良いプロセスとはどういったもので、良い候補者を見極めるサインなどはありますか。

ブレイトン：第一に、CMOやコミュニケーション部門のリーダーを探しているなら、相性が大事です。このポジションの人はCEOと、何がうまくいっていて、何がうまくいっていないのか、何が機能していて、何が機能していないのかを率直に話すことになります。お互いをすぐに好きになる必要はありませんが、少なくとも何らかのつながりを感じたり、同じ価値観を共有できていたりする必要はあると思います。1時間相手と過ごせば、相性が良いかどうかはわかると思います。

また、適任者を選ぶのに、問題に対してのアプローチ法を聞くとよいでしょう。法務統括責任者を雇う場合でも「この分野についてあなたの技量を確認する必要があります。この場合はどう対応しますか」と具体的な質問をするのではなく、「このような問題に直面したら、あなたならどう考えますか」と聞くことが多いと思います。マーケティングの場合も同じように質問して、相手の回答があなたのアプローチとある程度一致しているか確認してください。アプローチ法に大きな違いがあると、問題が起きて余裕のない状況では、考えをすり合わせるのは相当難しくなります。そしてスタートアップはほぼ毎日、余裕がありません。

ギル：爆速成長企業のマーケティング、コミュニケーション、ブランディングでよくある失敗はどのようなものでしょうか。

ブレイトン：よくある失敗は、スーパークリエイティブな人に惚れ込んで、オペレーションやマネジメント経験がないのにCMOにしてしまうことです。ニューヨークで活躍した人を連れてきて、「これがあなたの担当する巨大なマーケティングチームと予算です」と言って仕事を任せてしまうことがよくあります。

創業者は、「この人はチームのマネジメントができるのか。今後チームをスケールさせられるか。デマンドジェネレーションやプロダクトマーケティング、コミュニケーションといった別分野のことを新しく学べるか。NPS（ネットプロモータースコア）の調査を実施できるか」といったことをしっかり確かめません。「X社の素晴らしい広告キャンペーンを見て、あなたに惚れました！」と言って自社に引き抜くことがよくあります。ペプシ、アップル、ナイキなど、皆が大好きなブランドに関わった実績のある人でもマネジャーにするのはかなり難しいのです。

ギル：マーケティングは、他部門とどう連携すべきでしょうか。プロダクトマーケティングとプロダクトマネジメントの仕事が一部重なっていたり、セールスとマーケティングの仕事が一部重なっていたりするのはよくあります。具体的なベストプラクティスや、あなたがリーダーとして他部門の経営幹部と連携する際に気をつけていることはありますか。また、どのように部門を横断して連携することを考えていますか。

ブレイトン：コンシューマーサービスを提供している大手企業や小売店では、マーケターはマーケティング部門の王様です。大手食品メーカーのマーケターなら、マーケティングのすべてを統括しています。ですが、テック企業に来ると「えぇ、私の担当はこれっぽっちなの？　本当に？　それにプロダクトとエンジニアリングの言うことも聞かないといけないの？」となります。

シリコンバレーのマーケターはマーケティングの価値を認めてもらうために戦ってきました。たとえば、シリコンバレーの外からマーケターがやってきます。彼らは部門の責任者になれると思って来たのに、実際の仕事はセールス部門の仕事の一部をサポートするだけだったというようなことがよくあります。マーケティングが提供する価値を主張できるかは、そのマーケター次第です。マーケターは、お金をたくさんかけ優秀なクリエイティブ担当者を採用することではなく、常に戦略的な考えをチームに提供することに力を注ぐべきでしょう。これは難しいですが、本当に重要なことです。

ギル：マーケティング部門の構造についてはどう考えていますか。マーケティングの種類は、グロースマーケティング、チャネルごとのマーケティング、コミュニケーションなど多岐にわたります。広範囲に対応するため、特定のリーダーの下にすべての機能を集約しますか。あるいは各機能を担う個別の部隊をつくって、マーケティング部門に報告する形にしますか。

若い組織では、コミュニケーション／広報の担当がひとり、マーケティング担当がひとり、といった形が多いと思います。その後会社は成長に応じて人員を増やしますが、リーダーとなる人を連れてくるまで、組織には曖昧な部分が多いでしょう。なので、もしベストプラクティスがあればお聞きしたいです。

ブレイトン：もしゼロからやり直すとしたらどんなチームをつくりますかと、私はチームメンバーにいつも聞いています。ひとりに最適化してはいけません。「転職してきたばかりだから、彼女にも仕事を与えないとね。彼女ができることを把握し、適任者でなくても仕事を割り振ろう」と言って組織構造を考えがちです。ですが、本当は最も合理的な組織構造を考えた上で適任者がいるか見極めなければなりません。必要なところに必要な人がいなければ、ある人には出て行ってもらったり、新しく採用したりする必要があります。

事業部ごとにマーケティングチームを設置する場合、避けたいのは、リソースを水平共有していないチームをつくることです。リンクトインではこれが起きていました。事業部ごとにマーケティングチームを組織していたのですが、重複している仕事がかなりあったのです。すべてが縦割りで、「このキャンペーンをやっているのですが、手伝ってください」と別のマーケティングチームに言えるような横のつながりがありませんでした。マーケティングチーム全体で見ると巨大な組織ですが、ベストプラクティスは共有できていませんでしたし、別の事業部で同じ仕事をしている人がいるのに、お互いのことを知らなかったのです。

マーケティングでは提供機能を社内全体で共有するのがベストプラクティスです。全事業部がひとつのマーケティングチームと関わり、それぞれのキャンペーンで、オペレーションやクリエイティブ面で協力できる仕組みをつくるということです。完全な縦割りではなく、全事業部のリーダーが共通して使えるような組織がいいでしょう。そもそもマーケティングは、最初から会社の共有機能と考えてチームを立ち上げるのがよいと思います。

この形に誰もが賛成というわけではないと思います。最終的なクリエイティブのコントロールを完全に握れなかったり、予算を諦めたりしなければならないこともあるかもしれませんから。ですが、信頼関係を築くのが大事です。集約したマーケティング部門があり、会社が目的に到達するために皆が力を合わせて成功できるようにしなければならないのです。

ギル：すべての機能をひとつのチームに統合して会社全体と関わる形にする。そしてメッセージやアプローチ、リソース、ツールなどを共有するということですね。最終的にはひとつの組織になると。

ブレイトン：その通りです。人を増やしすぎ、チームの肥大化によって起きる仕事の重複を避けることができます。また、どの部門にも同じように対応しなければ、各部門との信頼関係を築けません。これがリンクトインで私たちがたどり着いた形の利点です。この形にたどり着くのに時間がかかりました。

ギル：素晴らしい指摘です。爆速成長企業は規模の拡大に合わせて組織構造を変えなければなりません。6～12か月ごとに会社は大きく変わり、新たな部門やプロセスの導入を迫られます。そして1年後にはまた同じことを繰り返します。社員にとってこれは非常に混乱を招くことです。初めて経験する時は戸惑いますが、2回目以降は「ああ、予想通り」と思うでしょう。なので、会社が爆速成長中は、こうしたことを経験している人を採用するのがいいと思います。これが普通のことだと彼らはすでに理解していますから。

ブレイトン：過去に素晴らしい成果を出していても、変化に適応するのに苦労している人はすぐにわかりますよね。壁にぶつかっていることは隠せません。その人を信頼し、改善されることを期待してコーチングをしますが、それでもその人が仕事に満足できないままであることが多いです。もし、彼ら自身、適応するのに苦労していると認めることができれば、事態はより良い方向に進みやすくなるのではないでしょうか。

ギル：適応できていないサインにはどのようなものがありますか。

ブレイトン：疲れているように見える、作業が遅い、ミーティングにすごく遅れて来る、混乱している、などですね。「付いていくのに苦労しているなら、一番良いのは、時間通りに行動して、少しでもそれを隠そうとすること」と私はいつも言っています。こうしたサインをあからさまに見せない方がいいでしょう。適応できていない人は、信じられないほどのマイクロマネジメントをしだすこともあります。自分がコントロールできるのはそれだけだと思ってしまうのです。「この複雑で重要な戦略的問題に取り組むぞ」という考え方から、「これをやれば、タスクがひとつ減らせる」という考え方になるのです。マイクロマネジメントしすぎている、とても疲れているように見える、いつも遅刻してくる、話をする余

“よく見る失敗は、スーパークリエイティブな人に惚れ込んで、オペレーションやマネジメント経験がないにもかかわらず、その人をCMOにしてしまうことです。”

——シャノン・スタボ・ブレイトン

裕がない。そうした兆候を追えば、仕事が手に負えなくなっている人を見つけられます。

ギル：そのような人は指導したり、コーチングしたりすることで良くなりますか。

ブレイトン：再びよい仕事ができるほど素早く改善できた人はあまり見たことがありません。

ギル：つまり、そうしたサインが出ている人は会社のステージもしくは役割に合っていないのですね。

ブレイトン：はい。会社のステージにその人が合っていないということです。その人が賢くないという意味ではありません。その人はもっと小さい会社で仕事をした方がうまくいくかもしれないというだけで、それが悪いわけではありません。それも伝えるべきでしょう。あなたの落ち度ではないと。その人の役割、あるいはその会社が合うものではなくなったということです。

ギル：これは多くの創業者が直面する悩みだと思います。適応できていない人は、会社の初期からいた人で、創業者は彼らに頼っていた時期が長いでしょうから。その人に義理立てしたくなります。しかし、そうすることは彼らが付いていけていないと認めることでもあります。ご指摘のように、それは彼らの落ち度ではなく、組織の進化、もしくはその人の役割が進化したことによるものだと強調して伝えるのは本当に重要です。創業者は、その人が幸せを感じられないポジションに居続けてもらおうとすることが多いからです。

ブレイトン：その通りです。創業者は気まずい会話をしたくないし、問題を無視する方が楽なので、直接指摘しようとはしません。しかし、こうしたサインに気づき、その人と話して、何が起きているか打ち明けてもらった方がいいでしょう。話をすれば、その人が仕事に満足していないこともわかるはずです。そしてその状況を終わらせることが、お互いにとって有益なことかもしれないのです。

ギル：創業者はマーケティングのどの分野にどのくらい投資すべきか悩んでいることが多いです。ブランド中心のマーケティングに移行するタイミングはいつか。顧客獲得はどう考えるべきか。広報は顧客獲得に効果があるのか、あるとしたらどんな状況で効果があるのか。事業がうまく行き始めた会社経営者は、そうしたマーケティングの基本的な部分で悩んでいることがあります。なので、あなたのマクロな視点をお聞きしたい。マーケティングのどの分野にどれくらい投資すべきか考えるためのフレームワークはありますか。

ブレイトン：その会社が売っているものや、目指していることによるので、かなり難しい質問ですね。

> **もしゼロからやり直すとしたらどんなチームをつくりますか。**
>
> ——シャノン・ブレイトン

ギル：なるほど。では、法人向けとコンシューマー向けのプロダクトに分けて考えてみるのはどうでしょう。

ブレイトン：コンシューマープロダクトの場合は、100%、プロダクトマーケティングに投資すべきですね。その会社はロードマップをつくろうとしているはずです。つまり、人々はどのようにプロダクトを使っているか、本当に気に入ってくれているのかを理解しようとしている段階です。私なら当面の間は、ブランドには投資しません。まずは、本当にプロダクト・マーケットフィットに到達しているか、人々が使いたいプロダクトがつくれているかを確かめる必要があります。

法人向けサービスならデマンドジェネレーションに100%投資します。顧客がいなければ始まりません。コンシューマープロダクトの場合と似ていて、「これが私たちのブランドです」と主張し始める前に、プロダクトを気に入って使ってくれる顧客がいないと意味がありません。

なので、私ならそのあたりから始めます。その後、広報担当者がほしいとか、ブランドをつくっていきたいとか、やりたいことが出てきます。「広報もブランディングみたいなものでしょ」と言って、ブランドを差し置いて広報だけをするという間違いも時折見かけます。マーケティングは劇的に変化しています。5年前まではテッククランチに大々的に掲載されることが大事でしたが、今ではそれほど役に立ちません。

※このインタビューはわかりやすさのために編集、要約しています。

広報の基本

創業後しばらくは会社は小さく、タイムリーなニュースが少ないので、フルタイムの広報担当者を雇っても十分に活かせないかもしれない。少し成長した会社は広報をひとりか2人採用し、さらに広告代理店を使って広報活動をすることが多い。広報活動を始めるにあたり、基本となるポイントは次の通りだ。

メディアトレーニング

会社を代表して発言したり、報道関係者と話したりするメンバーは、広報や広告代理店を通じてメディアトレーニングを受けよう。メディアトレーニングには、取材時に使う用語や各インタビュー形式で予期すべきこと（テレビ報道、対面、電話、ビデオ通話など）を学び、難しい質問に対する受け答えの練習をすることなどが含まれる。会社のストーリーをはじめプロダクトや競合他社のこと、そして自分自身について簡潔に答えられるよう練習しよう。共同創業者は会社を立ち上げた経緯や自分たちの仕事について個人的な話ができるのが望ましい。また、必要に応じて、あなた宛てではない質問にどう回答するかも検討しよう。

ピッチを繰り返し練習する

ピッチは練習あるのみだ。役者になったつもりで、台本を繰り返し読み、何度も練習しよう。反対意見や厳しい質問に対応する練習するのに広報チームや経営陣の力を借りるのがいいだろう。信憑性のある話し方をするのも大事だ。記者は、台本通りに話しているだけの人はわかる。誠実でないと見なされれば、信頼を失いかねない。ただし、記者と電話で話す時は、要点を書き留めたメモを用意してもいいだろう。

オフレコ、バックグラウンド、オンレコの違い

記者と話す時は、話す内容の掲載可否を明確にし、合意を取りつける必要がある。通常、広報担当者が記者と事前に打ち合わせして、取材の開始時に再確認する。何の合意もない場合、発言はすべてオンレコであると想定する。一般的には次のようにそれぞれ使い分ける。

・**オフレコ**（訳注：日本では完全オフレコと呼ぶことが多い）

記者が会話の内容について書いたり、言葉を引用したりしないこと。会話の途中で「この部分はオフレコです」と伝えてもいい。記者が同意してから内容を伝えよう。

・**バックグラウンド**（訳注：日本ではオフレコや匿名報道と呼ぶことが多い）

たとえば、「情報筋によると、グーグルは空飛ぶ車の開発に着手しようとしている」など、情報提供者を明示しない形で報道される。

・**オンレコ**

「オフレコ」でも「バックグラウンド」でもない会話はすべて「オンレコ」であり、あなたのコメントや発言は、あなたの言葉として報道される。

事実関係の訂正

ジャーナリズムの独立性と透明性を維持するため、掲載前に記事の内容を確認できるとは限らない。記事に、意見ではなく事実関係の誤りがあった場合は、記事が掲載された時に訂正の連絡をしよう。事実関係の

誤りを訂正することは、「科学的事実を誤解している」「プロダクト名を間違えている」といった間違いを正すことであって、「彼らはプロダクトの価値を正しく理解していない」といった内容に反論するためではない。

会社に心血を注いでいるCEOは報道に感情的になったり、動揺したりすることもあるだろう。しかし、報道はいつか忘れ去られる。ほとんどの企業がどこかの時点で悪い報道を経験していることを覚えておこう。

報道陣の思惑

報道関係者のほとんどは、正しいことを追求する勤勉で倫理的な人たちである。けれど、稀に別の考えを持って接してくる人にも出会うだろう。何を伝えても、彼らの思い描いたストーリーに合うよう事実を歪めて報道する。記者と話す前に、その人が過去に書いた記事を読むことをお勧めする。これまでにも軽率で攻撃的な記事を数多く書いているのなら、どう接するか考えよう。

広報担当者や外部の広告代理店と一緒に働く利点のひとつは、記者がどんな仕事をしているか、業界でどのように認識されているか、彼らと会う時は何を予期すべきかについての知識が得られることだ。

優秀な広報担当者を雇う

広報のコミュニティはさほど大きくはない。どの時代にも本当に優秀なテック業界の広報人材は数十人くらいしかいないだろう。彼らは一握りの企業に集まり、お互いを知っている。優れた広報人材を見つけるよい方法は、広報担当者や広告代理店、ジャーナリストたちに尊敬できる優秀な広報担当者を知っているか尋ねることだ。場合によっては、広告代理店から素晴らしい人を採用することもできるだろう。

報道陣との関係構築

会社の初期には、報道陣との信頼関係を築くのに時間をかける必要がある。自社と直接関係なくても、記者の関心がありそうな話について連絡したり、業界動向について議論したりして関係を築こう。仕事の話抜きで、信頼関係をつくるということだ。そうすれば記者があなたの会社を取り上げる可能性が高まるだろう。会社が成長している間も、報道陣との関係構築を続けることが重要だ。ＣＥＯはスポークスパーソンを任せたい経営幹部を決め、その人に関係構築の一部を担ってもらおう。

早くから準備を始める

大規模な広報イベントを展開するには４～10週間の準備期間が必要だ。広報担当者を採用したばかりだったり、契約している広告代理店に新プロダクトの情報を共有できていなかったりする場合はもっと時間が必要かもしれない。ローンチ直前に広報チームや代理店に伝えるようなことは避けよう。コミュニケーション部門も、デザイン部門と同じように、開発の早い段階からプロダクトに関わるようにするのが望ましい。ローンチまでのプロセスの一環にコミュニケーション部門を組み込むということだ。アマゾンなど一部の会社はプロダクトの構想の段階で、ローンチ時に出すプレスリリースの「見出し」を考えている。どんなプロダクトを、どんな理由でつくるのかが明確になる。

メディア掲載と成功は別物

自社に肯定的な報道があると、友人や家族から（もしかすると有名人からも）注目を集められる。だが、それは会社の成功を反映したものではない。メディア掲載より、収益性やスケールできる売上の方がはるかに重要な指標だ。多くの会社にとって広報活動は定期的な販路を獲得する方法にはならない。メディア掲載とトラクションを混同せず、会社にとって最も重要な指標を伸ばすことに注力しよう。また、良い報道が悪い経営判断をカバーできることはないと覚えておこう。

広報と危機管理

どの企業にも悪い報道が流れる時がある。企業はメディアに持ち上げられ、メディアに落とされるものだ。会社が何か失敗するとメディアはこぞって取り上げるだろう。このような危機に陥ったら、会社はブランドと顧客を守るために、迅速かつ賢く行動しなければならない。危機対応のステップは次の通りだ。

1 問題を分析する。 何を間違えたのかを明らかにする。その間違いは会社や顧客にどのような影響を与えるか。メディアや競合他社は、どう捉えるか。この状況でできることとすべきことを明確にしよう。

2 問題を認める。 悪い報道はどれも同じような経過をたどって収束する。悪い報道というのは、川に落ちて流れに飲み込まれるようなものだ。流れに従って泳げば川岸まですぐにたどり着けるだろう。反対に、流れに逆らって泳いでも体力を消耗するばかりで、結局は押し流されてしまう。間違いがあったのなら認めよう。行動計画を立て、それに沿って行動することだ。嘘はつかないこと。

3 行動する。 発表した計画通りに実行する。迅速に動き、なるべく早く危機を乗り越えよう。

本当に必要な広報チームのつくり方
エリン・フォース（カットライン・コミュニケーションズ共同創業者）に聞く

エリン・フォース（@forsie）は、広報代理店のカットライン・コミュニケーションズの共同創業者でプレジデントを務めている。20年近い広報経験を持ち、業界に影響を与えるローンチやメディア戦略に関わってきた。グーグル、ワッツアップ、ヤフーなど大手企業をはじめ、インスタカート、イックヤック、ポリボーなどのスタートアップとも仕事をしている。グーグルではアンドロイドとクロームのローンチを担当し、ローンチ前には何百もの報道関係者からの問い合わせを一手に引き受けた。そこで記者に好印象を与えながらも、ノーコメントを貫いたフォースの手腕が評判になった。どの仕事でもフォースは献身的な活躍を見せ、彼女のクライアント、ひいてはテクノロジー業界に大きなインパクトを与えている。

カットラインを共同創業する前はメリットグループ、A&Rエデルマン、NCGポーター・ノベリ、アップスタート・コミュニケーションズ、フライシュマン・ヒラードなど、大小様々な広告代理店に勤めていた。フォースは、ビジネスインサイダーとPRウィーク誌に「広告業界のリーダーで革新者」と称されている。

創業者がどうすれば広報のプロを見つけて採用できるか、いつから広報活動を始めるべきか、なぜコミュニケーション戦略を成功させるために良いストーリーから始めるのが大切かについて話を聞いた。

ギル：起業家から広報やコミュニケーション、規制関連業務、危機管理に関して多くの質問を受けています。これらは互いに結びついているものです。創業者やCEOは、広報担当者を採用したり、外部の広告代理店を使ったりしようとするとき、まず何から始めるべきですか。

フォース：創業者はまず、コミュニケーション／広報にできることとできないことを理解する必要があります。この部分を理解してもらうのに苦労することが多いです。その理由は、創業者が相反するアドバイスを受けているからだと思います。

取締役やアドバイザーからは「広告代理店や広報担当者を雇うべきだ」と言われます。ですが、ツイッターで記者をフォローしたりすると「広報なんてばかげている。彼らと仕事をする必要はない」といった意見を目にします。一方、広報である私たちは、特に広告代理店はクライアントから、取材を取ってくるよう迫られています。これは悪循環になっています。

広い意味での広報とコミュニケーションの価値は、会社の声となって会社の信頼を築き、その信頼を強めていくことだと私は考えています。広報は、自社の存在意義を伝える手段なのです。また、会社という存在に温かみを持たせられます。今、社会や世界で起きていることを考えると、これは非常に重要です。また、私の経験から、優れた広報活動は採用や社内の士気向上に大きく貢献することがわかっています。

ギル：今の話に3つのことが出てきました。ひとつはストーリーをつくり、その会社と会社の創業者や経営者に対する印象をある程度コントロールすること。2つ目は採用、3つ目は士気向上です。この3つだと何を優先すべきでしょうか。急成長中の企業はコミュニケーションや広報にどれくらい時間をかけるべきですか。それは会社の事業によって違うのでしょうか。また、創業者は広報にどれくらい関わるべきですか。

フォース：何を優先するかは会社によります。たとえば、ピンタレストのような会社は、ユーザーが気軽に楽しめるサービスを提供しています。これは今の時代に合った素晴らしいプラットフォームです。ピンタレストの広報活動は、エアビーアンドビーやストライプの広報とはまったく違うでしょう。

ピンタレストにとって重要なのはユーザー獲得とエンゲージメントです。「ユーザーのエンゲージメントをさらに高めるにはどうするか」「どうやってユーザーを増やすか」「プラットフォームにあるコンテンツとサービスをどうスケールさせていくか」といったことを考えているはずです。法規制やプライバシー、セキュリティ面で問題が起きる可能性の低いコンシューマー企業は、大手広告代理店や複数の特化型広告代理店と契約し、社内に大規模な広報チームをつくる必要はありません。企業の規模にもよりますが、少数精鋭の広報チーム、あるいは担当者を置き、あとは少し代理店を使う程度でうまくいくと思います。たとえば、キャンペーンやローンチの時だけ、専門の代理店を利用するといったことです。私たちのクライアントにもそうしている会社は多くあります。

一方、エアビーアンドビーのような会社は、家を貸し出すためのプラットフォームを提供しているので、法規制やプライバシー、セキュリティ面での対策が必要です。そのため、彼らが重視し、会社の成長と共に進化している広報の分野は、特に規制に関するところでしょう。

また、ストライプのような企業では、事業が決済やセキュリティに関わるため、少数精鋭の社内チームと少し代理店の力を借りる程度では不十分です。より強力な危機管理計画が必要です。会社の方針によっては、規制当局や国会に向けたコミュニケーション計画が必要になるかもしれません。

会社によって確実に違います。ただ、一般論として、爆速成長企業は社内に広報チームを持ち、広告代理店の力を借りているところが多いです。創業者の関わりについて言えば、創業者と経営陣のどちらも会社の全体的な広報戦略を理解していることが重要です。ただ、日々の実務は広報担当者に任せるべきでしょう。

ギル：企業が規模を拡大していく中で、どのあたりで失敗しやすいですか。

フォース：皮肉なことに、コミュニケーションの欠如による失敗が多いですね。企業は顧客やクライアント、ユーザーのために正しいことをしたいと考えているものです。しかし、間違いを正したり、軌道修正をしたりする際に、自分たちの失敗やうまくいっていないことを素直に認められません。

何かを正したり、物事を修正したりする時が危険です。たとえば、法人向けサービスの価格を変更するとき、それを顧客に明確に伝えられないとか。あるいは、誰にも気づかれないことを期待してプロダクトを一

"広報は、自社の存在意義を伝える手段なのです。また、会社という存在に温かみを持たせられます。"

——エリン・フォース

部変更したり、利用規約やプライバシーポリシーの中に何かを隠そうとしたりする企業もあります。自分たちの状況が悪くなってくると、企業は人々からの反発やネガティブな報道を恐れて情報を出そうとしません。ですが、結局、素直に失敗を認めて乗り切るのが一番なのです。

失敗したとしても持ち直せますが、広報の観点からすると、非常にもどかしいです。メディアにもてはやされていても、何かひとつ、うまく伝えられないことが起きると、世間からの評判を大きく落としてしまうことがあります。信頼を回復するのが難しい場合もあります。だからこそ、嘘をつかず、できる限り透明性を持って情報を発信し、誠実なコミュニケーションを行うことが重要です。

自社の間違いを最初から素直に認められれば、その後の展開はずっと良くなります。これはどの業界でも共通です。たとえば、航空会社は乗客との間に問題が起きて、うまく対処できないことが多々あります。彼らは「私たちは間違っていました。これは許されないことです」とは言いません。黙っているか、あるいはまるで気持ちのこもっていない定型文のプレスリリースを出すかでしょう。それでは状況はよくなりません。

多くの場合、このような対応は広報チームが主導していることではありません。「失敗した。これを直さなければならない」と言うと評判が下がると思い、創業者が公表を避けたがるのです。広報は「正直に伝えなければなりません。こういうことが起きましたと公表する必要があります」と創業者に言っているでしょう。

ギル：ＣＥＯが広報の助言をつっぱねるのをやめて、耳を傾けるべきなのはどんな時でしょうか。目安などはありますか。特に創業者がＣＥＯの場合、彼らが成功したのは他人の話を聞かなかったからという側面もあります。大成功している企業は、強気な態度や専門家を無視する姿勢は望ましいとする傾向があります。

そのような態度でなければ、今の自分たちの立場を築けなかったからです。ですが、そうした態度を改め、人の話を聞くべきタイミングはいつなのでしょうか。

フォース：クライアントの要望の中には、私たちが賛同できないものも含まれていることがあります。そのような場合、私たちはそれをすべきではない理由を説明したり、あるいはやるにしても別の方法を提案したりします。それでもクライアントが自分たちのやり方を通すと、何か問題が起きたり、彼らの思ったようにならなかったりします。そうなるとクライアントは「なるほど。君たちの言うことを聞くべきだった。君たちが正しかった」と考えを改めます。創業者にも同じことが言えるでしょう。ビジネスにおいても、人生においても、失敗がなければ学べないことがあります。

広報担当者を雇う時には、創業者と足並みが揃っている人を選ぶのが重要だと思います。信頼がすべてだからです。創業者と広報に信頼関係がない会社は、良い広報の計画を立てたり、コミュニケーションキャンペーンを組んだりするのに苦労する傾向にあります。

ギル：良い広報を採用するにはどうすればいいですか。広報担当者の採用で、面接している人がこの役割にぴったりだと判断する面談のスタイルやプロセスはありますか。

フォース：広報の採用では感性が大事だと私は思いますね。突き詰めると、相性、企業文化とのフィット、経験が大事ということです。また、採用候補者にいくつかシナリオを提示して、それぞれの状況ではどう対処するかを聞き、自分の考えと一致しているかを確認するのはよい方法です。
正直なところ、すべての会社に広報が必要というわけではありません。会社が求めているのはユーザー獲得のみ、という場合もあるでしょう。広報はユーザー獲得の助けにはなれますが、どちらかというとそれは主にマーケティングが担う部分で、彼らの方が広報よりできることが多いでしょう。広報の主な仕事は会社の意義を伝えること、認知度を上げること、プロダクトや経営陣の評判を高めることなのです。
広報が最も活躍できるのは、創業者やCEOと広報チームが信頼関係を築けている会社です。シャノン・スタボ・ブレイトンはよい例です。リンクトンのCEO、ジェフ・ワイナーとブレイトンは完全に足並みが揃っていて、ワイナーはブレイトンを完全に信頼しています。そして、彼女は会社の重要な会議に出席する立場にあります。これは本当に重要です。彼女は巨大なチームを築き上げ、チームで信じられないほど素晴らしい成果を上げました。彼女自身もすごく成長しています。というのも、彼女は広報担当者としてスタートし、今はリンクトインのCMOですが、これは驚異的なことです。リンクトインの経営陣は皆彼女を全面的に信頼していて、それはワイナーから始まっているのです。

ギル：ブレイトンのような人を雇いたいとします。その人が優れた広報担当者になるサインなどはありますか。過去の仕事の実績や元いた会社、リファレンスなど、何を重視すべきですか。今まで一度も広報担当者を採用したことがない人は、どうやったら優秀な広報人材を見分けられるでしょうか。

フォース：もちろんある程度経験は重要ですが、私たちの仕事内容を考えると、人からの推薦と対人スキルが大事です。なので、採用候補者が挙げた人たち以外からもその人の評判を聞くバックチャネルのリファレンスチェックを重視しています。面接を必要以上に重視したりはしません。私が働くカットラインでは、どんな人を採用するか慎重に考えていて、必ずバックチャネルのリファレンスチェックを行います。シリコンバレーの広報の世界は狭いですし、広報において良い人間関係を築く能力はとても重要だからです。

探し方としては、取締役やアドバイザー、知り合いの記者に適任者がいないか聞くのがいいと思います。まずは、広報担当者がよく関わる人たちによい人がいるか聞いてみてください。広告代理店の人やほかの広報関係者に聞くこともできます。私が推薦したいと思う人はそう多くありません。

ギル：創業者は、代理店を使うことについてどのように考えるべきでしょうか。

フォース：爆速成長企業の場合は少し状況が違いますね。アーリーステージのスタートアップは代理店を選ぶか、広報担当者を雇うように言われることが多いと思います。ただ、スタートアップ自身も本当に何が必要なのかはよくわかっていないのかもしれません。

私たちは、会社のステージ別に考えています。アーリーステージなら社内に広報担当者を置く必要はないでしょう。彼らに必要なのは、広報の指針を示し、資金調達の発表やプロダクトローンチの時に、その都度、柔軟に対応できるフリーランスの広報かコンサルタントです。

代理店を選ぶ方法も、社内の広報担当者を採用する方法とある程度共通しています。記者に尊敬できる優秀な広報担当者を聞いてリストをつくり、彼らの所属する代理店を調べるといいでしょう。ベンチャーキャピタルやアドバイザーにお勧めの代理店を聞いてもよいと思います。また、創業者や経営陣が代理店選びに参加することは本当に重要だと思います。広告代理店が自分たちのビジネスを理解し、自社やプロダクトに対して好意的であるかはとても大事です。「この広告代理店は、自分たちのプロダクトが使える状況なら使うのか」「私たちのプロダクトについてどう話しているか」「プロダクトに期待を寄せているか」など、そういうことを確かめるべきでしょう。

社内の広報担当者でも代理店の採用でも、彼らのソーシャルメディアでの話し方や公に向けてどのように物事を伝えているかを合わせて確認するのがよいでしょう。彼らのブランドは、ソーシャルメディア、ウェブサイトやブログの内容から簡単に判断できるでしょう。彼らと文化が合うか考えてください。

代理店とクライアントの文化が合い、目的意識を共有できれば、魔法のような成果を出せます。良い結果が自ずと出るのです。代理店とクライアントが本当の意味でパートナーになれず、文化的にも衝突する場合、結果を出すことは事実上不可能です。それはクライアントにとっても、代理店にとってもよくありません。

目的意識を共有できているかを確認してください。言うまでもありませんが、代理店を選ぶ際には、選考プロセスの一環として、一緒に動くことになる代理店チームの人たちと話をし、代理店に求めていることを明確に伝えましょう。代理店の多くは、ビジネスを獲得するために優秀な人たちを集めた新規獲得チームを持っているものです。少しおとり商法に似ていますね。後で一緒に動くチームを変えるのですから。なので、自分たちの担当のチームに直接会い、彼らが賢い人たちで、ミーティングでは全員が話に集中しているかを確認しましょう。そして彼らが自分たちのいる業界やビジネス、チームの特性について質問し、理解しているかを確かめてください。

ギル：あるシナリオを出して、それにどう対応するか提案書にまとめたり、ピッチをしてもらったりするのが一般的な代理店の選考プロセスだと思います。もしあなたがスタートアップにいて代理店を選ぶ立場だったとしたら、こうした課題は選考に役立つと思いますか。

フォース：はい。ただ、内容があまりにも具体的すぎると、代理店にとっては難し過ぎて、不公平になります。代理店はクライアントの業界をある程度理解しておく必要がありますし、実際に契約したらその業界にの知識を深めるのが仕事です。ただ、提案依頼の段階では、企業側は大枠の質問をするのがいいと思います。たとえば、「私たちはテック業界の消費者にリーチしたいと考えています。18～34歳の女性をどのようにターゲティングしますか」というような質問です。

もうひとつ、私が企業側で代理店を選ぶ立場なら、以前に選ぶ立場だったこともあるのですが、代理店側から提案があるかを気にします。たとえすべてに同意できなくても、代理店がこちらが依頼したことに質問したり、何か提言したりすることをもっと評価すべきだと思います。それは、代理店がクライアントにとって何が正しいのかを考え、最高の価値を提供しようという姿勢の現れだと思うからです。その人は、「あなたの依頼はこうでしたが、広報の観点から提案がいくつかあります。御社の現状と、私たちが知っていることに基づいて考えると、別の方法を取った方が御社にとって価値があると思います」と恐れずに言える人です。

純粋に異論を出したり、議論したりすることは過小評価されているように思います。こうしたことは本当に大事なのです。

ギル：ＣＥＯや創業者がコミュニケーションや広報に時間をかけすぎていると思うことはありますか。

フォース：ありますね。創業者やＣＥＯはどれだけ取材を受けたか、どれだけメディアに掲載されたかを過度に気にすべきではないと思います。気にしたいのは質の方です。特に今は、記者が転職したり、仕事の内容がすぐに変わったりします。メディア業界は今、コンテンツの消費の変化にどのように対応し、記事、動画、紙面、オンラインの媒体での配分をどう変えるべきか見極めようとしていて、常に変化しています。私からのアドバイスは、広報には何ができて何ができないのかを理解し、質を重視すべきということです。

創業者やＣＥＯの中には「なぜテッククランチに掲載されないのか」「なぜあのブログに掲載されないのか」とこだわる人もいます。それらに掲載されるのはかなり大変なことなので、こだわりすぎると士気が落ちる原因になります。ここでも信頼関係が重要になってきます。「なぜテッククランチに載っていないのだろう。どれだけメディア掲載があったの」と心配しすぎる創業者を私は見てきました。確かにある程度重要でしょう。けれど、私からすれば信頼する広報担当者がいるのならなおさら、創業者はプロダクトをもっと良くすることに専念し、ほかの面でビジネスを拡大することに注力すべきだと思います。

ギル：メディアに取り上げられることに気を取られる人も結構いますね。同僚や家族、他人からの注目を受け、ポジティブな後押しを受けられるので、もっとやるべきだと思ってしまうのですよね。

フォース：そうですね。創業者に何か話すべきことがあり、全体のトレンドの話に貢献できるのなら、外に出て話をするのはよいでしょう。けれど、いつも何か話せることがあるわけではありませんし、記者から声がかかるのも、ごくたまにしかありません。

これもまた信頼関係に通じるところです。私が一緒に仕事をしてきた中で成功している創業者の何人かは、記者の知り合いがいて、記者が直接創業者に電話をかけてきます。それはよいことです。けれど、ほかの創業者もこれが頭にあって、「記者が私に直接電話をかけてきて、広報もその記者と話すように言うなら、私があなたを雇っている理由は何なのか。あなたの価値はあるのか」と言うことがあります。しかし、それは正しい見方ではありません。記者は創業者と個人的なつながりを持ちたいと思っていますし、取材で広報担当者を飛ばすこともあります。ただ、広報の仕事には、記者に背景について説明したり、切り口を見つけたりといった準備も含まれています。つまり、自社にとっても、記者にとっても、価値があるのです。

ギル：私が見てきたもうひとつの大きな失敗の形はこうです。ローンチして、広報活動のおかげでトラフィックが急増し、多くのユーザーを獲得しますが、それはそのうち消えてしまいます。会社は販路を開拓するために努力しなければなりません。ですが、彼らは広報活動がトラフィックを継続させる方法だと考えます。しかし、ほとんどの企業でそううまくはいきません。

フォース：その通りです。それも常にある課題です。広報は、小規模な企業にとってはかなり大きな投資です。私たちはクライアントのために、大きなニュースの合間に使えるストーリーのアイデアを考えています。

ここで重要なのは辛抱です。ストーリーを考え、掲載されるまでには時間がかかります。記者は時間に追われ、一日に書ける記事の数は限られています。ここでより広く、広告、広報、マーケティングの連携を図ることが重要になってきます。ニュースが少ない企業でも、ソーシャルメディアなどを通じて顧客と交流するのに時間を割くこともできます。

ギル：初めて広報に取り組む創業者に向けて、最後に伝えたいことはありますか。

フォース：大事なのは広報とは何かを理解し、目的を明確にすることです。そして広報に何ができて、何ができないのかを知りましょう。ビジネス面での悪い意思決定を広報が修正することはできません。そして広報が仕事をするためには、ストーリーが必要です。プロダクトや企業文化など、そこからストーリーを発展させられる土台が必要なのです。

※このインタビューはわかりやすさのために編集、要約しています。

”自社の間違いを最初から素直に認められれば、その後の展開はずっと良くなります。これはどの業界でも共通です。“

——エリン・フォース

第7章
プロダクトマネジメント

プロダクトマネジメントの概要

優れたプロダクトマネジャーは、プロダクトのビジョン、ロードマップ、目標、戦略を決め、計画通りにプロダクト開発を進められる。[52]

対して、悪いプロダクトマネジャーは「プロジェクトマネジャー」の仕事しかできない。スケジュール通りに物事を進めたり、エンジニアが開発に使う文書をまとめたりする仕事にばかり注力している。

優れたプロダクト部門をつくるには、プロダクトマネジャーの役割を理解した上で、適切な能力を持ったプロダクト担当役員とプロダクトマネジャーを採用する必要がある。そしてプロダクト部門が力を発揮し、プロダクト開発のためのプロセスを導入できる環境を整えよう。

プロダクトマネジャーの仕事

プロダクトマネジャー（PM）は、部門を越えてプロダクトの発展を担う。一部の専門家はプロダクトマネジャーを「プロダクトのゼネラルマネジャー」や「プロダクトのCEO」と呼ぶ。プロダクトマネジャーはプロダクトの直接の責任者であるが、その役割を全うするために必要な他部門からのレポートラインが欠けているケースも多い。

プロダクトマネジャーの役割は次の通り。

1　プロダクトの戦略とビジョンを定める。プロダクトの目的は何か。顧客は誰か。主な機能とユースケースは何か。プロダクトの成功を示す指標は何か。市場の状況はどうなっていて、自社プロダクトをどのようにポジショニングするか。差別化のポイントは何か。プロダクトの主要な流通網は何か。ビジネスモデルや価格設定はどうするか。プロダクトマネジャーはプロダクトの戦略を決めるのに他部門（デザイン、マーケティング、セールス、エンジニアリング、データサイエンスなど）と協力するが、最終的に責任を負うのはプロダクトマネジャーである。

プロダクトの戦略とビジョンには顧客の声を反映する必要がある。プロダクトのどの段階でもユーザーに意見やフィードバックを聞き、反映できるようにしよう。

2 **プロダクトの優先順位づけと問題解決。**プロダクトマネジャーはプロダクトにまつわるあらゆるトレードオフを考慮してロードマップを決める。そのためにできることは次の通りだ。プロダクトの仕様書（PRD）をつくり、フィードバックを集める。ロードマップ立案のためのミーティングを開催する。関係部門と協力し、開発する機能の価値と工数のトレードオフを考え、開発の方針を決める。

わかりやすい仕様書は、プロダクトに関する合意を関係者と取りつけ、仕事を進める上で大いに役立つ。プロダクトの主要機能と要件を簡潔に記載しよう。

プロダクトマネジャーは、データドリブンかつ顧客ドリブンに開発の優先順位をつけるのが仕事だ。そのためにプロダクトの成功を測る指標を決めなければならない。まずは、関係部門と目標にする指標の合意を取りつけよう。そうすればプロダクトの優先順位についても合意が得やすくなる。技術面に強いプロダクトマネジャーほど、データをもとに的確なトレードオフの判断ができる傾向がある。ただし、

［52］このトピックに関するベン・ホロウィッツの良記事。eladgil.com を参照。https://a16z.com/2012/06/15/good-product-managerbad-product-manager/

プロダクトの方針はデータにのみ頼るのでなく、顧客のニーズや開発コスト、ビジネスに与える影響を包括的に考える。

プロダクトマネジャーはプロダクトにまつわる問題解決も行う。たとえば、プロダクトをどのように変更すれば法律や規制上の問題を回避できるか、競合他社との競争や価格設定の問題に対処するためにプロダクトをどう変更すればよいかなどを考える。

（注）プロダクトマネジャーがひとりで問題を解決する必要はない。エンジニアリング（技術的な制約や機能のアイデアなどについて相談できる）、デザイン、データサイエンス、マーケティング、セールス、サポート、法務部門（法規制への対処）と力を合わせて取り組もう。ただし、プロダクトマネジメントの最大の役割は、プラトニックな美を追求したいデザイン部門、派手な先進技術を盛り込みたいエンジニアリング部門、売りに行くものを早くつくってほしいと急かすセールス部門、「リスクがあるかもしれない」と懸念する法務部の意見を考慮し、様々なトレードオフについて意思決定することだと忘れないように（例はすべて意図的に誇張している）。

3

計画の推進。タイムラインの設定、リソース配分、障害の解消。プロダクトマネジャーはエンジニアリング部門と綿密に協力し、チームが目標に向かって進めるよう次のようにサポートする。

（1）エンジニアリングやデザイン部門と話して開発リソースを確保し、メンバーの開発へのモチベーションを高める

（2）機能を減らし、優先順位をつけ、簡潔なロードマップをつくる

（3）削減できる不要な機能や作業時間がないか確かめる

（4）社内（デザインやセールス部門）や外部（顧客やパートナー）からの要望を吟味し、有益でない

ものは断る

「計画の推進」と言うと、プロダクトをローンチするまでの話と捉える人が多いが、実際にはローンチ後のメンテナンスや機能改善、プロダクトの提供終了を決めるところまで含まれる。プロダクトの提供終了は、それだけでひとつの重要なテーマだ。顧客に別プロダクトへの移行を促したり、価格設定を変更したり、顧客の反発を招く可能性のある問題に対処したり、すべきことは多岐に渡る。

4 コミュニケーションと調整

コミュニケーションと調整（前述のすべてに重なる）。プロダクトマネジャーは、チームの状況や進捗、課題、開発機能の順序を整理し、関係者に伝える。具体的には、進捗状況を共有する週次ミーティングや経営陣とのプロダクトレビューを主催したり、ローンチ予定などを社員に伝えたりすることなどが含まれる（エンジニアリング部門と共に実施するところもある）。

最も難しいのは、プロダクトロードマップと開発の優先順位の根拠を伝えることだ。なぜその優先順位になったのかがわかるフレームワークを先に説明するのがいいだろう。このフレームワークについては、事前に関係者の合意を得ていなければならない。

プロダクトマネジメントは、エンジニアリング、デザイン、セールスなどと協力するが、各部門との距離をうまく保つ必要がある。エンジニアリング部門は自分たちが開発しているのだから、プロダクトの意思決定権も自分たちが持つべきと考えているかもしれない。デザイン部門は、自分たちの仕事とプロダクトマネジャーの仕事が重複していると考えているかもしれない（実際はかなり異なる役割を担っている）。セールス部門は、なぜプロダクトをもっと早く開発できないのか、なぜプロダクトマネジャーはセールスがエンジニアと直接話そうとするのを阻むのかと不満に思っているかもしれない（これはエンジニアが、セールスからの細々とした要望に気を取られることなく開発に集中できるようにするためだ）。

プロダクトマネジャーは、社内外の関係者からエンジニアやデザイナーを守る「盾」としての役割も果たす。セールスやマーケティング担当者は、エンジニアに自分たちのほしい機能の開発を優先してもらいたいと思っている。プロダクトマネジャーは、週次のミーティングで話し合えるようにエンジニアリング部門への意見や質問を取りまとめたり、セールスからの問い合わせ窓口になったりするとよいだろう。こうしてエンジニアリングやデザイン部門が、セールスとマーケティング部門から来る要望に時間を取られ過ぎずに済む。とはいえ、エンジニアに顧客のニーズをわかってもらう最善の方法は、顧客と引き会わせることだ。顧客からのフィードバックを直接聞くことで見方が変わったり、生産的な議論をするきっかけになったりする。

良いプロダクトマネジャーの条件

良いプロダクトマネジャーと悪いプロダクトマネジャーの見分け方は、前述の各項目にどれだけの時間をかけているかで判断できる。プロダクトマネジャーがタスクの進捗確認やプロジェクト管理に終始している場合、考えられる原因は次の通りだ。

1　プロダクトマネジャーと組んでいるエンジニアリング部門のマネジャーの力不足
2　仕事を遂行するのに必要な権限が会社から与えられていない
3　プロダクトマネジャーが自分の役割を理解していない

4　他の社員からの信頼がなく、仕事がうまく進められない

理想的には、プロダクトマネジャーの時間の大半は、プロダクトの定義、トレードオフの判断、顧客の理解、ローンチに向けた各部門との調整、機能改善のための議論、関係者とのコミュニケーションに向けられるべきだ。[53] プロダクト部門に適切な人材を配置できていないのが問題なのか、それともプロダクトマネジャーに力を発揮する権限を与えていないのが問題なのか、どちらが原因なのかを見極めるのは難しい。

優れたプロダクトマネジャーの特徴

プロダクトマネジャーの採用では、次の点に注目しよう。

1　**センスの良さ。**これは顧客のニーズを理解する洞察力があるということだ。どんな機能が顧客のニーズを満たすのか。別の業界から来たプロダクトマネジャーの場合、自社の顧客のニーズを最初から知っているわけではないだろう。それでも優れたプロダクトマネジャーは顧客を知り、ニーズを理解するために必要なスキルとツールの知識を持っている。

2　**優先順位を決める力。**各機能が会社にもたらす価値とコストを比較して、開発の優先順位がつけられる。セールスチームのための新プロダクトか、顧客のための新機能か、どちらの開発を優先すべきか。価格

[53]　1990年代の法人向けサービスのプロダクトマネジャーに焦点を当てた内容だが、ベン・ホロウィッツの記事は必読。eladgil.com を参照。https://a16z.com/2012/06/15/good-procuct-managerbad-product-manager/

はコンシューマー向け、あるいは中小企業のオーナー向けにすべきか。80％の完成度でもすぐにでもローンチすべきプロダクトはあるか。そのプロダクトはどんな問題を解決するのか。

3 実行力。プロダクトマネジャーの仕事の大部分は他部門の社員と話をし、プロダクトのローンチ、メンテナンス、カスタマーサポートに必要なリソースを調達することである。プロダクトマネジャーはエンジニアリング、デザイン、法務、カスタマーサポートなどと協力して、ロードマップ通りに開発が進められるよう立ち回らなければならない。

4 戦略的思考。業界はどう変化しているのか。プロダクトをどうポジショニングすれば競争を回避できるか。1970年代にインテルが行った大胆な価格戦略はよい例だ。当時、インテルは売上原価を下回る価格で新製品を売り出した。販売数が多ければ製品の製造コストは下がり、販売単価が低ければ需要は増えると考えたからだった。発売した新製品は、2年先の予想を超える売上を記録した。コスト構造が大幅に改善したことで事業の収益性が高まり、インテルにとって持続可能なビジネスとなった。

5 優れたコミュニケーション能力。プロダクトマネジャーの仕事はプロダクトにまつわるあらゆるトレードオフを判断することだが、その決定事項について関係者に説明し、同意を得る必要がある。

6 指標とデータを読み解く力。プロダクトは数値目標を目安に改良していく。プロダクトマネジャーはエンジニアリングやデータサイエンス部門と協力し、適切な指標を選ばなければならない。これは言うほど簡単なことではない。適切に思える指標でも、チームに弊害をもたらすことがある。

プロダクトマネジャーの4タイプ

採用したいプロダクトマネジャーのタイプは、プロダクトの種類によって異なるだろう。会社によっては、次に挙げるプロダクトマネジャーの4タイプのうち、複数の特徴を持つ人が望ましい。プロダクトマネジャーの中には複数の特徴を持つ人もいれば、ひとつの特徴だけを持つ人もいる。

1 **ビジネス型プロダクトマネジャー。**ビジネス型プロダクトマネジャーは、顧客の要望をロードマップに落とし込むのがうまい。法人向けソフトウェアや、コンシューマープロダクトでもパートナー企業と接する分野で活躍していることが多い。セールス部門と力を合わせ、顧客にプレゼンするのが得意。それでいてエンジニアリングやデザイン部門と協力し、開発する機能の価値とコストとのトレードオフを判断するのに必要な技術力を持ち合わせている。プロダクトの価格設定、顧客のセグメンテーション、顧客のニーズに関わる分野で最も力を発揮する。

2 **技術型プロダクトマネジャー。**技術型プロダクトマネジャーの多くは優れた技術力を持ち、インフラや検索品質、機械学習などプロダクトの裏側の部分でエンジニアと協力して仕事をするのが得意。ユーザーに対する洞察力を身に着け、トレードオフの判断が的確にできるようになれば、法人向けサービスからコンシューマープロダクトまで幅広く対応できるプロダクトマネジャーになれる。

3 **デザイン型プロダクトマネジャー。**コンシューマープロダクトを担当していることが多く、ユーザー体験を重視する。コンシューマープロダクトではデザイナーから転身していることが多い。デザイナーはユーザー体験やビジュアル制作で素晴らしい才能を発揮するが、ビジネスを成立させるために必要な判断（広告モデルや価格設定など）をしてきた経験が少なかったり、プロダクトの細部にこだわりすぎたりする傾向がある（そのためプロダクト開発に時間がかかってしまう）。デザイナーからプロダクトマネジャーになった人は研修を受け、トレードオフ（たとえば、デザインとマーケティングの間でどう折り合いをつけるか）を的確に判断する力を身につけよう。デザイン型プロダクトマネジャーは、外向きの仕事やプロダクトのビジネス面より、エンジニアリングやデザインチームとの仕事に時間をかける傾向にある。

4

グロース型プロダクトマネジャー。 分析的で数字を重視する。顧客のプロダクト利用で最も重要な指標を見つけ、その指標を改善するのが得意。最も優秀なグロース型プロダクトマネジャーは創造的で、強気に目標を追求する。フェイスブックのグロースチームはメール配信とファネルの最適化、サインアップやコンバージョンでの大規模な多変量テストを通じてプロダクトをとことん改善し、数千万人のユーザーを獲得した。グロース型プロダクトマネジャーは、エンジニアリング、マーケティング、ユーザー体験、場合によってはパートナーシップやセールス部門と協力する。グロースマーケティング部門がプロダクトマネジメントの役割を担う場合もある。その場合、プロダクトマネジャーはマーケティング部門に所属しているだろう。

一般的に、バックエンドを重視し、高い技術力を必要とするプロダクトほどプロダクトマネジャーの数は少なくなる。たとえば、データベースの会社はコンシューマープロダクトの会社に比べ、エンジニアの人数に対するプロダクトマネジャーの割合は低い。グーグルの場合、検索インフラチームにいるプロダクトマネジャーは数人だったが、UIとビジネスを重視するモバイルチームには多くのプロダクトマネジャーがいた（モバイルチームのエンジニアの人数は検索インフラチームよりはるかに少ない）。

プロジェクトマネジャーはプロダクトマネジャーではない

プロジェクトマネジャーをプロダクトマネジャーとして採用しないこと。プロジェクトマネジャーはスケジュールを組み、予定通りに物事を進めるのは得意だが、開発の優先順位をつけたり、より大きな戦略を考えたりすることはできない。ソフトウェア企業の多くは、エンジニアリング部門のマネジャーやプロダクトマネジャーがプロジェクトマネジャーを兼ねているので、個別のプロジェクトマネジャーは必要ない。ただ、プロジェクトマネジャーはハードウェアの開発や外部パートナーとの機能連携などの分野で活躍できるだろう。

アソシエイト・プロダクトマネジャー（APM）とローテーション・プロダクトマネジャー（RPM）

グーグルとフェイスブックは、新入社員向けにプロダクトマネジャーを育成するプログラムを用意している。グーグルは12か月のプログラムを2回、フェイスブックは6か月のプログラムを3回繰り返す内容だ。各ローテーションで新人プロダクトマネジャーは異なる事業部（広告、コンシューマープロダクト、タイムライン、検索など）で研修を受ける。ＡＰＭ／ＲＰＭはいずれも、次世代のプロダクトマネジャーの育成を目的としたプログラムだ。社員が１０００人を超える規模になったら、ＡＰＭ／ＲＰＭのようなプログラムを検討する価値があるだろう。ただし社内に頼れるプロダクト部門ができるまでは待った方がいい。

プロダクトマネジャーの採用面接

プロダクトマネジャーの採用面接では採用したいプロダクトマネジャーのタイプ（「プロダクトマネジャーの4タイプ」の項目を参照）、すべてのプロダクトマネジャーに求める普遍的な能力（「優れたプロダクトマネジャーの特徴」の項目を参照）、すべての採用者に求める能力（カルチャーフィットなど）を念頭に置いて臨もう。

プロダクトマネジャーの採用面接で重視することは次の通り。

1　プロダクトに対する洞察力。次のような質問をしよう。毎日使っているプロダクトはあるか。あなたならプロダクトXをどのように変更するか。特定のユーザー向けにするなら、プロダクトXのデザインをどう変えるか。どんな機能を追加し、どの機能を廃止するか。あなたがゼロから会社を始めるとしたら、どんなプロダクトをつくるか。その理由は。たとえば、子供向けモバイル端末を開発するなら、何を考えるか。

2　プロダクトへの貢献度。私がグーグルにいた頃、今まで出会った中でもずば抜けて優秀なプロダクトマネジャーが何人かいたが、たまたまよいタイミングに居合わせただけで、能力に劣る人も何人かいた。有名なプロダクトに関わったプロダクトマネジャーを面接する時は、どのようにプロダクトに貢献したかを掘り下げて聞こう。たとえば次のような質問をする。プロダクトの要件定義とローンチでどのような役割を果たしたか。誰がどの機能を思いついたか。プロダクトの価格を現在のものにしようと提案したのは誰か。

3　優先順位の決め方。優先順位に関する質問はトレードオフそのものではなく、トレードオフを判断する際に使うフレームワークについて質問しよう。実例やケーススタディを用いた内容がいいだろう。たとえば、過去のプロダクト開発で、検討している機能が複数ある場合、どのように開発の優先順位をつけたかを聞く。プロダクトマネジャーとしてどう意思決定をしたか。何を重視し、どのようなデータを見て方針を決めたか。経営陣からの要望に反して開発を断ったり、廃止したりした機能はあったか。

4 **コミュニケーション能力と問題解決力。** 面接しているプロダクトマネジャーは前の会社の経営陣に、何かしらのビジョンやプロダクトを売り込んだだろうか。エンジニアリングやデザイン部門と意見の相違や対立が起きた場合、どう解消したか。プロダクトマネジャーとしてどのように他部門との信頼関係を築いたか。どんなコミュニケーションのアプローチが適切と考えるか。何をいつ伝えることが重要か。ミスコミュニケーションによる問題はあったか。問題が起きたらどう対処し、再発を防ぐために何を変えたか。プロダクト、デザイン、エンジニアリング部門が対立することはよくある。変化が早い環境ではなおのことだ。プロダクトマネジャーには他部門との信頼関係を築き、すぐに対立を解消できる能力が必要だ。

5 **指標とデータを読み解く力。** 以前関わったプロダクトではどんな指標を見ていたか。その指標を選んだ理由は。その指標を目標にしたことよる弊害はあったか。どうすればそうした弊害を防げるか。この会社のプロダクトでは、どの指標に注目すべきか。その理由は。指標はどのくらいの頻度で、どのような状況で見直すべきか。プロダクトのローンチは成功だったかどうか、どのように判断するか。

プロダクト部門の採用では必ずリファレンスチェックを行う

すべての採用でリファレンスチェックは重要だが、プロダクトマネジャーの採用では特に重要だ。エンジニアの採用なら面接で技術力を測れるが、プロダクトマネジャーの場合、面接で候補者の実力は測れない。そのため、採用候補者が自社で活躍ができるか判断する目安は過去の実績しかない。採用候補者が挙げた人たち以外からも候補者の評判を聞くバックチャネルのリファレンスチェックを行おう。候補者の実力を知る有力な手立てとなる。

優秀なプロダクトマネジャーには、そのままでは行き詰っていたであろうプロダクトや機能をローンチへと導き、エンジニアリングやデザイン部門と共にプロダクトのトレードオフを判断して開発を進め、ビジネスを成功させる戦略的視点を持ってプロダクトを率いてきた素晴らしい実績があるものだ。

優秀なプロダクト担当役員を雇う

立ち上がったばかりのスタートアップでは、ＣＥＯがプロダクト担当役員を兼ねていることが多い。会社は成長すると組織構造と社内プロセスを整えはじめ、その一環としてプロダクト担当役員も採用する。ここで、多くのＣＥＯは「プロセスの責任者」を雇いたがる。ＣＥＯは自分が最もプロダクトを理解していると考え、自分のビジョンを実現できる人を雇えばいいと思うからだ。だが、これは間違いだ。会社の拡大に伴い、ＣＥＯが経営幹部に権限委譲するほど問題が起きやすくなる。ＣＥＯはプロダクトマネジャーの役割を理解し、自身の持つビジョンとロードマップに対する考え方が似ていて、戦略を補完できるプロダクト担当役員を採用するのがいいだろう。

プロダクト担当役員の仕事は次の通り。

1　部門横断的にプロダクトの戦略とロードマップを策定し、計画を遂行する。最終決定権を持つCEOの合意を得た上で進める。

- **プロダクトのビジョンとロードマップを決定する。**CEOや経営陣と共に、すべての基盤となるプロダクトビジョンとロードマップを決定する。
- **戦略を明示する。**プロダクト担当役員は次のことを明確にし、説得力のあるプロダクト戦略を立てる。

(1) 顧客は誰か
(2) 自社にとって市場で勝つとはどういうことか
(3) 会社とプロダクトをどのように差別化するか
(4) 顧客にとって魅力的なプロダクトをどうつくるか

- **部門横断的なトレードオフを判断する。**プロダクトマネジャーの役割はプロダクトの戦略と開発の優先順位を決定し、社員に伝えることだ。ただし、これは創業者/CEOがプロダクトの意思決定に一

”わかりやすい仕様書は、プロダクトに関する関係者の合意を取りつけ、仕事を進める上で大いに役立つ。仕様書には開発する主要機能と要件を明確に記載しよう。

——イラッド・ギル“

切関わらないということではない。プロダクト戦略と優先順位はプロダクト担当役員が担当するが、最終的に創業者やCEOが承認、修正する体制にするのが望ましい。

2 プロダクトマネジメントの仕組みを社内に導入する

・**経験豊富なプロダクトマネジャーを採用する。** プロダクトを大規模に展開した経験があり、プロダクトの発展に貢献したプロダクトマネジャーを採用しよう。

・**経営幹部としてプロダクトマネジメントのあり方を示す。** プロダクト担当役員は、他部門と協力して仕事を進める方法をプロダクトマネジャーに示す必要がある。プロダクト部門はデザイン、エンジニアリング、セールス、マーケティング、オペレーション、カスタマーサポートなど各部門の間に入ってフィードバックを集めたり、時には要望を断ったりする。プロダクトマネジャーは各部門と強い信頼関係を築き、職種や性格の異なる人たちとうまく仕事を進める方法を身につけなければならない。

・**プロダクトマネジャーが力を発揮し、目標を達成できるようサポートする。** プロダクト担当役員は、社内のプロジェクトマネジャーが社内政治やステークホルダーについて理解できるよう支援する。また、他部門の社員がプロダクトマネジャーの役割と責任を理解できるようにし、プロジェクトマネジャーが必要な仕組みを導入できる環境をつくろう。

・**プロダクトマネジャーの育成プログラムをつくる。** 新入社員や社内異動で就任した新任のプロダクトマネジャーのためのメンタリングや研修制度を整える。

3 部門横断的なプロダクトマネジメントの仕組みを導入する

・**効率的なプロダクト開発のための仕組みを導入する。** ローンチ予定の共有、仕様書（PRD）の作成、部門横断的な情報収集とトレードオフの判断を行う仕組みの導入などが含まれる。導入後、この仕組みが社内にしっかりと浸透しているかを確認しよう。

プロダクト担当役員の権限を強める

どの経営幹部の採用でも同じように、CEOはプロダクト担当役員のオンボーディング（入社後研修）に時間をかけ、社内での立場を強める必要がある。そのためにできることは次の通り。

- **戦略立案をプロダクト担当役員に任せる。**権限委譲は、仕事を丸投げすることではない。プロダクト担当役員は各部門と協力しながらプロダクトのロードマップと優先順位を決め、それをCEOが承認、修正する体制にしよう。
- **プロダクト担当役員の社内での立場を強め、サポートする。**プロダクト担当役員は、新しいプロセスを社内に導入するかもしれない。以前よりプロダクトマネジャーの責任の範囲を広げるかもしれない。これにより社内で影響力のある別部門と緊張関係が生まれる可能性がある。プロダクト担当役員が社内を変えるにはCEOのサポートが必要だ。
- **猶予を与える。**CEOは何年も会社のことを考え、働いてきた。すべての知識を引き継ぐには時間がかかる。採用したプロダクト担当役員が自社のプロダクト、キーパーソン、プロセスなどを理解するのに3か月はかかるだろう。そこから力を発揮できるようになるまでさらに3か月。これはすべての経営幹部の採用で言えることだ。特に規模が大きい会社ほど時間がかかるだろう。とはいえ、経営幹部は就任してから数週間、あるいは数か月で小さな成果を上げ始め、CEOの負担を減らしてくれるはずだ。

プロダクトマネジメントとプロダクト担当役員が素晴らしく機能すると、プロダクトマネジメントは会社の中で最も価値ある機能のひとつになる。

プロダクトマネジメントのプロセス

シンプルな仕組みが部門の発展に大きく貢献することがある（エンジニアリング部門でコードレビューを実施するなど）。急成長中の会社が検討すべきプロダクトマネジメントのプロセスは次の通り。

1　仕様書テンプレートとロードマップの作成。プロダクト開発の出発点は、何をつくるかを明確にし、周りの合意を得ることである。プロダクトの要件は何か。どのように動作するのか。技術的な設計を考えるのはエンジニアリング部門の担当だが、プロダクトの要件を定めるのはプロダクトマネジャーの仕事だ。誰のためのプロダクトなのか。どのようなユースケースのためにあるのか。何を解決するためのプロダクトなのか。主な機能は何か。プロダクトに影響を与える要素はどれか。仕様書に大まかなワイヤーフレームやユーザージャーニーの説明を入れるといいだろう。

2　プロダクトレビューの実施。会社の規模が大きくなるほど、チームやプロダクトの数は増える。多くの企業は週に1回、プロダクトレビューを行っている。プロダクトレビューには関係する経営陣が参加し、プロダクトの進捗状況や戦略、方向性についてフィードバックや調整を行う。

ローンチ後の数値目標の推移と達成度、ユーザーのフィードバックや利用状況の確認もする。

参加するのは、主にプロダクトマネジャー（主催者）、デザインのリーダー、技術面のリーダーと主要なエンジニア、そのほか生産的な話し合いに必要な社員（セールス、ビジネス開発、サポートスタッフ、法務のメンバーなど）だ。
プロダクトレビューでは、進行中のプロダクトの進捗確認だけをする会社が多いが、新プロジェクトについて議論をする会社もある（新プロダクトの目的、ユースケース、ロードマップなど）。

3 **ローンチプロセスとスケジュール調整。**プロダクトレビューで、ローンチまでのプロセスやスケジュールを調整する場合もある。会社が拡大し、プロダクトが増えたら、個別にローンチスケジュールについて話し合うミーティングを設定するのがいいだろう。多くの企業では社員向けに、各プロダクトのローンチスケジュールを記載したウェブページを用意している。プロダクトについての質問や課題のほか、各部門のステータスを表示するページだ。たとえば、プロダクトとエンジニアリング部門のローンチ準備ができていても、法務部門で未解決の問題があればウェブページに問題を書き込み、「準備が整っていない」と示せる。経営陣は最新状況を確認しながら、ローンチミーティングで各部門の責任者と未解決事項やローンチ予定について話し合う。

4 **振り返り。**ローンチ後、そのプロダクトに関わった主要な社員を集めて議論するのは有益な施策だ。この振り返りではうまくいったこと、うまくいかなかったこと、他のローンチでも取り入れるべき施策や改善点について話し合おう。
振り返りには2つの目的がある。ひとつは、プロダクト開発とローンチのベストプラクティスを理解し、体系化するため。もうひとつは功労者を称えたり、意見の相違やわだかまりがある場合は解決したりする場を設けるためだ。

プロダクトマネジャーの異動と研修

私がツイッターにいたとき、デザイン、セールス、ビジネスオペレーション、エンジニアリング、パートナーサービスなどの部門からプロダクトマネジャーに転身した人が何人かいた。その内の数人は成功したが、ほかの人たちはうまくいかず、しばらくすると違う仕事に移っていった。

別部門の社員をプロダクトマネジャーとして異動させる前に、次のような環境が整っているか確かめよう。

(1) プロジェクトマネジャーに適任かどうかを確認する面談やトライアル期間がある
(2) 新任プロダクトマネジャーの指針となるプロダクトマネジメントのプロセスが社内に確立してある
(3) 新任プロダクトマネジャーのマネジメントと研修ができるプロダクト担当役員がいる
(4) 新任プロダクトマネジャーの指導やサポートができる経験豊富なプロダクトマネジャーがいる

若手社員や新人のセールス担当者、エンジニアと同じように、プロダクトマネジャーにもオンボーディングやメンタリングの機会を与えよう。

爆速成長中のスタートアップのプロダクト部門の進化には共通のパターンがある。これは創業者が大手テック企業での実務経験がない場合に特に顕著だ。

- 創業当初はCEOや共同創業者のひとりがプロダクトマネジャーの役割を果たしている。CEOや共同創業者は会社が成長すると、社員の誰かにプロダクトマネジャーの役割を引き継ぐ。デザイナー、ビジネスオペレーション、マーケター、エンジニアにプロダクトマネジャーの仕事を引き継ぐことが多い。
- この頃はまだ社内にプロダクトマネジメントの仕組みがなく、経験のあるプロダクトマネジャーも周りにいないため、新任のプロダクトマネジャーは自分の力だけで立ち回るほかない。中には、プロダクトマネジャーではなく、プロジェクトマネジャーの役割しか果たせない人もいる。プロダクトのビジョンやロードマップの決定、部門横断的な問題解決よりも、スケジュール管理や進捗確認に注力しているような状況だ。このような場合、プロダクトマネジャーの社内での影響力は下がり続けてしまう。

・プロダクト担当役員を採用し、プロダクト部門が立ち上がる。社内に新たなプロセスを導入し、自社に適したプロダクトマネジメントの仕組みができる。ただ、プロダクト担当役員が経験豊富なプロダクトマネジャーを採用して社内にプロダクトマネジメントの仕組みを導入し、本当に影響力を発揮できるようにまで1年以上かかるかもしれない。

このパターンを経験した代表例はグーグルだ。グーグルの最初のプロダクトマネジャーはマリッサ・メイヤー（エンジニア）、スーザン・ウォジスキ（マーケティング）、ジョージス・ハリク（エンジニア）、サラ・カマンダー（オペレーション）など他部門から転身した人たちだった。この4人を補完するため、さらに何人かの経験豊富なプロダクトマネジャーとプロダクト担当役員ジョナサン・ローゼンバーグが加わり、グーグル社内にプロダクトマネジメントの体制が整った。新入社員の採用と研修プログラム（グーグルの有名なAPMプログラム）を設置したのもローゼンバーグだ。彼はグーグルのプロダクト開発を軌道に乗せ、ベストプラクティスを浸透させるために必要不可欠な存在だった。

プロダクト開発から流通のマインドセットへ

スタートアップは非常に魅力的でユニークなプロダクトを開発し、競合から多くの顧客を獲得して成功を得たケースが多い。スタートアップにとって顧客基盤は将来に渡り、重要な資産となる。さらに最初のプロダクトで獲得した顧客に次のプロダクトをクロスセルすることで、顧客が自社プロダクトにかけるお金と時間を増やせるだろう。

プロダクトが成功し、事業が軌道に乗った会社の創業者は、プロダクトの開発能力こそ自分たちの最大の資産と考えがちだ。しかし実際は、最初のプロダクトで得た流通網と顧客基盤が最大の資産なのである。

前世代のテクノロジー企業は流通網こそが競争優位性であり、参入障壁になると理解していた。マイクロソフトはインターネットエクスプローラや、企業買収と自社開発で拡充したオフィス製品ライン（ワード、パワーポイント、エクセルはそれぞれ独立した企業やプロダクトだった）などのプロダクトを共通の流通網を通じて消費者に提供した。シスコも何十社と企業を買収し、プロダクトのポジショニングを変え、顧客である通信業者や法人に販売した。[54] ＳＡＰやオラクルも同様のパターンで成功している。

巨大テック企業であるフェイスブックやグーグルもまた早い段階から、流通網の重要性に気づいていた。グーグルはオーガニックなグロースで成功した印象が強いが、実際はブラウザ「ファイアフォックス」の検索エンジンをグーグルにする契約を取りつけたり、グーグルの検索ツールバーを他のアプリケーションと一緒に配布するために年間数億ドルを支払ったりしていた。パソコンの初期設定の検索エンジンをグーグルにするためラップトップコンピュータのメーカーに多額の契約金を支払ったこともある。その後、グーグルは検索で獲得した顧客に対し、グーグルマップ（ウェアツー買収[55]）、Ｇメール、クローム、ドックス（ライトリー買収）などのプロダクトを提供した。

フェイスブックもグロースのための投資や企業買収を行っている。たとえば、フェイスブックに招待する人を見つけるメールのスクレイピングサービス（オクタゼン）を買収したり、フェイスブックを低価格のフィーチャーフォンでも使えるようにするプロダクトを買収したりした（スナップツーの買収で、デスクトップだけではリーチできなかった1億人のフィーチャーフォンユーザーを取り込んだ）。フェイスブックは自社の流通網を活用し、新たに買収したインスタグラムなどのサービスを世界展開した。

各社に共通するステップは次の通りだ。

1　顧客が乗り換えたくなる魅力的なプロダクトを開発する。最初のプロダクトで大規模な顧客基盤を構築する。

2　グロースを積極的に追求する。グーグル、フェイスブック、ウーバーなどの大手テック企業は、初期から積極的にグロースを追求していた。対してグロースに積極性でなかった企業は彼らほどの成功を手にすることはできなかった。主力プロダクトがうまくいっていると、流通網を疎かにしてしまいやすい。

3　流通網が最大の資産だと理解する。企業買収や自社開発で揃えたプロダクトを流通網で消費者に提供する。たとえば、ウーバーによるウーバーイーツの展開やジャンプの買収などがこれに当てはまる。

4　自社だけですべて開発できないと理解する。企業買収でプロダクトを拡充し、流通網に供給すること。CEOは企業買収への抵抗感を克服する必要がある。自社で開発した方が簡単であるとか、買収した会社を統合するのが難しいという意見をよく耳にする。だが、爆速成長企業にはすべてを自社で賄うリソ

> **すべての採用でリファレンスチェックは重要だ。**
>
> ——イラッド・ギル

ースはない。爆速成長企業の多くは、買収企業が多すぎるのでなく、少なすぎるのが課題となっている。企業はプロダクトだけでなく、流通でも競争している。様々なプロダクトを買収や自社開発で、流通網に供給していこう。

[54] eladgil.com に包括的なリストを掲載している。https://en.wikipedia.org/wiki/List_of_acquisitions_by_Cisco_Systems
[55]「グーグルマップの知られざる立ち上げ物語」を参照。eladgil.com のリンク。
https://medium.com/@lewgus/the-untold-storyabout-the-founding-of-google-maps-e4a5430aec92

第8章

資金調達と企業評価額

マネー、マネー、マネー

テクノロジー業界が誕生してから最初の40年間、爆速成長企業は今よりずっと早い段階で株式公開（ＩＰＯ）をしていた。インテルは法人化から2年、アマゾンは3年、アップルは4年、シスコは5年で株式公開をしている。マイクロソフトは例外で、設立から10年以上経った１９８６年に株式公開した（主に１９８０年に締結したＩＢＭとのＭＳ－ＤＯＳを巡る契約のためだ）。

２０００年代に入ると株式公開までの期間は格段に長くなり、創業から10年以上かかる会社も珍しくなくなった。株式公開までの期間が長期化したことによる変化がある。スタートアップによる資金調達の戦略が変化し、資金調達元が多様化した。上場したばかりの若いテック企業に投資していた投資家が非公開テック企業に投資するようになった。流動性イベントが発生するまでの期間が長くなったことで、未公開普通株式を売買する大規模なセカンダリー市場が登場した。爆速成長する公開企業（さらに公開企業を経営する創業者のロールモデル）が減少し、若い創業者は株式公開に懐疑的になった。

この章では、レイターステージの新しい資金調達元、セカンダリー取引、株式公開買い付け、新規株式公開について取り上げる。ただし私は弁護士ではなく、本書は法的なアドバイスではないので、詳しいことは弁護士に相談してほしい。

レイターステージの資金調達――どこから調達するか

スタートアップの成長に伴い、資金調達ラウンドに参加する投資家の種類が変わる。ベンチマーク・キャピタル、トゥルー・ベンチャーズ、アップフロント・ベンチャーズなど、一般的なベンチャーキャピタルの多くは主にシリーズAの企業を投資対象としている。だが、中には投資対象をレイターステージまで広げたり、レイターステージの成長企業に出資するグロースファンドを組成したりしているところもある。エイト・パートナーズVC、アクセル・パートナーズ、アンドリーセン・ホロウィッツ、ベッセマー・ベンチャー・パートナーズ、CRV、スレッシュホールド・ベンチャーズ、フェリシス・ベンチャーズ、フォアサイト・キャピタル、ファウンダーズ・ファンド、ゼネラル・カタリスト・パートナーズ、グレイロック・パートナーズ、GV、インデックス・ベンチャーズ、コースラ・ベンチャーズ、クライナー・パーキンス・コーフィールド・アンド・バイヤーズ（KPCB）、ライトスピード・ベンチャー・パートナーズ、マトリックス・パートナーズ、マーベリック・ベンチャーズ、メンロー・ベンチャーズ、メイフィールド・ファンド、NEA、ノースウェスト・ベンチャー・パートナーズ、レッドポイント・ベンチャーズ、スケール・ベンチャー・パートナーズ、セコイア・キャピタル、シャスタ・ベンチャーズ、シグナルファイア、ソーシャル・キャピタル、スパーク・キャピタル、サッターヒル・ベンチャーズ、スライブ・キャピタル、トリニティ・ベンチャーズ、ユニオン・スクエア・ベンチャーズ、ベンロックなどがこれに該当する。[56]規模が大きいファンドは、レイターステージの投資を行っていることが多い。

以前からグローステージの投資に特化してきたレイターステージのファンドもある。キャピタルG（グーグルキャピタル）、GGVキャピタル、グリーン・カウ・ベンチャー・キャピタル、IVP、インサイ

[56] 参考になるよう主要な投資会社をなるべく載せるようにした。ただし、リストは網羅的ではなく、情報はすぐに古くなってしまう可能性がある。投資家を選ぶ際はこのリストに頼るだけでなく、自分でも調べてほしい。このリストに載せられなかった投資会社にはお詫びする。

ト・パートナーズ、メリテック・キャピタル、サミット・パートナーズなどだ。DSTグローバル、タイガー・グローバル、VYキャピタルなど、起業家に優しい条件でレイターステージに投資する新しいファンドも登場している。

ここ数年で特徴的なのは、上場企業に投資する機関投資家や富裕層の資産管理を担うファミリーオフィスがレイターステージの投資に参入したことだ。上場企業に投資する機関投資家にはブラックロック、ティー・ロウ・プライス、フィデリティ、ウェリントンといった金融機関やポイント72、トリプル・ポイント・キャピタルなどのヘッジファンドなどがある。バイキング・グローバル・インベスターズやマトリックス・パートナーズなどのヘッジファンドは、ライフサイエンスやデジタルヘルスの分野に特化して投資している。

アブダビ投資庁、EDBI、シンガポール政府投資公社、ムバダラ・ディベロプメント・カンパニー、テマセク・ホールディングスなどのソブリンウェルスファンド（訳注：政府系ファンド）も企業に直接投資している。また、ソフトバンクといった大手テック企業もサウジアラビアなどから資金を集めて投資している。コールバーグ・クラビス・ロバーツ、TPGキャピタル、ウォーバーグ・ピンカス、ブラックストーン、ゴールドマン・サックス、JPモルガン、モルガン・スタンレーなどのプライベート・エクイティ・ファンドやクロスオーバー・ファンドはテクノロジーに特化したプライベート・ファンドの組成や投資を行っている。ファミリーオフィスを介し、革新的なテクノロジー企業に大金を投資する資産家も増えた。

ほかにも、レイターステージの企業は戦略的投資家や、特別目的事業体（SPV）を設立してレイターステージに投資するエンジャル投資家から資金調達することができる。特別目的事業体は、特定の会社に出資するためだけに資金を集める1回限りのファンドのことだ。このようにレイターステージでの資金調達元は多様化し、起業家にとって資金調達しやすい環境が整っている。

レイターステージ投資家の種類

タイプ：従来型のベンチャーキャピタル
投資規模：1回の調達ラウンドで最大5000万ドル（これ以上の場合は大抵グロースファンドの出資）
対象とする企業評価額：従来型のベンチャーキャピタルが、企業評価額数百万ドル以上の会社の資金調達ラウンドでリード投資家を務めることは珍しい。ただ、最近は10億ドル以上投資できるグロースファンドを持つベンチャーキャピタルも増えてきている。
メリット：ベンチャーキャピタルのパートナーによるが、事業運営やスケール面で良いアドバイスができる。
デメリット：取締役会の席を求める可能性が高い（場合によってはメリット）。既に他のベンチャーキャピタルから資金調達をしている場合、ネットワークは広がらないかもしれない。
彼らが評価する点：従来型のベンチャーキャピタルは事業の土台であるビジネス指標に加え、マクロ市場のトレンド、ユニットエコノミクス、差別化、企業戦略に注目する。中でも事業の持続可能性と参入障壁の戦略を重点的に評価するだろう。

タイプ：グロースファンドとメザニンファンド
投資規模：2500万ドルから5億ドル
対象とする企業評価額：1億～100億ドル
メリット：ハンズオフの投資家が多い。場合によってはネットワークを広げる助けになる。

デメリット：事業運営に詳しくないことがある。数字を重視し、財務や長期的な参入障壁にこだわる。

彼らが評価する点：成長率、利益、ユーザーの採用率、顧客獲得コスト、ユニットエコノミクスなど企業の主要なビジネス指標を重視する。

タイプ：ヘッジファンド

投資規模：1000万～5億ドル

対象とする企業評価額：5億ドル以上のレイターステージ企業を中心に投資する。中にはシリーズAやシードラウンドに投資するところもある。

メリット：公開企業に投資してきた経験から、投資先スタートアップの業界や市場を理解していることが多い。ヘッジファンドによるが、企業評価額の水準や取締役の権利にはさほどこだわらないことがある。すでに複数の投資家が取締役にいるスタートアップにとってはメリット。

デメリット：スタートアップの課題や事業の不確実性を理解していないことがある。早い段階でヘッジファンドが参加していると、後から出資を検討する投資家に悪い印象を与える可能性がある（これはヘッジファンドのブランド力と投資実績による。ベンチャー投資に精通しているヘッジファンドもある）。

彼らが評価する点：大規模市場のリーダー格の企業に注目する。ヘッジファンドは、ビジネス指標と長期的なキャッシュフローに注目し、リターンを求める傾向が強い。ベンチャー投資家というより、公開市場の投資家のように投資機会を評価する。

タイプ：プライベート・エクイティ・ファンド
投資規模：１０００万〜5億ドル
対象とする企業評価額：5億ドル以上のレイターステージ企業を中心に投資する。中にはシリーズAやシリーズBに出資するところもある。
メリット：ほかとは違う幅広いネットワークを持っていることがある。法人向けサービスを提供している場合、他のレイターステージの投資先を紹介できるかもしれない。
デメリット：投資先である非公開テック企業の支えになる素晴らしいプライベート・エクイティ・ファンドは多い。しかし、評判の悪いファンドも存在する。出資の際、創業者に不利な条件を提示したり、タームシートに署名した途端に態度が悪くなったりすることで知られるところもある。銀行系のプライベート・エクイティ・ファンド（ゴールドマン・サックスやモルガン・スタンレーなど）は長期的な関係を重視し、親身に対応をするところが多い。そのファンドがすでに投資している会社の創業者に話を聞くといいだろう。
彼らが評価する点：利益構造、成長率、売上高だけでなく、マクロ市場全体のダイナミクスと事業の参入障壁を重視する。

タイプ：ファミリーオフィス
投資規模：５００万〜5億ドル
対象とする企業評価額：明確に決まってはないが、レイターステージの会社に出資することが多い。
メリット：事業に役立つ強いネットワークを持つ場合がある。ファンドの専門性によるものの企業評価額にさほどこだわらないことがある。

デメリット：アーリーステージやスタートアップの投資を理解していないことが多く、投資先の状況が悪くなると動揺しやすい。スタッフではなく、資産家本人と直接やりとりするのが理想的だ。もしくは非公開企業に出資してきた経験があり、ベンチャー投資を理解しているファミリーオフィスを選ぶこと。

彼らが評価する点：ファミリーオフィスは、すでに参加を決めている機関投資家を見て出資を決める傾向にある。大規模な市場で事業を展開していて、利益率の高いビジネスを評価する。

タイプ：エンジェルSPV（特別目的事業体）［57］

投資規模：100万～5000万ドル

対象とする企業評価額：シリーズA以上

メリット：SPVはキャップテーブル（資本政策表）上の投資家やエンジェルが、大規模な資金調達ラウンドを実施する投資先のために資金を用意する仕組みだ。エンジェルや小規模なファンドは、SPVによる出資で投資先の同意のもと株式の持分を増やせる。また、スタートアップとの接点を増やして関係を深めたり、新たに発行する株式や優先株式の議決権が信頼する人に渡る方法で出資したりすることができる。

デメリット：すでに出資しているベンチャーキャピタルは、エンジェル投資家がこの方法で多額の出資をすることに反対するかもしれない。そもそものエンジェル投資家がSPVの資金集めに失敗するリスクがある。投資家がどのようなプロセスでならSPVで出資できるかを定め、SPVのLP（リミテッドパートナー）候補にどこまで情報共有していいかを明確にするのがよいだろう。

彼らが評価する点：ＳＰＶは調達ラウンドをリードすることもあれば、シンジケートに参加して出資することもある。調達ラウンドをリードする場合、ベンチャーキャピタルと同じような働きをする。シンジケートに参加する形であれば、相場のトレンドを重視したモメンタム投資を行うこともある。レイターステージの資金調達ラウンドや多額の調達を行う場合、ＳＰＶは会社のチーム、財務状況、市場全体の動向、参入障壁、成長率などについて網羅的なデューデリジェンスをするだろう。

タイプ：**上場企業に投資する機関投資家**

投資規模：最大５億ドル

対象とする企業評価額：多くは数億〜数十億ドル規模

メリット：信頼できる潤沢な資産を持つ。他の投資家に「スマートマネー」の印象を与える。投資先の株式公開後も株式を手放さず、公開市場で投資先の評判が高まる。

デメリット：投資先の株価の情報を公開するなどして、将来の資金調達やセカンダリー取引に悪影響を与える可能性がある。[58]

[57] ＳＰＶ（特別目的事業体）は、特定の企業に投資するために設立された一時的なファンドのことを指す。ベンチャーキャピタルはリミテッドパートナーから資金を集めて、複数の企業に投資するが、ＳＰＶはリミテッドパートナーから資金を集め１社に投資する単発型のファンドだ。最近では、いくつかのファンド（従来型のベンチャーキャピタルだけでなく、アーリーステージのベンチャーキャピタルを含む）や個人のエンジェル投資家が、特定の企業に投資するためにＳＰＶを用いている。

彼らが評価する点：株式公開後の株価のパフォーマンスという観点から会社を評価する傾向にある（たとえば財務指標、競争力、参入障壁など）。

タイプ：戦略的投資家［59］
投資規模：数千万〜10億ドル以上まで幅広い
対象とする企業評価額：数億ドル以上の出資が多い。
メリット：企業評価額をさほど気にせず、多額の出資に合意することが多い。事業に役立つ経験や知識を持っている。資金提供に留まらない、より広範な戦略的な取引を締結し、事業を加速できることがある。
デメリット：アーリーステージで戦略的投資家が株主になると、他の戦略的投資家からの買収や提携の可能性が狭まる。たとえば、デジタルヘルスの事業をしていて、製薬会社ファイザーが早くから株を買っている場合、他の製薬会社との買収や提携の可能性は狭まるだろう。ただし、レイターステージになる程、出資先の印象は薄れる。また、戦略投資家が出資先の事業について学び、競合事業を立ち上げるリスクがある。
彼らが評価する点：会社の戦略的価値。市場の動向について洞察が得られること。買収を見据え、投資先の事業をよりよく知るために戦略的投資を行う場合もある。

タイプ：外資の大手インターネット企業
投資規模：最大10億ドル
対象とする企業評価額：アーリーステージから数十億ドル規模まで幅広い。

メリット：企業評価額に左右されない。中国など新市場に参入する際の助けになるかもしれない。純粋に資金源の場合もある。テンセント、アリババ、楽天をはじめ、海外の大手テック企業は積極的に投資している。

デメリット：出資に伴い、自国市場でジョイントベンチャーを設立するなどの条件を求めるかもしれない。投資先から学び、自分たちの主戦場で競合事業を立ち上げるリスクがある。

彼らが評価する点：会社の目的によるが、投資による戦略的価値。

タイプ：ソブリンウェルスファンド（政府系ファンド）

投資規模：数十億ドルまで

対象とする企業評価額：アーリーステージから数十億ドル規模まで幅広い

メリット：企業評価額をさほど気にしないところもある（かなり敏感なところもある）。彼らの国の市場に参入したり、国有企業に会社を売却したりするのに役立つかもしれない。潤沢な資金を出資できる。戦略的

---

［58］eladgil.com を参照。http://fortune.com/2015/11/12/fidelity-marks-down-tech-unicorns/

［59］潤沢に資金がある戦略的投資家が、同じ業界のスタートアップに投資を検討する理由は次の通り。

1 投資先スタートアップとパートナーシップ契約を結ぶため。

2 業界に影響を与えるかもしれないソフトウェアやテクノロジーについて知るため。

3 買収を検討するため。たとえば、製薬大手ロシュは、がんのデータ解析ソフトを手掛けるフラティロンの1億ドルの調達ラウンドに参加していた。同様に、ゼネラルモーターズはリフトの10億ドルの調達ラウンドに、インテルはクラウデラの大規模な調達ラウンドに参加している。http://arstechnica.com/cars/2016/01/general-motors-bought-sidecar-gave-lyft-millions-now-its-launching-maven/

な理由で投資するファンドもある。たとえば、自国の産業に影響を与えるかもしれない技術を持つ企業から最新技術を学びたい、あるいはオイルマネーを分散させるため技術資産を買いたいなど。

デメリット：ファンドの動きが遅く、出資までに超えるべきハードルが多い場合がある。直接投資の経験が浅いファンドは、スタートアップの仕組みについて理解していなかったり、誤解していたりすることがある。

彼らが評価する点：ファンドの目的によるが、戦略的価値と投資による値上がり益。

レイターステージの投資家をどう選ぶか

レイターステージになると、初期よりも多様な投資家の中から資金調達元が選べるようになる。爆速成長企業がレイターステージの投資家を選ぶ際は次のことを検討しよう。

フォローオンはできるか：レイターステージファンドの中には、数億〜数十億ドル規模の出資ができるファンドもある。候補のファンドは、次の資金調達の際に追加投資できるだろうか。

株式市場での影響力：ティ・ロウ・プライスやフィデリティなど、一部の公開企業の機関投資家は株を長期保有することで知られているため、彼らが株主だと会社の評価が高まりやすい。こうした投資家は株式公開後も株式を長期保有し、株の評価とパフォーマンスに良い影響を与えることがある。(注)

戦略的価値：投資家によっては特定の国や業界についてアドバイスが聞け、新たな取引先や提携先とのつながりができる。たとえば、ウーバーは中国市場に参入する際、中国政府との交渉などの面で中国進出を支援できる中国の投資家から資金を調達して子会社を設立した。また、戦略的投資家から出資を受けることで、重要なパートナーシップを強固にできる。たとえば、グーグルがヤフーに検索サービスを提供する契約を結んだ際（当時のグーグルにとっては重要な取引だった）、グーグルはヤフーから出資を受けた。

シンプルな契約条件：レイターステージのプライベート・エクイティ・ファームやヘッジファンドの中には投資する際、残余財産優先分配権での優遇など複雑な条件を求めるところがある。たとえば、IPO時の価格で株式を追加発行したり、一定の価格以下での株の売却時に彼らへの払い戻しが多くなったりする条件などだ。多少企業評価額が下がっても、シンプルな条件を取り付ける方が会社にとって利益が大きいだろう。

取締役の席：取締役になる権利がなくても出資する投資家はいる。これはDSTが先駆けた方法だ。ただし、資金調達の回数が多いほど、取締役の数は自然と増えてしまうだろう。

セカンダリー取引や株式公開買い付けの実施：プライマリー取引での資金調達（つまり優先株の提供）にあわせて、セカンダリー取引や株式公開買い付け（社員、創業者、初期の投資家の所有株式の一部を取引する）を実施できる。ただし、セカンダリー取引や株式公開買い付けに消極的、あるいはその実施に必要なSEC（米国証券取引委員会）の許認可がないファンドもある。

（注）最近、上場企業の投資家の1社が、投資先である非公開企業の月ごとの評価額の推移を公開した（公開しても意味がない。投資先の企業評価額はそんなに頻繁に変わらないだろう）。これは投資先のスタートアップにとってフォローオンの資金調達、セカンダリー取引、社員の士気に悪影響をもたらした。

DSTが起こしたレイターステージ革命

この10年間で起きたベンチャー投資の3大革命は次の通りだ（順不同）。

1　Yコンビネーターによるアーリーステージ革命

2　エンジェルリストによるシンジケーションと分散型エンジェル投資家ネットワーク革命

3　DSTによるレイターステージ革命

ユーリ・ミルナーとDSTは2009年のフェイスブックを皮切りに、新しい手法で次々とスタートアップに多額の投資を行い、レイターステージの投資で革命を起こした。彼らの投資には次のような特徴がある。

- 投資の際に受け取る株式は、プライマリー投資による優先株式でもセカンダリー取引による普通株式でも、あるいはその2つの組み合わせでもよい。
- 取締役になる権利を求めないなど、起業家に優しい条件を提示。
- 投資規模が大きく、1社への投資総額が10億ドル以上になることもある。これは実質的にプライベートIPOが行える規模だ。

今でこそDSTの投資スタイルは一般的になったが、DSTがフェイスブックに投資し、ベンチャー投資に参入した時は画期的だった。当時のレイターステージの投資家は出資する代わりに、投資先をコントロールできるよう取締役になる権利や自社に有利な優先権の条件を求めるのが一般的だった。その後、多くのファンドがDSTの手法を真似ているが、投資先を見極める能力で、DSTは常に一足先を進んでいる。

重要な条件

レイターステージの資金調達で考慮すべき条件は、アーリーステージとさほど変わらない。ただし、レイターステージでは優先株の条件と取締役になる権利についてより慎重に考えた方がよいだろう。

優先権：アーリーステージに投資するトップクラスの投資家は、優先株式（たとえば、非参加型優先株式〔60〕）の条件を求めること多いが、プライベート・エクイティ・ファームやファミリーオフィスは、株式によるエクイティ・ラウンドを実質的に借入によるデット・ラウンドにするような特殊な優先株式を要求することがある。たとえば、会社と投資家が評価額で合意できない場合、プライベート・エクイティ・ファンドは分配を2倍や3倍とする優先株式や次のラウンドでフルラチェット条項（訳注：希薄化防止条項のひとつで、優先株式の発行価格を下回る価格で新たな株式が発行された場合、優先株式の転換価格はその発行価格まで下方修正する）を求めることがある。また、レイターステージの投資家はIPO周り（たとえば、IPOの価格が一定の評価額より低い、あるいは6~9か月以上IPOにかかった場合、追加で株式を取得できるなど）や将来の資金調達などで特殊な条件を求めるかもしれない。こうした特殊な条件は避けたいが、特に企業評価額が実態を超える水準であったり、資本が足りなくなっていたりする状況では避けられないかもしれない。

取締役の席：すべての資金調達で言えるが、取締役の追加には慎重になるべきだ。取締役会の規模が大きくなるほど統制が難しくなる。社内の財務規律や株式市場の状況について、これまで不足していた視点を会社に持ち込めるレイターステージの投資家はいる。こうした新たな視点が取締役会や会社にとって有益なこともあるが、そうでない場合もある。レイターステージの投資家の多くは売上や利益などの数字を重視する傾向が強く、これは企業にとって非常に良い方向に働くこともあるが、悪い方向に働くこともあるのだ。

不確実性の高い事業を行うスタートアップは危機的状況に追い込まれることがあるが、そうした状況に慣れていないレイターステージの投資家は多い。投資家の中にはハンズオフに徹し、創業者思いの投資家がいる（たとえばユーリ・ミルナーやDST）一方で、「安全な」レイターステージの投資を期待している投資家も少なからずいる。彼らは急成長中のスタートアップにとって問題となる可能性がある。

取締役は慎重に選ぶべきだ。その投資家が、他の役員とは違う形で会社の役に立つ場合を除き、できる限り取締役を追加しないで済む方法を検討しよう。ただし、取締役の席を求めている投資家しか資金調達元の候補がないなど、ほかに道がないこともある。

取締役に加えるなら次のことを実施することだ。（1）過去の投資実績や取締役としての経歴を調べる、（2）会社の方向性や会社に寄せている期待について率直な意見を聞く、（3）取締役の席以外の方法で、その投資家が会社にとって価値のある形で関われる方法がないか検討する。

レイターステージの投資家を取締役会に加えることで会社の価値が高まる可能性もある。また、これは以前ほど効果を発揮できていないアーリーステージの投資家を一掃する機会でもある。詳細については2章の「取締役を解任するには」の項目を見てほしい。[61]

注意点

プライベート・エクイティ・ファンドの中には、一般的なシリコンバレーのベンチャーキャピタルの倫理観から外れた行動を取り、自分たちの地位を濫用するところがある。とあるプライベート・エクイティ・ファンドは、スタートアップがタームシートにサインした3週間後に条件を再交渉しようとしたという（スタートアップが他の投資家候補にリード投資家を決めたと伝え、交渉でレバレッジをなくした後ということだ)。このファンドは最近、少なくとも1社のユニコーンの調達ラウンドから締め出され、悪い評判が立っている。ただし、これは広く知られていないので注意してほしい。プライベート・エクイティの世界には倫理観のある投資家(たとえばKKR)も多くいるが、避けるべきファンドも少数あることを覚えておこう。

高い企業評価額を追い求めすぎない

創業者はできる限り高い企業評価額で資金調達をしようとしがちだ。企業評価額が高ければ社員の採用や報酬の支払いに役立ち、会社の良い宣伝になる。M&Aの弾みとなり、創業者のエゴを満たせるだろう。しかし、企業評価額が高すぎると、後で問題になるかもしれない。多くのユニコーン企業にとって、将来また資金調達できるかどうかは、堅実なビジネスを運営しているかよりも、前回の調達ラウンドでの企業評価額が影響する場合が多い。[62] 企業評価額が高くなりすぎると、次のような問題が発生する。

1 フォローオンが難しくなる。 投資家はラウンドごとに企業評価額が2、3倍上昇することを期待している。企業評価額が非常に高い場合(たとえば数十億ドル規模)では、以降のラウンドでの上昇率は50~10

[60] eladgil.com を参照。https://www.forbes.com/pictures/fii45hlf/participating-preferred-vs-non-participating-preferred/
[61] eladgil.com の関連投稿。http://blog.eladgil.com/2012/11/how-to-choose-right-vc-partner-for-you.html
[62] スタートアップの中には実質的に10億ドル以上の価値がなく、失速するところもあるだろう。しかし、2年経って振り返ると当時の評価額が安く思える企業も出てくる。

0％程度に留まるだろう。また、時価総額を10億ドル増やすにはそれ相応の価値を生み出さなければならない（収益、ユーザーグロース）。企業評価額が高いほど、時価総額の成長率を高めるのが難しくなる。

2　投資家の期待値が変わる。非公開企業の投資に参入したばかりのレイターステージの投資家は、18〜24か月という短期間で投資を回収したいと考えるかもしれない。こうした投資家は、会社の考えとは異なる成長スピードや流動性イベントを求めるだろう。

3　強いプレッシャーを受ける。高い企業評価額を目標にすると、創業者は強いプレッシャーから判断を誤り、会社を間違った道を進ませてしまう可能性が高まる。

4　社員の期待。ダウンラウンドが発生したり、数年間評価額が伸びなかったりすると企業評価額と連動して株式の値上がり益が増えることを期待して入社した社員の士気が下がる。会社の実態が企業評価額に追いつくまでは、このようなことが起きやすい。

こうした問題はすべて過度に高い企業評価額を追い求めることから発生する。企業評価額が高ければ、次の目標値も自然と高くなる。高い評価額を得ようとするプレッシャーから創業者は判断を誤ることが多い。

創業者にかかるプレッシャー

会社が数十億ドルの企業評価額になると、創業者は2つの課題に直面する。（1）創業者はさらに企業評価額を高めるため、あらゆる犠牲を払ってでもグロースを推し進めようとする。（2）ビジネスに直接役に立たないかもしれないことに注意を奪われる（メディア取材、登壇依頼、投資提案など）。

企業評価額を高めようと、収益やグロースを過度に追い求めるのはよくある悪手だ。グロースのために利益にならない顧客獲得を進めればシェアは増えるかもしれないが、経営状態は悪化してしまうかもしれない。

こうしたグロースの追求は起業家の自発的な意思による場合もあるが、多くは取締役会からのプレッシャーに起因している。レイターステージの投資家は、特にスタートアップが資金調達のピッチで説明した成長目標を達成できていない場合、グロースをもっと追求するよう圧力をかける傾向にある。高成長中でもスタートアップの事業は不確実性が高いことを理解していない投資家は多い。

資金調達の際は、次の質問について考えよう。

- 今回の調達で目指している企業評価額の水準は、前回の企業評価額に比べて適切な倍率になっているだろうか。そうでない場合、どれくらいの水準が現実的だろうか。
- この資金調達によって、どんなマイルストーンを達成できるか。それを達成することで、会社の価値はどのように変わるだろうか。
- どのようなイグジットが可能か。今資金調達しようとしている企業評価額以上で買収を検討する会社はあるか。株式公開の予定はあるか。株式公開しない場合、現在目標としている企業評価額で調達することはできるか。

“企業評価額が5億～10億ドルに達すると、創業者や社員は株式の売却を検討し始める。”

——イラッド・ギル

妥当か。株式公開する場合、株式公開時の企業評価額は、調達後の企業評価額より高くなるだろうか。

セカンダリー市場での株式売買

会社の評価額が上昇すると、初期社員や既存投資家の中には持っている株式の一部、あるいは全部を売却したいと考える人が出てくる。企業への「プライマリー投資」は、企業の株式と引き換えに出資することだ。一方、「セカンダリー投資」は、会社から買うのではなく、ほかの人から株式を購入することである（会社以外の個人や投資家から株式を買い取る）。どちらの場合も手に入れる株式の種類は普通株式か優先株式のいずれかである。セカンダリー取引の株式の種類は、売り手が所有している株式の種類による。

現役社員や元社員は個人的な理由で所有株式の売却を考える（医療費を捻出するため、家を購入するため、資産を分散させるためなど）。初期の投資家は、ファンドのＬＰ（リミテッドパートナー）に資金を還元するために株式売却を考えることが多い（特に、新たなファンドを立ち上げている最中でリターンを見せたい場合）。あるいはファンドのキャリーを出して、自分の報酬を捻出したいからかもしれない。[63]

会社の株式の大半を所有する創業者もまた、資産を分散させるために株式の売却を考える。適切な株式売却を行うことで、経済的な不安を払拭し、会社の長期的な成功や成長に注力しやすくなる。

5億～10億ドルが売却の契機に

企業評価額が5億～10億ドルに達すると、創業者や社員は株式売却を検討し始める。それには、３つの理由がある。

（1）企業評価が10億ドルに達するまで2～5年の歳月がかかるが、その間に資金が必要となるライフイベント（子供の誕生や家族の病気など）が起きることがあるため。

（2）企業評価額が高くなると、個人の純資産のほとんどがその会社の株式で占められてしまうため。会社の1%分の株式が500万～1000万ドルの価値になると資産を分散させる意味が出てくる。

（3）自社株の値上がり益に対する社員の期待が薄れ始めるため。爆速成長企業の内部は混乱していて、うまくいっているスタートアップほど厳しい競争に晒される。初期社員の多くは、株価の値上がりの限界が近いと考え、売却を考え始める。所有株式がわずかでも企業評価額が高ければ、十分な金額を手にできる。

創業者による株式売却

創業者が企業売却を急ぐことなく、会社の長期的な成功を追求できるようにするため、セカンダリー取引による創業者の株式売却が認められるようになってきている。

創業者はセカンダリー取引で保有株式の10%を上限に（または500万ドル、1000万ドルを上限とする。パーセンテージか総額のいずれか少ない方）、資金調達ラウンドの一環、あるいは単発の売却や株式公開買い付けを通じて売却できる（詳細は後述）。10%以上売却すると、特に創業者がまだスタートアップの運営に携わっているなら、創業者は会社の未来を不安視しているという印象を周りに与える懸念がある。

［63］キャリーとはファンドの運用を引き受ける代わりに、VCが得る投資収益率の分配のことだ。資本をLPに還元しなければキャリーもないので、VCの報酬は少なくなる。

創業者の場合、会社の企業評価額が数億ドル規模に達してから株式を売却することが多い（企業評価額が500万〜数千万ドルの時点で小規模に売却することもある。学費を返済したり、いくらか経済的な余裕を得たりする目的で数十万ドル分を売却するケースが多い）。

IPOまでの期間が長くなってきているので、話を聞いたほとんどの創業者がセカンダリー取引で株式をある程度現金化し、経済的な余裕を得られたことを喜んでいた。

早めにセカンダリー取引を規制する

会社でセカンダリー取引のフレームワークを導入しないと起きる問題がいくつかある。たとえば、大規模なセカンダリー取引が409A（訳注：企業価値算定のプロセス）の企業価値評価に影響を与えたり、悪質な投資家がキャップテーブルに載ったりする。どこぞの歯科医が社員から株式を高値で購入し、会社に情報提供を求めて嫌がらせをすることもある（「どこぞの歯科医」は実際にある会社で起きたことだ）。不透明なセカンダリー市場の取引で問題になったセカンダリーファンドも存在する。たとえば、フェイスブックはフィックス・インベストメントとの問題で、SECの調査を受けたことがある。[64]

セカンダリー取引を防ぎ、こうした問題を回避する方法がいくつかある。会社の定款を修正、あるいはその他の契約を定める、全株式に先買権を付与する、取締役会の承認なしに売却できないように制限する（譲渡制限株式）などだ。また、セカンダリー取引で優先購入者を指定したり、株式公開買い付けを実施することで株式を売却する機会を設けつつ、自社株がセカンダリー市場で積極的に取引されないようにしよう。

セカンダリー取引の種類

最初のセカンダリー取引は単発の取引として起きることが多い。たとえば、社員のひとりが、親の介護のために会社を辞め、良い医療を受けるために株を売るといったケースだ。時価総額が上昇し、株式売却の需要が増すにつれ、いつの間にか見ず知らずの人が社員から株式を買ってキャップテーブルに載っていることがある。また、社員や投資家が流動性のない株式を複数年にわたって保有するようになると、株式売却の需要が非常に高まっていることに気づくだろう。こうしたことが起きると企業は優先購入者制度の導入や株式公開買い付けの実施を検討し始める。セカンダリー取引の種類は次の通りだ。

1　単発の株式売却

単発の株式売却は売り手がすでにキャップテーブルに載っている投資家（すなわち、すでに会社の株主）、あるいは会社と関わりのない誰かと取引を行うケースだ。会社側は、売り手にはすでによく知っている買い手に株式を売却してほしいと考える。

株の所有者に、すでに知っている買い手に株式の売却を促す方法がいくつかある。率直に要望を伝える（特に売り手が社員や投資家として会社に関わっていて、会社と良好な関係を維持したいなら有効な手段）、先買権を行使する、取引を遅らせ買い手と売り手の取引を脅かす方法などだ。

会社にとって単発の株式売却は、経験の浅い投資家や悪質な投資家がキャップテーブルに加わるリスクが

［64］eladgil.com のリンクを参照。https://www.law360.com/articles/516967/sec-settles-with-firms-over-pre-IPO-facebook-trading

ある。株式売却の需要を吸収するために早い段階で「優先購入者」を設定することは、会社経営の安定化に役立つ。信頼でき、株式がセカンダリー取引で売りに出されるのなら買いたいと考えている既存投資家を、正式でなくても、優先購入者に指名しておくのがよい。これと並行して、会社は社員や初期の投資家がどのくらいの株式を、どのような状況でなら売却可能か詳しく定めた規定を設けよう。

株式公開買い付けやその他の制度を新しく導入する場合、売り手には正式な制度の導入まで売却を待たせることになる。だが、ほとんどの人は会社のためになることをしたいと考えていて、会社の認める制度に則って株式を売却するために6～12か月、またはそれ以上待つことも厭わないだろう。

2 資金調達の一環として株式を売却する

資金調達中は株式を売却する最適なタイミングだ。爆速成長しているレイターステージの企業の資金調達ラウンドには出資の応募が殺到する。出資を希望する投資家が多い場合、プライマリー投資で十分な量の株式を取得できなかった投資家は、優先株式（資金調達ラウンドの一環で）に加え、普通株式（社員や創業者から買い取る）やアーリーステージの優先株式（初期の投資家から買い取る）での出資に応じることがある。

多くのレイターステージの投資家は、調達ラウンドで優先株式と合わせてセカンダリー取引による普通株式を取得しても構わないと考えている。普通株式を持っていても、優先株式があれば投資全体のリスク分散ができるからだ。また、調達ラウンドに参加できなかった投資家でもファンドの構造によっては、普通株式での出資を検討することがある（ただし、SECへの追加申請が必要だったり、LPとの契約上の理由から普通株式を大量に保有できないファンドもある）。

投資家は普通株には優先株の価格に対して20～30％の割引を求めるのが一般的。理由は普通株には優先権がなく、株価が下がるダウンサイドの保護がないためだ。過去にＤＳＴはフェイスブックの企業価値を65億ドルとして、セカンダリー取引で普通株を買い取っている。当時、優先株式を取引した際のフェイスブックの企業価値は１００億ドルだったので、35％の割引価格だ。[65]ただし、人気企業の株式で、投資家が喉から手が出るほど欲しがっている場合は普通株に優先株と同額を支払うことがある。

会社は、４０９Ａへの影響を避けるために、普通株式の取引はアームズ・レングスの原則に沿う公平な取引を行うべきである（これについては後述）。会社主導の大規模な株式売却を行えば、４０９Ａを再計算し、企業価値と普通株式の価格（および将来の社員へのストックオプション）を見直さなければならなくなる。これはできる限り避けた方がいいだろう。詳しくは弁護士に相談してほしい。

通常、資金調達ラウンドで取り扱うセカンダリー取引の株式の割合が全体の20％を超えることはない。ベンチャーキャピタルは普通株式を多く持ちすぎるのを避けようとする（普通株式は優先株式にある財政面や会社のコントロールに関わる権利の保護に欠くため）。ベンチャーキャピタルがセカンダリー取引とプライマリー取引で出資できる割合には制限があるからだ。

3　優先購入制度

優先購入制度は、１社以上のファンドに優先的にセカンダリー取引で株式を購入する権利を与える制度のことである。制度は非公式に行う方法（たとえば株式を売りたい人に株を買いたいファンドを紹介）と公式な方法（たとえば会社がファンドに先買権を付与）がある。

［65］ eladgil.comを参照。https://beta.techcrunch.com/2009/07/13/DST-to-buy-up-to-100-million-in-facebook-employee-stock/

正式な優先購入制度では、ファンドはセカンダリー取引で株式を買い取るためのタームシートや基本合意書など、法的拘束力のある契約を会社と締結し、会社はファンドに事前に合意した価格の範囲内（たとえば前回のラウンドから10％引き）で株式を購入する権利や先買権を付与する。

多くの場合、会社は、株の保有者が買い手と合意した価格で株式を30日以内に買い取れる先買権を持っている。先買権をファンドに付与している場合、そのファンドにも株式を買い取るか決める30日間の検討期間が与えられる。会社が株式を買い取らなかった場合、次に先買権を有するファンドが、合意した価格で株式を購入するか30日以内に決められるということだ。この場合、合計の検討期間は60日だが、売り手がセカンダリー取引による株式の売却を表明してから実際の取引までに遅れが生じ、それ以上かかる場合もある。2か月の間に市場やその他の条件が変わってしまい、買い手と売り手が非常に神経質になることもあるだろう。加えて、先買権は特定の企業評価額のもとで株式に流動性を与えるが、優先購入者が株式を優先的に買い取るため、ほかの買い手が取引に参加することはできない。多くの売り手にとって売るまでの時間が長くかかり、コストが大きいため、先買権を設定するとセカンダリー取引での株式売却の需要は下がることになる。先買権をどう使うかについては法務部と相談して決めよう。

優先購入制度は、他社を買収する際に多額の現金の流出を防ぐ目的でも活用できる。買収先の創業者や投資家は、買収時に受け取った親会社の株式の一部またはすべての現金化を望む場合がある。優先購入者はその株式を買い取る交渉に入ることで（実際の取引も）、買収時の契約に現金支払いの条件を含めずに契約できる。買収先の会社の投資家は、優先購入制度だけでなく、株式公開買い付けで株式を売却することも可能だ。

4　株式公開買い付け

株式公開買い付けはひとり以上の買い手が、事前に設定された価格でセカンダリー株式を購入できるイベントのことだ。株式公開買い付けの手順は次の通り。

（1）会社側はセカンダリー取引による株式売買の需要を鑑み、株式公開買い付けの大まかな規模を決定する。また、株式公開買い付けに参加する売り手が、株式公開買い付け以外で株式を売却しないよう制限する契約書を用意する。

（2）会社と株式公開買い付けで株式を購入したい買い手とタームシートにサインする。買い手は、すべての売り手に提示する一律価格を設定する。

（3）会社は株式公開買い付けで株式を売却できる株主を決める。元社員や現役の社員、投資家、創業者が対象となることが多い。場合によっては、株式公開買い付けの上限額と株式を売却できる順番を定める場合もある。たとえば、株式公開買い付けの上限を5000万ドルにし（つまり、株式売却額の総額が5000万ドルになった時点で買い付けが終了する）、元社員と現役の社員から、それぞれ保有株式の20％まで売却できる条件を設けるなどだ。社員から5000万ドル分の株式売却の希望があった場合、投資家や創業者は株式公開買い付けで株式を売却することはできない。

（4）株式公開買い付けに該当する売り手が数百、数千人規模になる可能性があるため、会社は公開買い付けの実務を金融機関に任せる。この金融機関は株式の売買に必要な手続きや事務処理を担う。ドイツ銀行などの金融機関は、買い手として参加せずに株式公開買い付けの事務手続きを請け負っている。売り手にかかる株式公開買い付けの取引手数料（たとえば売却額の1％）を金融機関の報酬に充てることが多い。

（5）株式公開買い付けで株式売却の資格を持つ人に対し、株式公開買い付けが行われる旨と株式の買取価格を通知する。売り手は締め切りまでに、株式をどれくらい売りたいかを決め、売却に必要な必要書類を用意して提出する。受付期間は20～30日程度だ。

（6）受付期間を過ぎると株式と現金が交換され、取引が完了する。

株式公開買い付けにはヘッジファンド、プライベート・エクイティ、レイターステージベンチャーキャピタルなど大手機関投資家が参加することが多い（ブラックロック、ゴールドマン・サックス、DST、フィデリティなど）。取引規模は数千万～数億ドル、さらには数十億ドルに及ぶこともある。

情報共有とセカンダリー取引の買い手

セカンダリー取引の大口の買い手となる優先購入者リストに載っている投資家や株式公開買い付けに参加する金融機関には、基本的な財務情報を共有すべきだろう。彼らは秘密保持契約（NDA）に署名することに同意するはずだ。これらの買い手は会社に多額の投資を行い、場合によっては長期の株主となる。適切に接し、意思決定に必要な基本情報を提供すべきだろう。

自社と関わりのない小規模な投資家の場合は（特に会社側から許諾を受けていない場合）、株主との共有が法的に義務づけられているものでない限り（法的文書の一部変更など）、共有する情報を限定できる。

評価額が50億ドルになった時点で（早くからセカンダリー取引を規制していないのなら）、セカンダリー取引を管理する人をパートタイムでも雇うのがいいだろう。

社員はどれくらいの株式を売却できるか

社員による株式の売却量を制限する方法は、次の3つの方法が一般的だ。(1)パーセント制限、(2)金額制限、(3)ハイブリッド方式。

株式売却のパーセント制限

パーセント制限は、保有株式の10％、20％を上限にするといった保有株式数に対して売却できる割合を制限する方法である。社員が株式の大部分を継続保有する割合にするのが一般的だ。そうすれば株式を売却しても社員の手元には、会社の成長にコミットするインセンティブが残る。ただし、会社が数十億ドルの価値を持つほど成長した、あるいは創業初期からいる社員の場合、この制限があっても株式の売却額が数千万ドル規模になる場合もあるだろう。その場合、社員が働き続けるモチベーションは下がる傾向にある。パーセント制限のもうひとつの問題は、本格的な流動性イベント（株式公開や企業売却など）が発生する前に、社内に格差を生む可能性があることだ。格差は、企業文化に悪影響をもたらす。

株式売却の金額制限

別の方法としては、一定額を上限に株式売却を認める方法だ。たとえば、フェイスブックは社員が100万ドルまで株式を売却することを認めていた。これにより社員は、同社で働き続けるモチベーションが下がらない範囲内で生活に余裕が生まれる金額を現金化できた。金額制限を設けていても、離職済みなら制限なく株式を売ってもいい条件の場合、株式売却のために退職する社員が出る可能性もある。ただ、株式売却のためだけに離職した社員は、いずれにしろ会社に長くは留まらなかっただろう。

パーセント制限と金額制限のハイブリッド方式

パーセント制限と金額制限の間を取り、少額の方を上限とする方法もある。つまり、保有株式の10%（ないし20%）か100万ドルか、いずれか少額の方を上限に売却できるようにする。たとえば、2000万ドルの株式を保有している場合、20%より100万ドルの方が少額なので、100万ドルを上限に売却できる。100万ドルの株式を保有している場合は20%が上限となり、20万ドルを上限に売却できる。社員は株式の一部を売っても大部分は保有し続けたままなので会社で働き続けるインセンティブが残る。

社員の株式の売却では売却量に加え、次のような制限を設けるのが一般的だ。

1　**社員は、少なくとも1年以上会社に在籍しているか、クリフの条件**（訳注：指定した期間会社に在籍していないと株式をもらえない）**を満たす必要がある。**株式をベスティング（訳注：一定の期間が経過すると株式の権利が確定）してもクリフ期間を満たしていなければ、正式に株式を受け取ったことにはならない。社員がクリフの設定日より前に退職した場合、ベスティングした分の株式を取り戻すのは難しい。

2　**セカンダリー取引で売却できるのは、社員がベスティングした分のみ。**株式公開買い付けなど正式な制度では、セカンダリー取引で社員が売却可能な割合を制限することもある（ベスティング分の20%以下など）。

入社後、しばらく経ってから支給されるリフレッシャー・グラント（株式報酬）は、入社時に支給される株式報酬の何分の1かだ（例外的に、一般社員から担当役員に昇格したなど、抜群の成果を出した人にはより大きなリフレッシャー・グラントを用意することがある）。つまり、社員が株式で得られる価値のほとんどは、入社時に付与されたものであり、それが会社の長期的な成功に貢献するために重要な経済面でのインセンティブとなる。

もちろん、スタートアップでは、チームや友人と共に成功したり、会社のミッションに貢献したりなど、経済面以外のインセンティブもたくさんある。しかし、それでも経済面での報酬がいかに重要か気づかされることが多い。

投資家による株式売却は、再交渉のチャンス

評価額が上昇すると、初期の投資家は株式の一部、あるいはすべてを売却したいと考えることがある。たとえば、初期に出資したエンジェル投資家は、特定の会社の株式が資産の大部分を占めるようになれば、資産を分散させるために株式を売却したいと考えるかもしれない。ベンチャーキャピタルはLP（リミテッドパートナー）に利益を分配するために株式の一部を売却したいと考えることがある。

投資家が株式売却を検討しているなら、投資家と以前の契約条件について再交渉するチャンスと捉えよう。この際に検討したい重要項目は次の通りだ。

情報請求権：投資家の持分が減少したら、これまで付与していた情報請求権を取り消す交渉をするのがいいだろう。稀に起きる大規模なリークは、社員からではなく初期の投資家からだ。以前、投資家がテッククランチと情報を引き換えに取引していたことがあった。

取締役会への参加：取締役会は会社の所有権を反映する。アーリーステージの投資家は、10人規模の小さな会社には素晴らしいアドバイザーだが、レイターステージでは知見が足りない人もいる。セカンダリー取引で株式を売却した投資家には取締役からの退任を求め、優先株式に充てられた席を通常の取締役の枠に変更できる。つまり、会社と創業者にコントロールが戻り、価値を発揮していない（場合によっては会社に悪影響がある）人を取締役会から外せるということだ。優先購入制度や株式公開買い付けによるセカンダリー取引での大規模な株式売却は、部分的にでも取締役会を整理するよい機会となる。

キャップテーブル（資本政策表）を整理する：株式公開買い付けによるセカンダリー取引はキャップテーブルを整理する機会でもある。たとえば、初期のエンジェル投資家たちを対象に「オール・オア・ナッシング」、つまりすべてを売却するか、一切売却しないかという提案ができる。まとめて株式を買い取れる投資家がいれば、一度にキャップテーブルから複数の投資家を外し、株主を統合できるだろう。

投資家による株式売却は、関係者全員に有益な形で会社のガバナンスを整えるチャンスと考えよう。ファンドにとっても株式の一部を売却してＬＰへ利益を早く分配できる利点がある。

将来の株式売却を制限する

セカンダリー取引は、会社からの明示的な許可なしに社員や投資家が再び株式売却することを禁止するチャンスである。これはセカンダリー取引の規則をしっかり設けていなかった会社にとって重要だ（社員に取引の制限を一切設けていない、あるいは先買権を設定していない会社も中にはあるだろう）。

誰かが株式を手放した際には今後は会社の同意なく、それ以上の株式を売却しない契約に署名するよう求めるべきである。株式売買を制限するために社内規則を変えるのも手だ。こうした施策で、見ず知らずの人や悪意ある人物がキャップテーブルに加わることを防げる。

４０９Ａ企業価値評価とＲＳＵ（譲渡制限付き株式ユニット）

セカンダリー取引で重要なのは、会社の普通株式の権利行使価格に関わる４０９Ａ評価に影響が出ない形で取引できるようにすることである。４０９Ａは、ストックオプションの価格を設定するために行う企業価値評価を指す。会社が承認した上で、普通株式が高値で多く取引された場合、以後の普通株のストックオプションの行使価格を取引価格に合わせて高く再設定する必要がある。つまり、社員に提供する報酬に影響を与えるということだ。

セカンダリー取引と４０９Ａ企業評価をどう行うか法務部と検討しよう。また、評価額が10億ドルを超え、18～36か月後に株式公開を予定しているなら、報酬はストックオプションではなくＲＳＵ（譲渡制限付き株式ユニット）への変更を検討しよう。

ＲＳＵ（譲渡制限付き株式ユニット）に変更

どこかの時点で報酬をストックオプションからＲＳＵに移行するのは理に適う。初期の段階では、ＲＳＵはストックオプションを行使して保有株式のキャピタルゲイン課税を受ける方法より、社員にとって税金が不利になる。しかし、権利行使価格が高くなると、社員にとってストックオプションの行使にかかるコストが非常に高くなるために行使できない、あるいは行使するのが良い選択ではなくなってしまう（９０年代、ストックオプションの行使時に多額の課税が発生し恩恵が受けられない事例が複数あった。株価上昇による値上がり益が税金の支払いに消える、あるいはそもそも税金を支払う現金が手元にないなどのケースだ)。ストックオプションの行使に必要な資金を手に入れるためにセカンダリー取引を行う場合もある。

会社の評価額が高く、株式公開を数年後に控えているなら、RSUの税効率はストックオプションと同程度になる。また、RSUは会社と社員の双方にとって、株式の行使価格の変化に対処するコストを軽減でき、株価が将来下落した場合の損失を回避することができる。

また、一定の価格で株式を購入する権利であるストックオプションとは違い、RSUは実質的に株式と同等のため、実際の価格が購入価格を下回ることはない。つまり、RSUとして社員に付与した「株式」には常にある程度の価値が担保されているということだ。対照的に、レイターステージでストックオプションを行使する際、行使価格がその時点の株価以下だと、ストックオプションの意味がなくなってしまう。

セカンダリー取引——社員の視点

前述の項目では、セカンダリー取引を規制する方法など会社側の視点からセカンダリー取引について説明した。この項目では「セカンダリー市場でどのように株式を売却するか」という社員の視点で説明する。

1　株式を売却できるか確認する。会社の規約やストックオプションの制度内容を確認し、セカンダリー取引で株式の売却が可能か確認する。会社に法務統括責任者がいるなら、株式売却でできること、できないことを聞いてほしい。レイターステージの会社の財務部にはセカンダリー取引専門の担当者がいることもある。CFOが相談窓口になっている場合もあるだろう。

手続きの話をすると、ほとんどの会社は30日間または60日間の先買権を行使する期間を設けている。これはつまり買い手候補と売却価格を決めた後、会社が買い手の代わりに、買い手と合意した価格で株式を買い取れる権利だ。会社が購入を見送っても、会社の投資家も先買権を持っているなら、その投資家にも株式の購入を検討する期間が与えられる。先買権を持つ者たちが全員購入を見送ったら、最初に交渉していた買い手に株式を売却できる。会社や投資家が先買権を行使して株式の購入を決めた場合、購入価格は買い手と決めた価格となる。なので、先買権の行使のいかんにかかわらず株式は売却できる。

会社(該当するなら投資家)が先買権を放棄するのに約30日かかる。場合によってはそれ以上かかることがあるので、株式の売却を検討する時は念頭に入れておこう。

株式公開の直前になると、会社は全株式の取引を停止する。つまり、株式公開前の数か月間前から、株式公開を経てさらに6か月間は株式を売却できない。

2 どのくらい売却するかを決める。

次の点を考慮して、どのくらい株式を売却するか決めよう。

雇用状況: ほとんどの会社で、退職後90日以内にストックオプションを行使しないと、何年もかけて取

> **”投資家による株式売却は、関係者全員に有益な形で会社のガバナンスを整えるチャンスと考えよう。“**
>
> ——イラッド・ギル

得したストックオプションの権利を失う規定になっている。離職したら早めに、セカンダリー取引で株式を売却するか考えるのがいいだろう。ストップオプションを行使した際にかかる税金を支払える分だけ株式を売却するか、あるいはそれより多く売却して、いくらか現金を手にするか決めよう。

資産の分散：資産の99％を1社の株式が占める場合、劇的に資産を目減りさせるブラック・スワンから身を守るため、資産をいくらか別の形に変えるのが望ましい。ジンガの関係者など、株価の下落で資産が70％も減った人を私は何人か知っている。

現金の必要性：自宅や車を購入したり、子供の学費を捻出したりするためにすぐに資金が必要な場合もあるだろう。会社が株式公開を申請しても、すぐに公開するわけではないし、公開しても6か月間は売却できない。それまで株式売却できるか先行きが不透明になることを覚えておこう。

税制：タイミングによっては、株式を売却するときの税制を考慮する必要がある。たとえば、２０１３年の増税を避けるため、大勢の人が２０１２年にセカンダリー取引で株式を売却した。こうした理由などで株式公開前に株式の20～50％を売却する人が多い。現金が必要なら、セカンダリー取引で株式を売却できる。もちろん、株式を売却すれば、その分株式公開後に株価が上昇した時に得られる利益は少なくなる。それが株式売却のトレードオフだ。今売って現金を得るか、売らずに大きなリターンを得る可能性にかけるかよく考えてほしい。

3 ふさわしい買い手を見つける。

セカンダリー取引の買い手は多岐に渡る。セカンダリー取引に特化したファンド、ヘッジファンド、ファミリーオフィス、エンジェル投資家、個人投資家などだ。

基本的には次のような買い手を見つけるのがいいだろう。

資金がある：大規模な取引をするなら、十分な資金があると証明してもらうか、その個人または事業体がよく知られた投資家であることを確認しよう。

早く動ける：実際の購入者と購入価格のオファーを出す人の間に複数の意思決定者がいる取引相手は避けるべきだ。意思決定委員会を開く頻度が低いセカンダリーファンドもある。

非公開株式に投資した経験がある：ファンドではなく、資産のある個人が相手なら、買い手がセカンダリー取引のプロセスやリスク、取引を迅速に行うために必要な手続きを理解しているか確認するのが望ましい。

会社の負担にならない：会社の株主名簿にオハイオ州の歯科医が加わるのは、雇用主にとって不利益になるかもしれない。その歯科医は、プロの投資家より高値を提示するかもしれないが、彼らが会社にとって厄介な存在にならないとも限らない（たとえば、正当な理由なしに会社を訴えるなど）。そうなれば売らなかった分の株式の価値が傷つく可能性があるし、何より雇用主との関係は悪化するだろう。雇用主と良好な関係を続けたいのなら、素性の知れない相手とは取引しないことだ。

会社がすぐに売却を承認できるか：会社がすでに知っている投資家か、キャップテーブルに追加することを喜んでくれる投資家に素早く株式を売却するのが理想だ。過去にセカンダリー取引でＳＥＣと問題になったファンドがあるので、会社はそうしたファンドには株式を売却しないでほしいと思っているだろう。[66]

4

売却価格を決める。非公開企業の株式の取引は流動性がなく、変動性が高い。[67] 売却を考えていると、誰かの保有株式にいくらでオファーがあったという噂を聞くかもしれない。また、買うつもりがないのに、相場を知るためだけに価格を提示する投資家もいる。そうした取引は成立せず、実際の市場価格の相場を掴みづらくするだけだ。

自社株の相場を知るには実際に取引を行った同僚に売却金額を尋ねるのがいいだろう。オファーのあった金額ではなく、実際に取引した額を聞くことだ。取引に至らなかった交渉金額に意味はない。

欲張りすぎず、あなたが納得できる価格で素早く取引することを目標にしよう。大量の株式を売却する場合を除き、5セントの価格交渉にはあまり意味がない。

価格決めの際に参考にすべきこと

- **普通株式は最新の優先株式の価格から割り引いた価格となる**［68］。普通株式の株価は優先株式のたとえば、30％割り引いた価格になる。会社が2億4000万ドルの企業評価額で資金調達したばかりなら、普通株式は1億6000万ドルから2億ドルの企業評価が基準になるだろう。前回の調達が何か月も前で、会社がそこからかなり成長している場合は、前回の調達ラウンドでの優先株式と同じ価格で普通株式を売却できるかもしれない。［69］どのような状況でも優先株式の最新価格を聞くべきだが、投資家は優先株式と同額で普通株式を買うのは避けるだろう。ただし、レイターステージの会社で事業が成熟し、企業価値が高まっていると普通株式と優先株式の間の価格差は小さくなる。
- **IPO前の価格変動。**企業がIPOを控え、セカンダリー取引を停止する数週間前になるとセカンダリー市場で取引される株の価格が急騰する。セカンダリー取引での株の取引額が、IPO後の株価よりも高くなる場合もある（フェイスブックの株式公開後1年間はそうだった［70］）。株式を売却したいのなら、この時期に欲張りすぎないようにしよう。株価が急騰しているので、さらに良い条件の話が来るまで待ちたいと思うかもしれない。ただし、価格が急騰しているのは、会社がすべてのセカンダリー取引を停止しようしているからということを忘れないことだ。理想の価格を追い求めすぎて売却しないと、不確実な期間、株式を売却できなくなる。

売却できない期間がどれくらいか定まらないのは、株式公開を検討している企業でも、すぐに公開するわけではないからだ。会社はＩＰＯを申請しても、市場の状況により株式公開まで数か月（あるいは数四

［66］eladgil.com のリンクを参照。https://dealbook.nytimes.com/2012/03/14/charges-filed-against-brokerage-firms-that-trade-privateshares/?_r=0

［67］株式がはるかに高い価格、あるいははるかに低い価格で取引されているという噂を聞くだろう。私の経験から言うと、こうした噂はほとんどでたらめだ。「友人の友人は、Ｘドルでオファーを受けたけど売らなかった」といった話ではなく、実際に株価と現金を取引した話にだけに耳を貸そう。

［68］割引の理由は、会社が前回の評価額よりも低い価格でイグジットした場合、優先株から先に分配が行われるからである。つまり、優先株には全額が支払われる可能性の高い「保険」があるのに対し、普通株にはないため価格が割引かれる。会社の価値が増し、低い価格でのイグジットのリスクが下がると普通株と優先株の価格差は縮小し、やがて消滅する。

資金調達ラウンドの一環として、ベンチャーキャピタルは会社から優先株を購入すると同時に、創業者から普通株式を買い取ることもある。この場合、ベンチャーキャピタルは優先株と普通株に同じ価格を支払うだろう。ベンチャーキャピタルがそうする理由は次の通りだ。(1)創業者が所有株式の一部を現金化を手伝うため。(2)普通株式の割合が優先株式に比べて非常に少ないため。

［69］超注目企業で前回の調達以来かなりの時間が経過しているか事業が大きく成長している場合、前回の調達ラウンドでの株価より高い価格を求めてもいいだろう。また、会社は409Aなどで企業評価額の変化を追っているので、担当者に今の企業価値がどのくらいかを聞いて、売却価格の参考にするのが望ましい。

［70］フェイスブックのＩＰＯ前の噂話に惑わされて痛い目を見て以来、セカンダリー取引で株を買うのをやめた投資家を私は何人か知っている。

半期）待つことがある。会社が実際に株式公開したら、さらに半年間は株式を売却できない。ＩＰＯが遅れるのなら、非流動的な株式を抱え、市場リスクに晒されたままとなる。

価格は急変動する：買い手と売り手が限られている市場の株価の価格変動は激しい。たとえば、創業者が自分の資産を分散するために大量の株式を低価格で売りに出したら、交渉価格は大幅に下がる。

税金のことも忘れずに：会計士に相談しよう。売却する年によって、支払う税金が変わる可能性がある。あなたが株式を購入、あるいはストックオプションを行使したとき、会社が適格中小企業であるなら、株式を長く保有すること、あるいはそれで得た資金を再投資する方法によって税金が軽くなるかもしれない。

5　会社側に法律担当者が取引を主導することを望んでいるかどうか確認する。多くの企業は、社員が株式を売却する際に使用してほしい株式売買契約（ＳＰＡ）を用意している。そうした契約書がない場合は、シリコンバレーの法律事務所が用意している契約書を使うといいだろう。

手続きを誰が行うかにかかわらず、株式の売却には株式売買契約書が必要となる。契約書に加え、あなたが株式の正当な持ち主であるかを証明する第三者からの表明保証などの書類が必要になる場合がある（大規模なセカンダリー市場がある会社の株式を取引する場合のみ求められるだろう。そうした市場には相手を騙して持っていない株式を売ろうとする人が稀にいるため、こうした手続きが必要となる）。

6　契約に含める条件。セカンダリー取引の書類に含めるべき基本的な項目は次の通りだ。

・買い手は、実現できるならＸ日以内に株式の代金を送金しなければならない。たとえば、取引終了から１週間以内に送金がない場合は取引が無効になる。

・売主は株式を売却しなければならず、撤回はできない。

・会社が取引の中止を求めたり、先買権を行使したりした場合、契約は無効となる。私は弁護士ではなく、法的なアドバイスはできない。条件については弁護士に相談してほしい。

7 より複雑な取引。株式の値上がり分の利益を得られる状態を維持しながら、今すぐ現金を手にする方法を提案するセカンダリーファンドがある。たとえば、株式を担保に現金を手にし、その後、貸し手と株式の値上がり分を分配するケースだ。あるいは、株式を売却する形をとるが、株価がその後一定額を超えた場合、その値上がり分を売却先と自分とで分配する条項を入れるケースもある。たとえば、1株当たり25ドルで株式を売却するが、その後、1株当たり30ドル以上を超えたら、超えた分を分割して受け取れる。つまり、株価が32ドルになれば、あなたは1株26ドル相当の額を受け取れる（25ドル＋（32－30ドル）／2）。[71]

IPO――会社の株式を公開する

2007年から2012年の企業に共通する特徴は、合理的な範囲でできるだけ株式公開に時間をかけていたことだ。株式公開にはいくつかデメリットがあるが、メリットもある。

株式公開のメリット

1 社員の定着率、採用に貢献。IPO後、社員への報酬パッケージの内容が少なくなっても採用候補者か

[71] この章についてフィードバックをくれたナバール・ラビカントに感謝する。

ら社員へのコンバージョン率は高くなる傾向がある。これは社員がその会社の株を流動性のある通貨として評価し、その会社で働くリスクは低いと認識していることが影響している。新しく採用した社員（会社にとって将来的な価値がある）の定着率は上がり、古参社員の定着率は下がることが多い（すでに数百万、数千万ドルの株式が流動性を得たので退職しやすい）。

2 **M&Aが可能になる。** 株式が流動性のある通貨としての価値を持つので、会社の株式が実際にどの程度価値があるかに関して買収先企業と交渉せずに企業買収が進められる。

3 **新しい資金源。** ＩＰＯ後、会社は多額の資金を株式市場から調達できる。テスラの今なお続く躍進は、株式市場から調達したグローバル資本なしでは実現できなかったかもしれない。非公開市場で資本が手に入れやすい環境なら大きな影響はないが、資本が手に入れづらい環境だと、これは企業にとって救いとなるだろう。たとえば、オプスウェアは非公開市場の資金源が干上がった２００１年に株式を公開している。

4 **パートナーシップやセールスに有利。** 株式公開している企業は信頼されやすく、営業や提携をはじめ、あらゆる事業活動がしやすくなる。

5 **財務やビジネス規律の導入。** フェイスブックは株式を公開したとき、社内でのマネタイズの優先度は高くなかった。しかし、決算発表後、フェイスブック株は初めて深刻な下落を経験した。これを受け、ザッカーバーグはマネタイズを推進するために広告チームのリソースを増やすことにした。フェイスブックが非公開企業のままだったら、時価総額５０００億ドル規模の会社にはなれなかったかもしれない。株式市場からのプレッシャーが、フェイスブックの優先順位の再検討を後押しした。そのおかげでフェイスブックの株価は上昇し、インスタグラムやワッツアップをはじめ潜在的な競合他社を買収できた。

株式公開のデメリット

1　取締役会はより大きく複雑に。株式公開をしたら、必要な委員会を設置するために人を採用しなければならない。これで取締役会の規模は大きく複雑になる。取締役会は小さい方が機敏に動きやすい。

2　社内体制の整備。ＩＰＯに向け、財務体制や社内管理体制を整備する必要がある。いくつかは会社全体にとって良い影響があるだろうが、多くは事業の役には立たず、物事の進行を遅らせる。

3　入社する社員の変化。社員数が10人から１０００人規模になると、入社する人のリスク許容度が変化する。レイターステージになるほど、リスクを嫌う社員が増える。さらに株式公開するとより保守的な人たちが増えるだろう。起業家精神あふれる会社を買収し、文化を統合することで、保守的に傾いた社内の文化を変えられる。経営陣や創業者は、文化の一部としてリスクを取ることやルールに対して疑問を持つ姿勢を奨励するのが望ましい。

マーケットサイクル

初めて高成長の非公開企業を率いる創業者は、大きな経済と資本のサイクルを経験していない。株式市場が暴落すると、非公開市場は過剰反応する傾向にある。これにはいくつかの理由がある。

1　マーケットサイクルの影響は大きい。 株式市場が20～30％下落すると、非公開市場の企業評価もそれに従う傾向がある。10億ドル企業と7億ドル企業の評価の差はこうした景気の影響で生まれる。市場が良い時に高い評価額で資金調達している場合、次の資金調達ではダウンラウンドを検討する必要があるかもしれない。

2　ベンチャーファンドやグロースファンドのLPのリバランスが発生。 ベンチャーファンドのＬＰ（基金、ファミリーオフィス、年金制度）やグロースファンドの多くは、ベンチャーキャピタルに出資できる資本の割合を定めている。株式市場に大きな変動があれば、彼らはベンチャーキャピタルに投資している資本を再配分する。これはつまり、ファンドがスタートアップに投資できる資金が少なくなるということだ。多くのベンチャーファンドのライフサイクルは2、3年なので、影響が現れるのに1年から3年かかるだろう。

3　欲より恐怖が勝る。 人は怖くなると財布を閉じる。

強気市場が続いている間に株式公開するのが理想だ。多額の資本を調達し、自社株を使った企業買収ができる。資本があれば、市場が冷え込んでも積極的な行動を取り続けられる。アマゾンはこれを体現した例だ。１９９０年代のバブル期にアマゾンは時価総額を利用して多くの企業買収を行った。バブルが崩壊しても株式市場から調達した多額の資本を持って２０００年代初頭の暗黒時代を乗り切れた。

株式公開までに時間をかけるほどＩＰＯ価格をめぐり、より多くのハードルや障害に直面しやすくなる。景気悪化や非公開市場で特殊な条件を求められたり（非公開市場で資金調達するために内部収益率やＩＰＯ

価格で一定の基準満たす必要があるなど）、あるいは評価額が高すぎる場合、それに見合う規模まで時間がかかったりすることなどだ。

１９９０年代は早く株式を公開する企業が多かったのに対し、２０１０年代はＩＰＯに時間をかけすぎる企業が多かった。

ＩＰＯの手続き

ＩＰＯが近づいたら、ＩＰＯチームの責任者（ＤＲＩ）を任命し、ＣＦＯが全体を監督しながらＩＰＯをプロジェクトとして進める体制を整えよう。ＩＰＯを成功させるためのコツや手順を学ぶために、株式公開を経験したＣＥＯやＣＦＯに話を聞くのもいいだろう。

第2部　株式公開する理由

キース・ラボワ（コースラ・ベンチャーズ パートナー）に聞く

コースラ・ベンチャーズのパートナー。２０００年以降、ＩＰＯを実現した5社の有名スタートアップにアーリーステージから携わり、ペイパル、リンクトイン、スクエアで役員を務め、イェルプとズーム（xoom）の取締役を務めている。

コースラ・ベンチャーズでは、ドアダッシュ、ストライプ、ソートスポット、アファーム、イーブンフィナンシャル、ピアッツァを含む多くのスタートアップへの投資を担当。ＶＣとして働くかたわら、不動産テック分野のスタートアップであるオープンドアを共同創業した。

ラボワとのインタビュー後半では株式公開について話を聞いた。

ギル：あなたは役員や取締役として会社を株式公開した経験があります。ペイパル、リンクトイン、スクエアなどです。イェルプとズームでは取締役を務めていました。最近の創業者は株式公開にあまり前向きではありません。株式公開を経て公開企業になることのプラス面とマイナス面についてどうお考えですか。

ラボワ：私の考えは非常にシンプルで、なるべく早く株式公開した方がいいと考えています。上場企業としての責任を果たし、透明性を持った情報開示をすることは会社にとって有益です。これは私がいつも経営陣に伝えていることです。株式公開の準備をする過程で、社内の規律ができ、事業への集中力が高まります。

また、IPOで様々な可能性が開けます。一度株式を公開すると、資金調達や買収、M&Aをする時に、多くのツールや手段が使えるようになるのです。たとえば、フェイスブックはツイッターを買収しようとしたことがあって、5億ドルの買収オファーは大きな議論を巻き起こしました。当時、フェイスブックは未公開企業だったのですが、もし株式公開をして流動性のある通貨を手にしていたらツイッターを買収できていたかもしれない。ツイッターは非常に成功している独立企業で、フェイスブックよりも世界に与えている影響は大きいのではないかと私は考えています。フェイスブックの買収が実現できなかったのは、通貨としての彼らの株式の価値に疑問の余地があったからです。このような例はたくさんあります。

公開しない理由の多くは言い訳だと思います。たとえば、よくイノベーションを起こせなくなると言われます。ですが、地球上で最も革新的な企業はどこかとシリコンバレーの人に聞いたら、グーグル、フェイスブック、テスラ、スペースX、アップルなどを挙げるでしょう。アマゾンも入るかもしれません。これら6社のうち5社は、時価総額が非常に高い公開企業で、非公開企業よりも素晴らしいペースでイノベーションを起こしています。適切なリーダーのもとであれば、公開企業の方がイノベーションを起こせるのです。

次に社員が株価の変動に気を取られてしまわないか心配といった話を聞きます。会社を経営していると、社員が様々なことに気を取られていることに気づきます。オフィスでの噂話や会社で提供している食事の内容、最近では仮想通貨の資産状況などです。株式公開する利点のひとつは、経営者も社員と同じ目線で、気を取られやすい出来事が何かわかるようになることです。原因がわかれば対処できます。一方で、社員食堂からベーコンをなくしたり、福利厚生を減らしたりしたことが社員の仕事に対する集中力を削いでいる場合、何が原因か正確には把握しづらく、解決に時間がかかります。こうしたことに対処するのは、リーダーや役員、CEOの仕事の一環だと私は思っています。

また、公開企業に伴うコストが気になるという話も聞きます。正直なところ、これも杞憂だと思いますね。上場企業に必要なコンプライアンスの体制を整えるのに1年の猶予があります。SOX法に基づく内部統制を整備するまで上場してから1年あるので、リソースがなくてできないということはないでしょう。株式公開でおそらく数億ドルから10億ドルを調達しているでしょうから。その時点で、あと4、5人会計士を雇ったり、必要なソフトウェアを揃えたりする資金があるはずです。なので、これも言い訳だと思います。

財務やレポーティングの体制を早くから社内に整えることは、会社にとって健全で良いことだと思います。だからと言って、すぐに利益を上げなければならないわけでもありません。多くの企業は利益が出ていない段階で株式公開をしています。歴史的に見て、ほとんどのテクノロジー企業は利益が出ていない段階で株式公開しているのではないでしょうか。なので、それも理由にならないと思います。

過去に株式公開した企業から間違った印象を受けた人はいると思います。たとえばペイパルは株式公開の際、かなり手痛い経験をしました。ペイパルは9月11日（訳注：アメリカ同時多発テロ事件）の前日に株式公開の申請をしたため、州の規制当局から、株式公開が危ういところまで攻撃を受ける感じになってしまったのです。ピーター・ティールはこの出来事から、株式公開は面倒と思ったのでしょうが、彼はマイナス面を強調しすぎたように思います。滅多にない出来事だったのですから。とはいえ、最終的にペイパルは株式公開をしていますし、そうして良かったと関係者の誰もが思っているはずです。

イェルプは株式公開したことで社員の定着率を大いに高められました。株式公開の1年前、社内の誰もが株式公開し、永続的な独立企業になることを前向きに捉え、ワクワクしていました。そして公開後はエンジニアと一般社員の定着率が2桁%上昇しています。当初、イェルプのCEO、ジェレミー・ストッペルマンは株式公開に乗り気ではなかったですが、株式公開は同社にとって非常に良い影響をもたらしました。

ギル：株式公開により社員の定着率が上がる、優秀な社員が採用できる、十分な報酬を与えられる。こうした社員への影響は過小評価されているように思いますね。以前、話をした人材紹介会社の会社のデータによると、株式公開した会社は、公開前より低い報酬のオファーでも入社する人の割合は高くなるそうです。

ラボワ：十分あり得ます。厳密に分析したことはありませんが、イェルプはその通りだったので、世界的に共通する現象であったとしても驚きません。

ギル：初めて株式公開した創業者が驚いてしまうようなことはありますか。

ラボワ：取締役会の動きが鈍くなるというのはあります。より手続きに基づいた取締役会になるのです。私もあなたも、取締役会は３人から最大７人までと、できるだけ小さくするようスタートアップにアドバイスしていると思います。５人のところが多いですね。しかし、上場すると監査委員会や指名委員会の設置など様々な要件があり、取締役会の規模は必然的に大きくなります。会議はプレゼンだけではすまず、会談や議論の手間が増えます。ただ、戦略会議は正式な取締役会だけでする必要はないので、その部分は大きな問題にはならないでしょう。でも、上場前とは勝手が違います。

入社してくる社員のタイプが少し変わり、現金報酬を重視する人が増えるというのもあります。そもそもサンフランシスコ・ベイエリアの生活費が非常に高騰しているので、人材市場全体を見ても現金報酬を重視する傾向が強くなっています。別の時代なら、もっと株式をもらって値上がり益を重視していた人も、今は現金報酬を重視するようになっているのです。

また、上場によって若手社員や新卒が採用しやすくなります。スタンフォード大学やカーネギーメロン大学をはじめ、一流大学のコンピュータサイエンス学部の学生の多くは、卒業後に働き、スキルを身に付けられる職場を探しています。卒業生の中には起業家になってＹコンビネーターに行ったり、ほかの道に進んだりする人もいるでしょう。それでも大部分のソフトウェアエンジニアは、少なくとも2年くらいは安定した会社で働きたいと思っています。応募してきた若い人の親やパートナーは、就職先が上場企業なら安心します。若い人が大切な人たちからさほど反対されることなく入社を決められるようになるのです。

それに私は大企業でも学べることはあると思っています。自分の会社を立ち上げようとしている人にとっては、非常に破壊的で、取り入れたくない慣習もあるでしょう。しかし、学べることもたくさんあるのです。

ギル：なるべく早く株式公開すべきということでしたが、そろそろ株式公開してもよいとわかるサインなどはありますか。株式公開のタイミングだとどうわかりますか。

ラボワ：先々の予測が立つというのはひとつの目安になると思います。つまり、次の四半期、あるいは半年先の会社の推移を容易に予測できるということです。そのためには、自社のビジネスを表す「XXYXZ」の方程式がわかっていて、それを使いこなしていなければなりません。会社のある分野で何かを変えたら、別の分野では何がどう変わり、最終的な成果がどうなるのか把握できている。そしてその誤差が小さければ、株式公開の準備ができています。もちろん収益が5億ドル以上あるなど、それなりの規模があるという前提です。

ギル：多くの非公開企業の創業者は、マーケットサイクルはさほど重要ではないと考えています。彼らは、S&Pやナスダックが史上最高値を更新しているかに関係なく、いつでも株式公開できると考えています。株式公開のタイミングとマクロなマーケットサイクルの関係についてはどう見ていますか。

ラボワ：マーケットサイクルが重要ではないというのは、ちょっと安易な考えかもしれません。非常に安定した市場環境の中で育ってきたからこその考えだと思います。2008年の世界的な金融危機以来、市場はずっと右肩上がりに成長してきました。ほとんどの創業者は、職業的にも心理的にも、かなり安定した良い市場を見て育ってきたのです。

一方で、2000年から2003年のバブルが崩壊した頃や崩壊後の影響が残っている時期に働き始めた人は、市場に流動性がないとどうなるかを理解しています。たとえば、多くの企業は借入によるデットファイナンスを行い、グロースの燃料にしてきました。これはオープンドアやアファーム、アップスタートといった会社のビジネスモデルの一部になっています。

燃料の価格は、急速かつ劇的に変わる可能性があります。ビル・ミー・レイターとザッポスの話が有名ですが、彼らの事業は非常に好調であったにもかかわらず、借入が難しくなり企業売却を余儀なくされました。マクロな市場経済の変化によって、借入が難しくなったのと同じように、グロースのために資金が使えるかどうかも一晩で劇的に変わる可能性があるのです。

私は、お金や資本は、酸素のようなものだと思っています。たとえば、呼吸するために酸素を買わなければならなかったとします。もしそのような環境下なら、私たちは今とはまったく違う生活をしているでしょう。たとえば、運動を控えるとか。ランニングしたり、全速力で走ったりする余裕はないかもしれません。しかし、現実には酸素は無料なので、使う酸素の量を計算することはありません。市場環境がいいと、誰もが資本を無料のように考え、いつでも手に入ると思うのですが、それは一気に変わることがあります。この100年、200年の間で資本の価格は何度も大きく上下しています。

ギル：IPOのプロセスで役立つ戦術などはありますか。

ラボワ：「CFOを早く雇うほど楽になる」とよく言いますが、これは悪くないアドバイスだと思います。優秀なCFOを見つけられれば、それは間違いなく助けになります。

もうひとつ、株式公開は皆が思っているよりも早くできます。1年くらいかかると言われますが、3、4か月で公開したところを私は知っています。ただ、これは本当に頑張らねばなりません。3、4か月でIPOまで駆け抜けるには、経験豊富なCFOと顧問弁護士を揃え、とてつもない集中力とエネルギーを注ぐ必要があるでしょう。なので、6～9か月くらいが妥当でしょう。もちろん1年かけるのはよいことです。

ギル：IPOチームをつくるのもよいかもしれませんね。経営幹部や管理職の人たちを集めたチームでIPOの道筋をつくります。つまり、IPOをほかの事業プロジェクトと同じように扱うのです。

ラボワ：そうですね。DRI（IPOチームの責任者）や責任者を任命するのは良い方法です。ペイパルの時はそうしています。事業開発ディレクターや担当役員をDRIに任命し、彼らがIPOに向けて中心的な役割を果たしました。社内で認められていて、信頼の厚い人を責任者に任命し、その人が必要なことをつなぎ合わせ、人々にモチベーションを与えてプロジェクトを主導するのがよいでしょう。

※このインタビューはわかりやすさのために編集、要約しています。

第2部　レイターステージの資金調達をハックする
ナバール・ラビカント（エンジェルリスト会長兼共同創業者）に聞く

ナバール・ラビカントは、エンジェルリストの会長兼共同創業者を務めている。以前はエピニオンズ（後にショッピングドットコムの一部として上場）とバストドットコムを共同創業している。アクティブなエンジェル投資家としても知られており、ツイッター、ウーバー、ヤマー、スタックオーバーフローを含む数十社にこれまで投資している。シリコンバレーで尊敬されるエンジェル投資家かつ起業家のひとりで、シリコンバレー最大級のスタートアップ成功物語の経験者でもあり、多くの成功している企業への投資家でもあり、スタートアップ業界について特別に広い視野をラビカントは持っている。２部構成となる彼とのインタビューの第1部では、取締役会のマネジメントに関連する複雑かつ繊細な課題について議論した。

ラビカントとのインタビュー後半では、レイターステージの資金調達について話を聞いた。

ギル：アーリーステージの資金調達については多くの情報が世に出ていますが（ラビカントのブログ「ベンチャーハックスドットコム」を含め）、レイターステージの資金調達についてはあまりありません。レイターステージの資金調達ラウンドで重要な戦略はありますか。

ラビカント：そもそも企業が大きな金額を調達する必要はなくなってきています。インターネットのおかげで、あらゆるタイプの会社が以前よりずっと安くつくれるようになりました。もちろん、ハードウェアを製造している場合や地域に根ざしたビジネスを展開する場合は違いますが、全体的には以前よりもずっと安く会社をつくれるようになりました。

それでもレイターステージで調達ラウンドを実施する際に有効な戦略は何かということですよね。これまでレイターステージでは主にベンチャーキャピタルが出資していたのですが、今では投資信託や戦略的投資家なども参入しています。ファミリーオフィスもスタートアップに直接投資することが多くなってきました。投資家が増えるほど、会社は投資家を選べるようになり、会社のコントロールを維持しやすくなるでしょう。さらに優先株式ではなく、普通株式で資金調達ができるかもしれません。資金調達で普通株を使うというのが、最適な調達方法だと思います。

取締役になる権利やM&A、オプションプール（社員に発行する予定の株式）、将来の資金調達について拒否権を付けない普通株で調達します（ただし、アームズ・レングスの原則（訳注：当事者が独立の立場を取り、適正な距離を保っている状態）に反する取引やインサイダーで自分だけ利益を得る取引をしないために、投資家にはある程度の拒否権を持たせておいた方が望ましい）。

ベンチャーハックスでよく言っているのは、「企業評価額は一時的、コントロールは永続的」ということです。会社をコントロールする権利を持つ人が、その後の会社の企業価値をコントロールする力を持ちます。絶対に会社の支配権を手放してはいけません。ですが、支配権はちょっとずつ離れてしまいます。タームシートには、少数株主である優先株主の権利を守る目的で保護条項が含まれています。しかし、それは株主に会社の支配権を与えているのと同じです。たとえば、優先株主が将来の資金調達に拒否権を持っている場合、彼らは事実上、会社の活動に制限をかけられるということです。

拒否権を与えている場合、会社は追加調達をする時に、投資家の同意を得なければなりません。つまり、投資家が会社をコントロールすることになります。株式の発行について拒否権を与えている場合も同じです。そうした拒否権を与えることでオプションプールを拡大したり、良い報酬を出して新入社員を採用したり、既存社員の離職を防いだりするのが難しくなるかもしれません。M&Aもそうです。深刻な問題が起きやすいのはこの部分です。創業者が会社を売却したい、あるいは売却したくないと思っていても、優先株主が逆の結果を求めて会社を操ろうとすることがあります。なので、私がレイターステージの高成長する注目企業の経営者だったら、普通株式だけで資金調達することを目指します。

ギル：これに対する反論はどんなことでしょうか。多くの投資家は「ダウンサイドの状況で、自分の出資分を守るために優先株が必要」と主張すると思います。

ラビカント：優先権は具体的な理由のためにあります。たとえば、私がプレマネーの評価額、９００万ドルで資金調達するとします。そこに投資家がやってきて100万ドルを投資したので、ポストマネーの評価額が1000万ドルになりました。その投資家は会社の10％を所有します。仮に、私が「会社を清算して残った1000万ドルを株主全員で分けます」と言ったとしましょう。もし投資家に優先権がなければ、私は90万ドルを手にし、投資家には10万ドルを渡すことになります。これはリターンがほしい投資家が望んだ状況ではありません（訳注：優先株を保有する場合、残余財産分配権により優先株主は普通株主に先立って、残余財産の分配を受ける権利がある）。

ギル：なるほど。つまり分配に対する保護であって、将来のダウンサイドから保護するものではないということですね。

ラビカント：その通りです。これが残余財産優先分配権のそもそもの理論でした。しかし、これが積み重なって巨大な特権になっています。レイターステージの資金調達で優先権を付与することに意味がないのは、株式市場に存在していないことを見れば明らかです。株式市場で取引されているのはすべて普通株式です。なぜでしょうか。優先株の意味がないからです。たとえば、私が9億ドルの会社を経営しているとして、投資家が1億ドルを投資したとします。9億ドルの会社には、9億ドルの実質的な価値があります。

優先権を付与していた場合、会社を清算して投資してもらった1億ドルを株主に分配すると私の手元には何も残らないかもしれないので、そのようなことはしません。

ただし、優先権はアーリーステージでは本当に大事です。シードラウンドで優先株を使わないのはあり得ません。でも、レイターステージでは意味がないのです。株式公開後は存在すらしません。

もし私が爆速成長するパフォーマンスの高い会社を経営していて、複数の投資家がいる場合、もちろん、こうした交渉ができるのは複数の投資家がいる場合だけですが、普通株で資金調達します。それができなければ、普通株式に残余財産優先分配権だけを付けて調達します。それだけです。ほかの条件は付けません。

ギル：なるほど。残余財産優先分配権は付けるけれど、保護条項や拒否権など会社のコントロールに関わる権利は一切付けないということですね。

ラビカント：その通りです。そうした権利は、アーリーラウンドに限られています。今話したことができなかった場合、次の落としどころは、アームズ・レングスの原則に反する取引にのみ適用できる拒否権を付与することです。つまり、相手との距離が近い取引についてのみ拒否権を行使できます。たとえば、私が自分自身に株式を発行する場合は投資家の承認が必要です。私が友人に株式を発行したり、兄弟に会社を売却したりする場合も投資家の承認が必要です。しかし、アームズ・レングスの原則に従う正当な取引であれば、投資家の承認は必要ありません。

さらに譲歩しなければならない場合は、「わかった、あなたの承認が必要です。拒否権を付与します。ただし、拒否権は優先株の保持者全体に付与します」とすることです。投資家の中に味方がいれば、反対している投資家は賛同せざるを得ません。創業者にとってアーリーステージの投資家の方が、おそらくより信頼している人たちでしょう。初期の投資家は慎重に選んでいるし、一緒に仕事をしてきた期間が長く、仲も良い人たちです。スタートアップの仕組みもよく理解しています。レイターステージ投資家の中には昨日ベンチャー投資に参入したばかりのところもあるのです。資金調達の際はこの戦略に沿って考えるのがいいと思います。

もうひとつ、起業家が行っているのは、議決権を多く持つファウンダー株を設定することです。これはある程度有効だと思います。ただ、デラウェア州法やカリフォルニア州法の下では、どのような契約内容であっても優先株主から奪うことができない権利があります。なので、それは心に留めておいてください。

ギル：たとえば、どのようなものがありますか。

ラビカント：カリフォルニア州の法律では、M＆Aの場合、優先株の保持者全体で承認を得ればいいと契約に定めていても、すべてのシリーズごとの優先株主から承認を得なければなりません。これは少なくとも2003年時点で私の会社に関係する話でした。これがひとつの例です。もうひとつは情報請求権です。デラウェア州の会社の場合、株主は会社に財務情報を要求することができます。これは小規模な株主であっても可能ですが、多くの人は情報請求権のことを知りません。

ギル：レイターステージで資金調達する際、セカンダリー取引についてはどう考えていますか。創業者はセカンダリー取引を行っても良いでしょうか。また、アーリー投資家がセカンダリー取引をすることについてはどう考えていますか。どの段階からセカンダリー取引をしても構わないと思いますか。

ラビカント：セカンダリー取引は一般的になってきていますね。市場の流動性が増すほど、業界はヒットドリブンになります。競合が増え、事業が成功する確率は下がります。そうなると創業者と投資家の目的が乖離してしまいがちです。たとえば、創業者は1億ドルのイグジットができればそれで満足かもしれませんが、投資家はそうではないでしょう。ファンドはどんどん大規模になっていますから。創業者が会社を続けるために、どこかで現金を手に入れられるようにするのは理にかなっていると思います。

1999年にスタートアップを立ち上げ、ベンチャーキャピタルから調達した場合、成功する確率は10分の1だったかもしれませんが、今では50分の1とかでしょう。

ギル：それは会社の数が増えたからですか。

ラビカント：たくさんの会社がありますし、勝者総取りの市場だからです。新規参入者が続々と現れ、プラットフォームの移り変わりも勝者の勢いが衰えるのもどんどん早くなっています。以前より競争が激しくなっているのです。

私の友人はインキュベーターの卒業生をイナゴの大群にたとえていました。インキュベーターが終了する度に100匹のイナゴが世に放たれ、どの企業の先行きも本当にわからなくなっています。どのイナゴがどの企業を追いかけ、どんな手を使うのか誰にもわかりません。どのビジネスも激しい攻撃に晒されています。

起業家は人生の中で何回かスタートアップを立ち上げ、挑戦できるでしょう。けれど本当に情熱を注げる事業には1回しか挑戦できないかもしれません。優秀なVCは、創業者に10億ドルのイグジットを目指してほしいのなら、どこかで創業者がいくらか現金を手に入れられるようにしなければならないとわかっています。今後、セカンダリー取引はますます一般的になり、セカンダリー株はますます流動的になると思います。

ギル：創業者がまだ流動性を求めるべきではない評価額はどのくらいですか。あるいは、この時点までに資産を分散させないのは創業者にとって賢明ではないというのはどのくらいですか。

ラビカント：避けたいのは、投資家は出資金をすべて失っているのに、創業者だけ流動性を得て、お金を手にしているような状況です。会社の企業価値が、残余財産優先分配の総額を上回ると疑いの余地がなくなったら、セカンダリー取引での株式売却を検討してもよいと思います。十分な収益やキャッシュフローがある、あるいは会社の残余財産優先分配権で分配する総額を超える額で買収される事業がつくれていて、実際に買収されたら投資家にも利益が入る状態であることが重要です。さらに言えば、創業者が続投することを投資家が望んでいるのが理想です。

セカンダリー取引の話が出てきやすいのは、他社から買収オファーがあった時です。投資家は買収提案を断ってほしいと思っているでしょうが、創業者の気持ちは揺らぎます。賢い投資家は、そこで創業者がいくらか現金を手に入れられるようセカンダリー取引の話をするのです。

なので、シード企業やシリーズAやシリーズBでは、セカンダリー取引をするべきではないでしょう。シリーズC社以上の企業では、このパターンをよく見るようになってきました。シリーズBでも、会社が十分に成長していればできるかもしれません。

これに関連して、誰も指摘したがらないことがあって、それは企業は以前ほどお金を必要としなくなったということです。会社をつくる費用はかなり安くなっています。ソフトウェアはすべてオープンソースです。必要なハードウェアはすべてアマゾンが提供するアマゾンウェブサービス（ＡＷＳ）内にあります。マーケティングはすべてグーグル、ツイッター、フェイスブック、スナップチャット、アップストア、メールで行えます。必要な人材もエンジニア採用がほとんどで、さらにその半分は外注できるでしょう。加えて、カスタマーサービスの多くはコミュニティ内で対応できます。

つまり、会社はそれほどお金を必要としていないのです。スラックがよい例です。スラックは資金調達をしましたが、そのお金で何をしようとしているのか私にはわかりません。セカンダリー取引かもしれないですね。スラックのＣＥＯ、スチュワート・バターフィールドの発言は有名です。最後のラウンドで何て言っていましたっけ。50年分以上の資金があるとか。

ギル：50年か１００年分あると言っていましたね。

ラビカント：そうそう。50年とか１００年分の資金があって、まだ調達しています。それはなぜか。ファンドにはお金がたくさんあって、出資できるからです。会社は企業買収のために資金調達ができます。それは調達するよい理由だと思います。それから創業者が株の流動性を得るために資金調達することもできます。ただ、これらは従来の資金調達の理由ではありません。

今の時代、起業家が目指すべきは、数十億ドル規模の企業をひとりないしは2人、しかも匿名で築き上げた、ビットコインの生みの親であるサトシ・ナカモトのような起業家でしょう。あるいは50人ほどで、190億ドルの売却を果たしたワッツアップのような会社をつくることです。ユーチューブも買収されたとき、確か社員数は60人以下でした。そのほとんどがデータセンターでサーバーの管理をしていました。AWSのある今だったら、もっと少ない人数でもできたかもしれません。インスタグラムも買収されたとき、チームの人数はほんの数人でした。今では非常に少ない人数で価値あるプロダクトがつくれるのです。

ギル：ビットコインを除いて、あなたが挙げた会社に共通しているのは、ネットワーク効果のある大規模なコンシューマー向けアプリケーションであることです。ただ、法人向けサービスを提供する会社の場合、営業部隊など、エンジニアリング以外の部分である程度の規模が必要なのではないのでしょうか。

ラビカント：そうですが、スラックには大した営業部隊はないと思います。

ギル：確かに、そうですね。彼らもコンシューマーモデルに似ている気がします。

ラビカント：その通りです。法人向けサービスでさえ、コンシューマーモデルに近づいています。5年前に似たサービスをつくるより必要なリソースは少なくなっていて、10年前よりはるかに少なくなっているはずです。なので、トレンドがどこに向かっているかは明白です。

ギル：スタートアップは資金を調達しすぎていると思いますか。そうだとしたら、理由を教えてください。

ラビカント：お金が安くて、手に入りやすいからでしょう。連邦準備制度理事会や世界の中央銀行は、デフレに対抗するためにどんどんお金を刷っています。お金は安く、簡単に手に入る環境です。だから必然です。お金は保険であり、会社の成績表でもあります。お金は企業買収に使えるツールで、それがあれば人を多く雇うことができます。人材の獲得競争は激しいので、人を採用するには他社より多くの報酬を支払わなければなりません。グーグルやフェイスブックはこれでもかというくらい報酬を出しています。

しかし、資金調達が簡単であることのマイナス面は、資金調達するほど、お金を使ってしまうことです。これはどんなに気をつけていても防ぐのが難しいのです。

さらに悪いのは、動きが鈍くなることです。達成できることが減ります。ミーティングの規模が大きくなり、調整しなければならないステークホルダーの数が増えます。リソースがたくさんあるので次々と新しいプロジェクトに着手してしまい、会社として何に注力するのか曖昧になります。

お金があれば使ってしまうのが人間の性質であり、これは必ずしも良いことではありません。目標に向かう集中力が削がれる原因になります。そういう意味では、ある程度資金繰りに限りのある会社の方が良い仕事ができると言えるでしょう。

イーベイの創業者ピエール・オミダイアの話は有名です。イーベイには多くの競合がありましたが、オミダイアは、成功した理由は彼だけ長い間、大した額を調達できなかったことだと言っていました。ユーザーがイーベイを使って取引したり、オークションをしたりしているのを見て、オミダイアは評価システムを付けることを思いつきました。当時としては画期的なアイデアです。今思えばあって当然な機能のように思いますが、当時イーベイは自動評価を初めて導入したサイトのひとつでした。一方、競合他社はよりよい顧客体験を追求するため、人がすべての取引を仲介していました。そのため、市場全体が盛り上がったとき、イーベイはどこよりもはるかに速くスケールして市場を独占し、そのまま逃げ切れたのです。イーベイには人が足りなかったので、最初からスケールするプロセスをつくらなければなりませんでした。

ギル：ベンチャー投資に新しいタイプの投資家が参入し、存在感が増しています。たとえばファミリーオフィス、ヘッジファンド、プライベート・エクイティ・ファーム、海外のファンド、政府系ファンド、その他外部から資金を調達しているファンドなどです。このような新たな資本源についてどう考えるべきですか。また、トレードオフはどのようなものがあると思いますか。

ラビカント：起業家にとってプラスの状況だと私は考えています。ベンチャーキャピタルは、こうした新しいタイプの投資家による出資は冷静さを欠く「ダムマネー」だと非難します。しかし、それはコインランドリーのオーナーが、通りの先に新しいコインランドリーができたことに腹を立てているようなものです。彼らは競争を好みません。

少なくとも起業家にとっては、資本を与えようとする人が増えるのは良いことです。一般的に言って、手にするのが高価で、難しいものの競争が増えるのは良いことなのです。

基本的に会社はベンチャーキャピタルと「アドバイス」「コントロール」「お金」の3つを取引します。調達元の選択肢が増えるほど、この3つを分けられます。適任の人からアドバイスを聞き、最も調達しやすいところから資金を手に入れ、会社をコントロールする権利を渡さずに済むようになるのです。だから、選択肢が増えるのは良いことです。

とはいえ、新参者が多いので、その点にデメリットはあるかということですよね。新しいタイプの投資家による出資は、短期運用が中心のホットマネーなので、将来のラウンドでは出資してくれないかもしれないというのがデメリットです。会社に価値を足してくれるスマートマネーではないかもしれませんが、レイターステージ企業の投資家で投資先に価値を付け足せるところはほとんどないので、この場合はさらに投資家がプロラタ（訳注：契約上の追加投資）をしなかったり、すべきではないところで拒否権を行使したりと、将来問題を起こすかもしれないという意味です。その対処法は、そもそも会社をコントロールする権利を与えない、そして将来彼らからの追加投資を期待しないことです。

そして最後に、お金にもカルマがあります。起業家は投資家に対し道徳的、倫理的な義務を果たさずに、お金を受け取ることはできません。コミットせずに資金調達はできないのです。訴えられるのも避けた方がいいでしょう。後で色々できなくなって困りますから。投資家たちとは良い関係を築くのが得策です。

また、こうしたレイターステージの投資家の多くは、担当者を頻繁に変えることがあるのでその点にも気をつけるべきですね。ベンチャーキャピタルは10年間のパートナーシップを結んで資金を調達し、ファンドを運営しているので非常に安定しています。ベンチャーキャピタリストが担当者を変えることはほとんどありませんし、変えたとしても、新しい担当者もおそらく経験豊富なベンチャーキャピタリストのはずです。

しかし、事業会社から資金調達し、ある日担当だった組織開発部門のリーダーがクビになって、その会社のCEOの弟が担当になったら悪い未来しか想像できません。

投資家に取締役の席を渡す場合は、取締役になる人をある程度コントロールできた方がいいですね。でも、一概に言えば、選択肢があって、投資家を選べるのは良いことだと思います。

ギル：私自身の会社や私が関わってきた会社で経験しましたが、悪い面と良い面、どちらもあると思います。悪い面は、新しい投資家は状況が悪くなると他の投資家より動揺しやすいということです。そうでないところもあります。非常に賢く、冷静なところもあります。しかし、たまに、テック企業に投資したことのない億万長者がやってきて、何か問題が起きるとパニックになることがあります。資産運用を任されているオフィスがパニックになると言うべきかもしれません。実際にお金の管理をしている人がテクノロジーに精通していないこともありますから。

私のスタートアップにとって良かったのは、金融業界の出身者やニューヨークで働いていた人たちと一緒に仕事できたことです。彼らは様々な面で驚くほど力になってくれました。彼らは非常に優れた戦略家で、素晴らしい才能があります。また、シリコンバレー以外のネットワークと接点ができたのも役に立ちました。

> **”企業評価額は一時的、コントロールは永続的。**
>
> ——ナバール・ラビカント“

ラビカント：そうですね。スタートアップは少し前まで、ＶＣのネットワークを期待してベンチャーキャピタルに相談することが多かったのですが、最近の起業家は自分でネットワークをつくれています。アクセラレーターやブログのおかげでしょう。起業家自身、抜け目がなくなったからでもあります。違うタイプの投資家を加えれば、違う業界でネットワークをつくる時に役立つでしょう。

あなたが言ったように、投資家はしっかり面接して見極めるべきです。そしてわずかなサインに気をつけてください。人の本当の考えや思惑は、言葉ではなく、行動に現われるものです。たとえば、誰かが10分かけて自分の誠実さについて説明したら、その人は誠直ではないと断言できるでしょう。

徹底的にリファレンスチェックを行い、交渉中の対応をよく見てください。投資家とのタームシートの交渉が比較的すんなり進み、手間がかからず、彼らの発言が的を得ているなら、その投資家は一緒に仕事をするにふさわしい相手です。とんでもない内容のタームシートを出してきたり、一緒に仕事するのが難しく、話が滞るようなら、実際お金が入ってきた後は10倍働きづらくなるのは目に見えています。

これはＶＣにも言えることです。クローズまでのタームシートの交渉プロセスで、そのＶＣについて知るべきことはすべてわかります。感触が悪いなら、交渉の中止をためらわないでください。私も中止にしたことはありますが、後悔したことはありません。残りの人生を一緒に働きたくない人だとわかったら、その場で交渉をやめてください。時間を無駄にする必要はありません。資金調達は投資家と結婚するようなものです。しかも離婚できる可能性は低い。デート期間は1週間から1年程度です。運が良ければ1年ありますが、たいていは数週間でしょう。なので、その間にわずかなサインを見落とさないことが重要です。

アーリーステージの投資家は色々と見て嗅覚を鍛えているので、良いレイターステージの投資家を選ぶ際に頼りになります。ただし、アーリーステージの投資家は会社のブランド名に引っ張られることがあるので、そこは少し注意が必要です。たとえば、次のラウンドで持ち株の値上がりを期待しているとか、自分の投資した会社にセコイアが出資するのを期待しているとか、自分の都合のためになりふり構わないかもしれません。しかし、あなたの仲間には優れた嗅覚を持っていて、物事に求める水準が高く、真実を話してくれる人がいるはずです。話をすればわかるでしょう。彼らは言いづらいことも言ってくれます。その人にレイターステージの投資家を評価してもらってください。

ギル：今の企業は、かつてのように規模を拡大する必要はないという話に戻ります。採用をやめるタイミングをどう見極めるのでしょうか。資本があれば、どんどん事業を拡大したいという欲求は常にありますよね。

ラビカント：人は、会社で一生懸命仕事をして疲れてくると、自分の仕事を誰かに任せようと採用を始めます。ひとり分の仕事を埋めるのに新しく2人採用しなければなりません。これを何度も繰り返すと、ウェブアプリの会社なのにオフィスに5000人も社員がいる状態になります。外の人が「こんなに大勢人がいるけど一体みんな何をしているの」と思う状態です。簡単なウェブアプリなのに、なぜ何千人も必要なのかと。

そこに新しいCEOがやって来て、社員の半分は解雇しなければならないと考えます。ですが、どの半分を解雇すればいいのか見当がつきません。これはどの会社でも起こりうる問題です。社員は社内政治を行っていて、本当に仕事をしているのは誰か、誰にもわからなくなっています。こうなると非常にまずいです。

なので、採用は非常にゆっくり行うべきだと思います。どうしても必要と感じてから、採用してください。また、毅然と解雇や降格を行うべきでしょう。もちろん社員にとってうれしいことではないですし、このような人事モデルが好きな人はあまりいませんが、私のチームではうまくいきました。創業者は、無駄を厳しく監視しなければなりません。無駄は常にありますからね。

ギル：社員に株式を与える報酬モデルは時代遅れだと思いますか。

ラビカント：株を与えない報酬モデルよりは良いと思います。けれど、時代遅れだとは思っています。私たちはストックオプションに6年のベスティング期間を設けています。ベンチャーキャピタルは10年間のベスティング期間を設けていますね。合理的なのは、ベスティング期間を延長することと、どこかで報酬として株を渡すのをやめることだと思います。初期からの社員には株を提供するかもしれません。彼らは、将来大企業となる会社の土台をつくっているのですから。しかし、会社がある程度成長したら、社員への報酬の大部分は利益分配に移行すべきでしょう。

ギル：なるほど。RSUとは違うようですね。

ラビカント：RSUは基本的に節税効果が高い形で、会社全体のパフォーマンスとある程度連動した報酬を社員に与える方法です。ただ、数千人規模の会社になると、ひとりの社員が業績に大きな影響を与えられないので、パフォーマンスとは関連が薄いと思っています。人的資本が本当に重要な「狩った分だけ食える」ようなビジネス、たとえばウォール街のような熾烈な競争がある市場では報酬はすべてボーナスで支給しています。

利益分配は税制面で非常に非効率的なこともあります。エンジェルリストはＬＬＣ（合同会社）として設立しているため、１種類の税金しかかからないので、私たちにとっては効率的です。とはいえ、ＬＬＣでなくても会社の規模が大きくなって、ステージが進んでいるなら利益分配できるのではないかと考えています。利益が出る前からでも、工夫次第で利益分配することは可能でしょう。もしくは多額の報酬を出すのも手です。たとえば、入社の段階で全員に少額の報酬を支給します。これは全員に提供する標準的な報酬です。しかし、次の年はその人の報酬を大幅に増やすか、その人を解雇するかのどちらかにします。

ギル：マッキンゼーの「アップ・オア・アウト」モデルに似ていますね。彼らは人材をパートナーシップのように考えていて、社員は昇給するか、解雇するかのどちらかです。

ラビカント：その通りです。ピーター・ティールは『ゼロ・トゥ・ワン』（ＮＨＫ出版）の中でうまく表現しています。21人目の社員をどう誘うかという話があって、その人には会社の５％の株式を提供できません。その人を採用する時点で、会社は巨大企業になる軌道に乗っている必要があるでしょう。ただ、私の考えでは、社員が少なくても大企業をつくれますし、その少数の人たちにより多くの報酬を与える方が望ましいのではないでしょうか。

今は創業者になるには最もリスクが低い時代です。アクセラレーターに入って、事業がその先どうなるか試せます。資金調達をして事業を試せます。リスクはほとんどありません。しかし、初期の社員は創業者レベルのリスクを負います。会社はまだプロダクト・マーケットフィットしていないのに、持てる株式は創業者と比べて非常に少ないのです。

ギル：ですが、社員は創業者ほど一生懸命働いたり、社員のほとんどが聞いたことがないようなストレスや問題に対処したりする必要はないですよね。

ラビカント：それはその通りです。しかし、創業者が40％持っているのに対し、最初の社員は0・15％や0・25％しか持っていないような、所有株式の差が非常に大きい時代がありました。そのような時代は終わりつつあると思います。

これから、特にまだ資金調達をしていない、調達していても少額な会社、あるいはプロダクト・マーケットフィットがまだできていない会社にとって初期の社員を雇用することは、実質的に2、3人目の創業者を採用するのに近い感覚になると思います。なので、0・1、0・2、0・3、0・4％ではなく、1、2、3、4％分の株式を提供するようになるでしょう。

アーリーステージでのエンジニア採用の課題は、エンジニアが不足しているのではなく、創業者が余っていることです。そのため、基本的にはエンジニアを創業者と近い扱いをしなければなりません。初期のエンジニアたちは自分で会社を立ち上げたり、Yコンビネーターに参加したりすることができたのですから。

ギル：人々はスタートアップのリスクを過大評価、あるいは過小評価しすぎているように思います。スタートアップは信じられないほどリスクが高く、失敗したらキャリアが終わると考えている人たちが多くいます。それは間違った認識です。一方で、スタートアップの90％は何らかのイグジットができると思い込んでいる人もたくさんいます。これもまた真実ではありません。ほとんどのスタートアップは失敗するのです。創業者たちは非常に低い給料で生活しなければならず、失敗したら何も残りません。

ラビカント：それに、彼らは大量のストレスを受けて、健康を蝕まれ、家族を犠牲にすることもあります。

ギル：ええ、ある意味10年くらい年を取ってしまいますよね。加えて、3、4年くらい給料がもらえません。

ラビカント：シリコンバレーで最も成功しているのは、ベンチャーキャピタリストとプロダクト・マーケットフィットを得たばかりの企業を見極めるのが得意な人たちでしょう。彼らには、スタートアップが自社にほしいと思う経歴や専門知識、人脈があります。そのような人たちが次のドロップボックスやエアビーアン

”起業家は投資家に対し道徳的、倫理的な義務を果たさずに、お金を受け取ることはできません。“

――ナバール・ラビカント

ドビーになる会社に行って成功するのです。

ギル：グーグルで働いていた人たちで、フェイスブックがまだ100人規模の時にフェイスブックに入社し、その後ストライプがまだ100人規模の時にストライプに入社したような人のことですね。

ラビカント：ザッカーバーグが会社をスケールさせ始めたばかりでパニックになり「どうしたらいいかわからない」と投資家で同社の取締役を務めていたジム・ブライヤーに電話します。するとブライヤーは「別の投資先にすごく優秀なプロダクト責任者がいて、君にはこの人が必要だ」と紹介する。そうして紹介された人たちがベンチャー投資家以外で、長期に渡ってリスクをうまく調整し、成功する人たちです。

※このインタビューはわかりやすさのために編集、要約しています。

”シリコンバレーで最も成功しているのは、ベンチャーキャピタリストとプロダクト・マーケットフィットを得たばかりの企業を見極めるのが得意な人たちでしょう。彼らには、スタートアップが自社にほしいと思う経歴や専門知識、人脈があります。

――ナバール・ラビカント“

第9章

M&A

M&A――企業を買収する

企業価値が上昇して自社株が価値を持つようになると、株を使った企業買収ができるようになる。初めて経営者や役員になる人には馴染みがなく敬遠しがちだ。だが、企業買収は自社のプロダクト開発や採用を加速するだけでなく、競合他社を市場に参入しづらくさせるなど会社戦略の要となる。

ツイッターにいた頃、私はM&Aチームを担当していた。私はそこで戦略的なM&Aの価値を知ったと同時に、事業がうまくいかず売却先を探すスタートアップを多く目にした（誰の話題にも上らない失敗したスタートアップのことだ）。また、グーグルにいた頃は、アンドロイド（スマートフォンのプラットフォームとして有名になった）、グーグルモバイルマップ（元はジップダッシュという会社だった）、同社初のGメールクライアント（元はレクワイヤレスという会社だった）をはじめ、多くの会社のデューデリジェンス、経営統合、合併後のプロダクトマネジメントに携わった。

グーグルとツイッターのどちらにとっても、M&Aは必要なプロダクトや人材を加え、戦略を遂行するために重要な手段だった。フェイスブックもまた、時代の先を行くためにワッツアップやインスタグラムなどの企業を買収している（買収によってマーケットシェアを大幅に拡大した）。有名企業だけでなく、スナップツーのような知名度の低い企業も買収している。スナップツーは低、中所得層1億人以上にモバイル版のフェイスブックアプリを広める助けとなった。

多くの企業は自社株を使った企業買収に抵抗を感じ、買収を始めるのが遅れがちだ。この章を読んで、スタートアップのCEOがM&Aに関心を持ち、早くから企業買収を検討するようになることを期待している。

企業買収の始め時

ＣＥＯと取締役会はいつから企業買収を始めるか考えよう。会社の早い段階から戦略的買収が必要なこともある。たとえば、ツイッターがサムマイズを買収（後にツイッター検索になった）した時の社員数は15人、企業価値は1億ドル程度だった。

ＣＥＯと取締役会は企業価値が10億ドルを超えるまでには、企業価値をさらに高め、会社を発展させる手段としてＭ＆Ａを真剣に検討すべきだろう。企業価値が10億ドルあれば、たった1％の株式でも１０００万ドル規模の企業買収ができる。その買収で企業価値が10％上昇するなら、費用対効果は明らかに高い。会社の企業価値が50億～１００億ドル以上の規模になったら、Ｍ＆Ａを会社の中心的な戦略に据えるのがいいだろう。

収益がある買収先なら、買収がもたらす影響を予測しやすい。ツイッターの場合、アドテク系企業の買収はツイッターの業績に直接現れるため、買収先の評価が簡単だった。たとえば、買収で昨年より収益を５０００万ドル増やせるなら、買収がもたらす経済的な価値は自明で、適正な買収価格を容易に算出できる。また、売上と利益の変化が企業価値に与える影響も予想できるだろう。企業価値（または公開市場の比較対象となる企業の価値）が収益のおよそ10倍なら、収益が１０００万ドル増えれば、企業価値も1億ドル増えると予想できる。こうした計算ができるとＭ＆Ａチームは買収の費用対効果を検討し、買収したい会社の優先順位をつけやすくなる。

企業買収の3タイプ

爆速成長中の企業による買収には3つのタイプがある。チームの買収、プロダクトの買収、戦略的買収だ。一般的な企業買収にはもうひとつ、「シナジーのための買収」がある。これは大企業がシェア拡大やコスト削減を目的に行う買収だが、爆速成長中のテック企業が行うのは稀なので、ここでは説明を割愛する。

買収タイプ：チームの買収。「アクイハイア」とも呼ばれる。

買収の規模：通常のチーム買収では、買収先のエンジニアリング／プロダクト／デザイン部門の社員ひとりにつき100万～300万ドルと換算して買収額を決定する。創業者に少額のボーナスを提供するだけの場合もある。

買収の理由：採用ペースを上げるため。買収以外では獲得できない人材が採用できる。買収先のプロダクトは廃止し、社員をそれぞれ必要な部門に配置することが多い。

実例：フェイスブックによるドロップアイオーの買収はサム・レッシンの採用が主な目的だった。（訳注：サム・レッシンはドロップアイオーの創業者でフェイスブックではプロダクトマネジメント担当役員を務めた）

買収タイプ：プロダクトの買収

買収の規模：500万ドルから5億ドルまで。数百万ドルから1億ドル内に収まる買収が多い。

買収の理由：プロダクトラインの補完や拡張のため。買収先の社員は必要な分野に配置する。買収先のプロダクトはそのまま継続するか、自社の既存プロダクトと統合するか、あるいは新しいプロダクト開発のために廃止するかのいずれかである。

実例：グーグルはジップダッシュを買収し、グーグルモバイルマップ事業を立ち上げた。グーグルのアンドロイドの買収もこれに該当する。ツイッターは検索機能を開発するためにサムマイズを買収した。

買収タイプ：戦略的買収

買収の規模：200億ドルまで

買収の理由：再現性が低い、戦略的価値のある資産を買収するため。フェイスブックは自社でも写真共有アプリをローンチできたが、インスタグラムの活発なユーザーコミュニティまでは再現できなかっただろう。

実例：フェイスブックによるインスタグラムとワッツアップの買収。グーグルによるダブルクリック、モトローラ、ユーチューブの買収。

3つの買収タイプで効果的な交渉の仕方はそれぞれ異なる。大規模な戦略的買収ではCEOが直接関わり、買収先と何回も交渉を重ねることが多い。買収先の創業者と信頼関係を築き、なぜ両社が力を合わせた方がいいのか、大局的なビジョンを見せて相手を説得する必要があるからだ。こうした買収では、理屈以上に買収先の創業者の気持ちを動かすことが重要になるだろう。一方、少人数のチームを買収するケースでは、スタートアップの創業者が積極的に売却先を探していることもある。資金が尽きそうだったり、プロダクト・マーケットフィットが十分でなかったりするスタートアップは売却によるイグジットを目指す。

M&Aロードマップ

組織開発、プロダクト、事業開発部門の社員に（組織構造やリソースに応じて）、M&Aロードマップの立案を依頼しよう。任命された社員は、採用担当者に採用したいチームや人材について、プロダクトとエンジニアリング部門のリーダーにプロダクトライン拡充のためにほしい人材やプロダクトについて、経営陣に大局的な目標達成のために必要な事業について聞き、ロードマップを立案する。

2012年頃のフェイスブックのM&Aロードマップは次のようなものだったのではないだろうか。

・**採用のための企業買収**：モバイル事業と、ウォール街の要請で広告事業を強化する必要がある。3～10人程度で、モバイルのエンジニアリング／プロダクト／デザインに強いチームと広告に強いチームをそれぞれ買収する。買収先の社員は適切な部門に配置する。また、機械学習とデータサイエンス系の人材はいくらいても足りないため、この分野に強いチームを買収する。

・**プロダクト開発のための企業買収**：ラテンアメリカ、アジア太平洋地域でモバイルプロダクトを展開するためにスナップツーを買収する。Eメールスクレイピング事業を展開するスナップツーを買収すれば海外でのグロースを促進できる。またメッセージングアプリ「メッセンジャー」のリポジショニングのため、インスタントメッセージに詳しいチームを買収する。

・**戦略的な企業買収**：トップ5のソーシャルアプリの創業者と接点を持つ。四半期ごとに、フェイスブックのCEO、マーク・ザッカーバーグとワッツアップ、インスタグラム、ピンタレスト、ツイッター、微博のそれぞれのCEOと1on1ミーティングを設定する。適切なタイミングを見極め、買収を提案する。

まずはロードマップの立案が重要だ。次に、買収額を提示するために買収候補先の企業価値をどう算出するかを考えよう。

すべての企業買収で考えるべきこと

・自社の企業文化を乱すことなく、買収先を統合できるか。
・買収後の組織図や報告ラインはどうすべきか。
・買収したチームのリーダーは、自社で影響力を持てるか。買収先のリーダーに任せられる部門はあるか。

M&Aの実施を社員に説明する

M&Aへの反発

社員や役員がM&Aに反対することはよくある。会社の戦略に関する理由から反対していることもあるだろう。しかし、会社の限られたリソースでは限界があることを理解していないために反発したり、感情的な理由から反対したりする人が中にはいる。買収額への不満や買収先の創業者が得る経済的な利益に対する嫉妬が反対の理由かもしれない。企業買収の価値を他の会社でも見てきた経験のある役員より、社員の方がM&Aに反対することが多い。

買収を検討していることは全社ミーティングなどで社員には伝えず、内密にしておく方がよいだろう。その理由は次の通りだ。

1　情報漏洩の可能性がある。情報漏洩により次のような弊害が起きる可能性がある。買収を狙う競合が増える。買収先の業務に支障をきたす。競合他社が買収を妨害するために規制当局にロビー活動を行う。

2　ほとんどの社員は会社の戦略として買収を考えていない。社員の多くは、戦略的な手段としてのM＆Aの価値を理解していないだろう。また、10社と交渉しても1社も買収しないかもしれない。起きないかもしれない買収で社員に動揺が広がる可能性がある。社員の不安を煽るようなことはしない方がいい。

3　再び同じ会社に入札することが難しくなる。ある企業の買収を検討し、見送ったことを社員にオープンに伝えていると、後で同じ会社を買収しようとする際、その正当性を説明するのが難しくなる。時間と共に会社の戦略や財務状況が変わり、買収できることもある。柔軟に動ける状態にしておくのがいいだろう。

4　社員が不当に買収を阻止しようとする可能性がある。よくある買収への反対意見は次の通りだ。

反対意見に対処する

社員や役員からよくある反対意見は次の通り。

1　買収先のプロダクトを自社でつくった方が安いのでは。2000万ドルあれば200人の社員を1年間雇えるのに、同じ金額で未熟なプロダクトを買う理由が知りたい。

回答例：

・自社でできることには限りがある（たとえば、採用を急いでも1年で雇える人数には限度がある）。企業買収を行わなければ目標達成が大幅に遅れる、あるいは達成できない可能性が高まる。

・プロダクトについてすでによく考え抜いたチームを買収する。彼らの知識から学び、その分野について知る時間を削減できる。

・プロダクトの発展を任せられるリーダーが採用できる。
・買収がうまくいき、1年早く目標を達成できたら、その経済的価値は買収価格よりもはるかに高い。

2　競合他社は減った方がよいのでは。競合を市場から退場させるのではなく買収する理由が知りたい（場合によっては、競合を買収する、あるいは競合をすべて市場から排除することが合理的でないこともある）

回答例：
・この競合とはすべての営業先で価格競争が起きていて、利益が下がっていた。彼らを買収すれば競争が減り、利益率を高められる。
・買収に収益の5倍分を使っても、収益が10倍になるなら買収した方がよい。シェアが拡大すれば企業価値が高まる。また、規模が拡大することでコスト構造を改善し、事業効率を高められる。
・参入障壁ができる。競合を買収すれば大手企業の参入を阻める。大企業が参入しなければ、この市場を独占し続けられるだろう。大企業が競合を買収し、事業に投資したら、競争がさらに厳しくなる可能性がある。

3　買収先の社員は私たちの採用基準を満たしているか。エンジニアリング部門などは、買収先の社員が自社の採用基準を満たしているか気にする傾向にある。

回答例（チーム買収の場合）：
・高い採用基準の維持を約束する。買収先の社員は通常の採用プロセスを経て採用する。また、買収先の社員全員ではなく、十分な割合を採用するという条件で買収を進める予定だ。採用基準を満たしそうにない人は採用しないか、試用期間を設けて実力を見定めてから採用する。

回答例（戦略的買収の場合）：

・買収は社員の採用だけでなく、買収先の資産の獲得とシェア拡大が目的である。統合する時は、買収先の社員を面談して採用するかを決め、採用する場合はどの部門にどのように組み込むかをよく検討する。買収先の社員で違うチームに異動したい場合は、通常の異動プロセスを踏んでもらう。採用基準は妥協しない。

4　プロダクトの統合に時間がかかる。彼らのプロダクトを移植する必要があるのではないか。彼らのコードを自社のデータベース用に書き換えるのに1、2年はかかってしまう。自社でつくった方が早いのになぜ買収するのか。

回答例：

・直近でこのプロジェクトに社員を割り当てたり、新しく採用したりすることはできない。買収先にはすぐに流通させられるプロダクトがある。自分たちでゼロからプロダクトをつくるより、買収してそのままプロダクトを提供するか、あるいは自社のデータベースに移植させて提供する方が早いと考えている。市場にプロダクトを投下できれば顧客獲得に役立つ。また、競合他社がこの市場に参入する意欲を削げるだろう。

5　買収が失敗する可能性がある。すべての新規プロジェクトは失敗する可能性があり、この買収が失敗しないとは限らない。

回答例：

・社内でプロダクトを開発しても成功する確率は100％ではないし、それは仕方がないことだ。失敗がないのは新しい挑戦をしていない証拠だ。買収についても、うまくいくものといかないものがあるだろう。しかし、十分な数の買収が成功すれば、失敗で被った損失を上回る価値を得られるはずだ。いずれにしても、リスクプロファイルのために採用するのが難しい人材を採用できるという利点がある。

M&Aでの採用プロセス

社員が最も気にするのは（買収額以外で。買収額は社員の不満の原因になることがある）、買収で新たに会社に加わる人が自社の採用水準を満たしているかどうかだ（特にチーム買収や小さなプロダクト買収の場合）。社員にインターンシップ以外で他の会社で働いたことがない若手が多い場合、状況はより複雑になる。経験の浅い社員は、より経験のある人の採用面接に向いていないことが多い。たとえば、グーグルやフェイスブック出身の経験豊富なエンジニアは、若手エンジニアの採用面接で不合格になる可能性がある。買収先の社員にとって公平な面接を行う方法は次の通りだ。エンジニアの面接を例に説明する。

1 **「人材の募集、採用、マネジメント」の3章にあるように、面接での質問を標準化する。** 質問が一貫していない場合、面接官の独断で採用が左右される可能性がある。質問が、若手のエンジニアでも経験豊富なエンジニアでも能力を適切に評価できる内容か確かめよう。たとえば、コードに関する質問が大学でコンピュータサイエンスを学んだばかりの人に有利な内容になっていないか（コーディングの理論を重視する質問など）、きちんとコードを書く能力が測れる内容になっているかを確認する。

2 **面接官や採用決定者は、経験豊富なエンジニアを中心に選ぶ。** そうすることで、より経験のあるエンジニアを面接で評価するための正しい方法や基準がわかるだろう。

3 **面接を受ける人の大部分は、会社が売りに出されたと聞いたばかりで、面接の準備をする時間がなかったことを採用に関わる社員に伝える。**

4　必要ならリファレンスチェックを行い、評価基準を通常より低くする。買収先の社員には買収に関する決定権はないし（創業者が買収を決めるため）、買収の経緯についてもあまり知らないだろう。また、しばらく面接を受けておらず、準備ができていないかもしれない。なので、通常の採用面接で尋ねている「この会社で働く熱意はあるか」といった質問はいつもより評価基準を低くするのが望ましい。

他の部門の面接でも同じように対応しよう。

M&A――買収先の企業価値を算出する

買収先の適切な買収額を決めるのは数字よりも感性が大事だ。ここでは、買収額を決める際の参考になる共通項目と買収のタイプ別の検討項目について説明する。

共通項目

・買収先の資産状況：3～6か月分の資金しか残ってないのなら、交渉に時間をかけたり、他の買い手を探したり、資金調達先を探したりする余裕はないだろう。

・創業者や経営陣はどれくらい売却を望んでいるか：創業者や経営陣はスタートアップの経営に疲れていて、事業売却を望んでいることがある。創業者はどれくらいイグジットを望んでいるか。フリッカーがヤフーに事業売却した主な理由も創業者が売却を望んでいたからだった。

・他に買収を検討している会社はあるか：競合はいくらで入札するだろうか。もっと成長する会社だと思われているなら（たとえば、企業価値が10億ドルだった時のエアビーアンドビー）、グーグルに事業売却するより経済的な説得力があるだろう（グーグルがこれからすぐに企業価値を10倍にできる可能性は低い）。

・買収で他社の参入を阻めるか：企業買収によって他社の市場参入を阻むのはどのくらい重要か。グーグルがウェイズを買収したのは、フェイスブックやアップルが地図事業に参入するのを防ぐためでもあった。

・買収先の事業の独自性は：何十社とあるモバイルチームを買収するのと、唯一無二の資産を持つインスタグラムを買収するのとでは状況が大きく異なる。

チームの買収（アクイハイア）

チームの買収では、次の点によって買収額が大きく変わる。

・チームの優秀さ：有名企業や有名大学出身者はいるか。過去に素晴らしいプロダクトをつくり、ローンチした経験はあるか。

・スキル：iOSのアップストアが登場した直後、大手企業はモバイル開発者のいるチームを高値で買収した。現在、グーグルやフェイスブックはディープラーニングのスキルを持つ人に大金を積んで採用している。事業を発展させるために、どんなスキルを持つ人を採用すべきだろうか。

・買収意欲：グーグルは、グーグルプラスの全盛期、ソーシャル系のプロダクトマネジャー、デザイナー、エンジニアを獲得するために大金を支払った。今会社が切実にほしいスキルは何か。

・有名な起業家やエンジニアの採用：買収先に有名なエンジニア、デザイナー、ビジネスパーソン、起業家はいるだろうか。「有名人」を採用すると、優秀な人材を惹きつけやすい。また、彼ら個人のネットワークやスキルが自社に大きな利益をもたらすこともあるだろう。

主に人材獲得が目的の「アクイハイア」では、創業者に20％の採用ボーナスを付け、それ以外の役員と社員には標準的な給料と報酬パッケージを提供する形で買収することが多い。この場合、買収先のキャップテーブル（つまり会社の投資家）にお金は戻らない。これは世間が思っているよりもよくあることで、買収と名がついていても実態は、社員の一部を採用しているだけで、買収先の事業とプロダクトは閉鎖するケースは多い。

本当の「チーム買収」の場合、買収側の企業は入社のオファーをするエンジニア、デザイナー、プロダクトマネジャーひとりにつき100万〜300万ドルと換算して買収する。営業やオペレーションなどの社員は買収額を多少押し上げることがあるが、マイナスになることもある（退職金の支給が必要な場合）。[72] 買収の形態にもよるが、買収額の大部分は投資家への分配（たとえばVCが会社に投資した500万ドル分）、チームメンバーの離職を防ぐために提供するリテンションパッケージに充てることが多い。

親会社は、買収前に買収先の社員との面接を求め、自社の採用条件を満たしていない社員を買収から外す権利を求める。買収先企業のエンジニアの能力にばらつきがあり、チームの一部だけを入社させたい場合は、買収価格を引き下げられるだろう。しかし、これは言うまでもなく、難しい交渉となる。面接については前述の「M&Aでの採用プロセス」の項を読んでほしい。

プロダクトの買収

共通項目に加え、プロダクトの買収では次の項目も検討しよう。

・どのくらいの時間を節約できるか：買収により、プロダクトラインをどう補完できるか。買収先の社員をどのように配置し、組織をどう発展させられるか。
・買収による影響を測定できるか：買収でユーザーを増やせるか。ユーザーひとりあたりの価値はどう変化するか。どのくらいの売上、キャッシュフロー、利益が発生するか。
・市場の状況は変化するか：競合他社が何かするのを妨害できるか。買収によって何ができるようになるか。
買収額の目安は買収先の社員には普通に採用した場合より、少なくとも20〜50％増しにした報酬パッケージを提供しよう。彼らは自分の意思ではなく入社しているので、買収から2か月で辞めてしまうのを防ぐために、多めの報酬を設定するのがよい。プロダクト買収や戦略的買収の場合、初期社員はこれより多くの報酬を手にできるので、これは「最低の場合の価格」と考えてほしい。

戦略的な買収

適切な戦略的買収で、会社は次のうちひとつを達成できる。
・業界の市場構造を大きく変えられる
・他社が簡単に真似できない重要な資産を獲得し、参入障壁ができる
・競合他社が市場に影響を与える重要なアクションを起こしたり、有利なポジションを確立したりすること

［72］貴重なスキルを持つエンジニアを採用するために莫大な金額を支払うこともある。たとえば、２０１５年、グーグルはディープラーニングのチームの買収のために多額の資金を使ったし、グーグルプラスの開発でも多額の報酬を出してソーシャルの専門家を採用した。

を阻める

・自社の事業を劇的に改善できる（コスト構造の改善や流通網の獲得など）

戦略的買収では、複数の大企業が入札することが多い。たとえば、グーグル、フェイスブック、アップルは3社ともモバイル広告の機能向上とシェア拡大のためにアドモブに入札していた（2009年、最終的にグーグルがアドモブを買収した。報道によると買収価格は7億5000万ドルだった）。

戦略的買収の際に検討すべき重要項目：

・事業の中核的な要素はどう変化するか。買収により主要な市場を獲得できるか。プロダクトをクロスセルできるか。新しい市場に参入できるか。
・買収先の資産は自社でつくれるか。別の企業買収により獲得できるだろうか。
・競合他社が買収した場合、事業やプロダクトの存在意義を揺るがすことになるか。
・買収先が競合になる可能性はあるか。今以上の牽引力を得たり、競合になったりする前に買収できるか。
・買収先の人材は有能だろうか。自社の発展に貢献できるだろうか。
・合併後の会社の損益はどう変化するか。どの程度収益が見込めるか。コストはどのくらい削減できるか。
・買収額の参考になるビジネス指標は何か。

M&A——創業者（および投資家［73］）に企業売却を説得する

会社を売りたい、または売る必要がある創業者とそうでない創業者がいる。創業者は恐怖や疲れといった後ろ向きな気持ち（会社経営に疲れている、あるいは資金が尽きそう、競合他社に潰されそうな場合）から売却を決めることも、野心や前向きな気持ちから会社の売却を決めることもある（買収によって自分やチームが世界に及ぼす影響力が強まったり、大きな報酬を得られたりするため）。

売却を説得する──チーム買収とプロダクト買収の場合

チーム買収とプロダクト買収の場合、買収先の創業者と投資家の両方に、事業売却が良い案だと納得してもらう必要がある。それぞれを説得するのに有効な戦略がある。

創業者を説得する。 創業者が燃え尽き症候群に陥っていたり、会社のお金が尽きようとしたりしている場合は、あまり説得する必要はないかもしれない。彼らの方から事業売却の提案をすることさえあるだろう。売却する必要がない場合、創業者の説得に使える手段は次の通りだ。

- **報酬額を交渉する。** 人の考える「富のレベル」にはいくつかある。たとえば、奨学金を返済できるレベル、家を買えるレベル、一生働かないで済むレベルなどだ。株式による100万ドルの買収（「すごい大金だ！売却先の会社で数年働いて、またスタートアップに挑戦できる」）、500万ドル（「ベイエリアで家が買えるし、先々のお金の心配をしないで済む！」）、1000万ドル（「おそらくもう一生働く必要はない」）で

[73] 一部の投資家（特に大規模なVC）は、買収を阻む力を持っているケースがある。つまり、投資家も説得する必要があるということだ。投資家の中には、投資先が事業売却すると知って自己中心的な振る舞いをする人もいる。ミキサーラボの投資家のひとりは、ミキサーラボをツイッターに売却するとき、自分にとって都合の良い条件を引き出そうとしてきてひどく手を焼いた。

創業者の反応は変わってくる。

創業者のこれまでの財務状況や経験によるが、他の要因に関係なく、売却を決断するのに十分な金額があるだろう。買収で支払う株式や現金は、1年から4年のベスティング期間を設けることが多く、場合によっては、創業者がすでに権利を確定した株式ももう一度ベスティングする必要がある。

・**影響力があることを伝える。**買収先の創業者やプロダクトが、自社プロダクトの方向性に大きな影響力を持つことを伝える。企業買収をするということは、何百万人、何億人もの人が会社のプロダクトを利用しているということだろう。買収先のプロダクトやビジョンは、自社のプロダクトやビジョンと重なるだろうか。買収先のプロダクトは何百万人もの人々の生活にインパクトを与える可能性がある。

・**要職に就ける。**買収先の創業者やCEOにどのような役職を提供できるか。買収前より大規模なチームを任せ、より影響力を発揮できることもあるだろう。

・**脅迫する。**私の好きなアプローチではないが、買収したいスタートアップを脅すことで知られている企業がある。彼らは知的財産権の侵害を主張して訴訟を起こしたり、市場参入を計画していることをさりげなく伝えて2社が力を合わせた方が有益だとほのめかしたりする。脅しは実際には実行しないことがほとんどだ。

投資家を説得する。チームやプロダクトの買収では、創業者に加え、投資家を説得する必要がある（投資家が売却を阻止できることがあるため）。多くの投資家は、投資先に対して少なくとも3倍のリターンを期待している。もちろん投資先のいくつかは倒産したり、資金を返せなかったりすることを考えると、イグジットする「勝者」からは3倍以上のリターンが必要になる。事業売却で得られるリターンが3倍未満の場合、投資家は売却に反対するかもしれない。

説得のために投資家に伝えること：

「低成長株の代わりに高成長株を手にすることができます」。買収予定の会社はこれから急成長する可能性は低いが、あなたの会社はそうではないと主張する。これから自社株の価値は劇的に上昇するはずなので、今売却すれば何倍ものリターンが期待できる（株式で買収すると仮定して）。たとえ投資先が同じ期間で企業価値を2倍にできても、売却した方がはるかによいリターンとなる可能性もある。たとえば、私が創業したミキサーラボは2009年にツイッターに売却し、当時のツイッターの企業価値は10億ドル程度だった。ミキサーラボへの投資は少なくとも10倍のリターンになった計算になる。

「同じ分野の会社を1社買収する予定です。合意できなければ他をあたります」。買収予定の会社がイグジットするチャンスは限られている。今回売却を見送ったら、チャンスはもう巡ってこないかもしれない。

「あなた方とは今後も良い付き合いができることを期待しています」。同じ企業への事業売却に何度も関与しているVCを目にしたことがあるかもしれない（たとえば、グーグル、フェイスブック、ツイッターにイグジットする企業の投資家によく見かけるVC）。彼らは、投資先の事業売却に手を貸すために、売却先となる有望な会社の組織開発チームと良好な関係を築きたいと考えている。シリコンバレーの本質は短期決戦

> **”リスクを嫌うパートナーの要望で、早期にイグジットする会社は多い。“**
>
> ——イラッド・ギル

ではなく、長期戦であると言える。

創業者に売却を説得する——戦略的な買収

成長軌道に乗っている本当に重要な資産を持つ企業の買収は他の買収よりはるかに難しい。買収先企業と長期的な関係を構築することが、次の注目企業を買収できるかに大きく影響するだろう。

会社がある程度大きくなったら、四半期や半期に一度、将来買収するかもしれない企業のCEOと会う予定を入れよう。買収する時に競合がいても、創業者との関係ができていれば交渉で有利になるかもしれない。フェイスブックのマーク・ザッカーバーグは、ワッツアップやインスタグラムの創業者との関係構築に力を入れ、両社を買収する絶好の立ち位置を手にした。

戦略的買収で、創業者に売却を説得する際の交渉の要点は次の通りだ。

・**独立性。**多くの起業家は、自分で事業を運営したいがために会社を立ち上げた。彼らは複雑な報告ラインや手続きのある組織で働きたいとは思わない。買収後も創業者に経営を一任し、独立性を保ったままスケールに必要なリソースを提供するのは相手にとって魅力的な提案だ。たとえば、アンドロイドとユーチューブは、グーグルに事業売却後もしばらくは独立した経営をしていた。グーグルはその間、財政面とオペレーションやセールス部門の整備に手を貸した。

・**支援。**創業者の中には、会社経営に伴う雑事をしたくない人もいる。セールス部門の強化より、プロダクト開発に関心がある場合などだ。独立性に加え、彼らが最も力を入れたい分野に集中するためのサポートを約束することで創業者は買収に応じやすくなるだろう。

・**影響力と役割。** 買収先の創業者は買収前よりも大きな役割を担えることがある。創業者が、親会社でより大きな部門や戦略上重要な役割に就くこともよくある。たとえば、キーホール（グーグルアースの元となったソフトウェアを開発）のCEO、ジョン・ハンケはグーグルでグーグルマップ部門のリーダーになった。

・**競争や脅威。** ユーチューブがグーグルへの事業売却を決めた理由のひとつは、メディア業界から訴えられるリスクがあったからだった。買収先の競争環境が厳しくなっている、あるいは訴訟の脅威が迫っている場合は、買収に応じやすくなるかもしれない。

・**お金。** 経済的な報酬に対しては反応が分かれるだろう。買収先の事業が順調で、十分な売上がある場合、創業者はすぐにイグジットしたいとは思わないかもしれない。ただ、場合によっては、今事業売却してお金の心配を手放す方が、次のイグジットの機会を待つよりも安全な道だと説得できる。創業者のパートナーが子供たちの未来を思い、事業売却を創業者に勧めることがある。リスクを嫌うパートナーの要望で、早期にイグジットする会社は多い。

M&A――買収交渉

買収交渉：チーム買収とプロダクト買収

交渉は相対的なレバレッジ（またはレバレッジの認識）がすべてだ。買収候補をよく理解するために、キャッシュポジション／バーンレート、キャップテーブル、チーム規模、プロダクトのグロースなどについて質問しよう。質問を通じて、創業者がどの程度、事業売却に前向きか判断できる。

いくつか目安になること：

1　買収先が過去3〜6か月の間に資金調達をしている場合、買収額は調達時の企業評価額の少なくとも50％増しにする必要がある。場合によっては、投資家が企業評価額の2、3倍の買収額を要求してくることもある。ただし、市場全体が劇的に変動していたり、創業者が売却を強く望んでいたり、事業の見通しが悪い場合は、前回の調達時の企業評価額と同等か低い額を提示できるだろう。

2　エンジニア、プロダクトマネジャー、デザイナーひとりにつきおよそ100万ドルから300万ドルと換算して買収額を算出する。優秀な人材には500万ドルに設定することもある。ビジネス、オペレーション、コミュニティマネジャーの人材の価値はこれより低い水準か、マイナスになる（退職金を支払う必要があるため）。買収額の大部分はキャップテーブルへの分配（投資家や創業者）とリテンションパッケージに割り当てることが多い。

3　CEOや取締役会は買収の上限額を承認する。交渉チームは一定の範囲内（たとえば1500万〜2000万ドル）で買収交渉に臨む。他に入札している会社がないなら、交渉チームは低い金額（たとえば1200万ドル）を提案し、上振れする余地を残そう。他に入札している会社があるなら、高めのオファー（たとえば1800万ドル）を提示するのがいいかもしれない。

4　組織開発チームは買収額を提示しても、その何割をキャップテーブルへの分配（優先株や普通株）とリテンションパッケージに割り当てるか言及しないことが多い。この割り当てによって創業者、投資家、社員が受け取る金額が大きく変わる。また、買収総額は買収先の預金残高を考慮していないケースが多い。

・たとえば、預金が100万ドルある6人のチームを買収するのに、1000万ドルの買収額を提示したとする。買収には買収先の預金残高も含まれるので、実質的な買収額は900万ドルである（買収に伴い、親会社の資産状況に影響を与えない形で、社員にボーナスを出す会社もある)。
・この買収オファーは、キャップテーブルへの分配が600万ドル、リテンションパッケージに300万ドルという割り当てかもしれない。たとえば、会社の20%を所有する創業者は1000万ドルのオファーと聞いて200万ドルが手に入ると思うかもしれないが、実際に手にするのは120万ドルだ。リテンションパッケージに割り当てられた300万ドルの中には、創業者が受け取る分も含まれているだろう。リテンションパッケージは通常、買収先の社員全員で分配する形になる(つまり、創業者を含めた6人は4年間かけ、それぞれ50万ドルを受け取る)。
・多くの場合、創業者は買収オファーに興奮し、一度イグジットを決意すると取引の細かい条件にまで気が回らなくなる。オファーがあった時点で、創業者は起業の苦しみが報われると思い(「もう真夜中に冷や汗をかいて目を覚ます必要はない!」)、事業売却で手にするお金を何に使うか想像する(「やっとクレジットカードで使った分を完済してマンションを買える!」)。だからこそ、買収のオファーがあったら、必ず何人か投資家やアドバイザーに助言を求めるべきだ。企業買収に何度も関わってきた経験のある人に話を聞き、賢い企業開発担当者たちが張っている落とし穴を回避しよう。
一般的に、買収先の創業者と交渉人は、買収後に上司部下の関係にしたり、一緒に働く部門に配置したりしない方がいいだろう。交渉相手と買収先の創業者には溝が生まれやすいからだ。創業者にとって自分の子供のようなスタートアップを手放すのは簡単ではなく、会社の買収交渉はよい思い出にならないことが多い。

買収交渉——戦略的資産の買収

戦略的資産を買収する際の重要なポイントは次の通りだ。

1　自社を売り込む。 フェイスブックがワッツアップやインスタグラムを買収できたのは、ザッカーバーグが事前にそれぞれの創業者と信頼関係を築き、フェイスブックの傘下になるメリットを売り込んでいたからだ。ワッツアップはフェイスブックに事業売却したが、これはザッカーバーグがフェイスブックと組むメリットをワッツアップに売り込んだ成果と言える。

2　CEOが買収に関わる。 CEO自ら買収先との関係構築や交渉に関わろう。買収先との信頼関係ができれば、買収先の創業者は会社の未来を託すことに安心感を覚え、交渉がまとめやすくなる。

3　早く動く。 複数の会社が買収を目論んでいるなら、早く買収の決断を下して動いた方がいい。早く動けば、正しい売却先だと相手に感じさせられるし、買収先に決断を促す時間的なプレッシャーを与えられる。また、プロ意識が高く、細かいことに気を取られずに意志決定できる会社であることを相手に示せるだろう。グーグルが1週間未満で、ユーチューブを16億ドルで買収した事例は有名だ。

“買収のオファーがあったら、必ず何人か投資家やアドバイザーに助言を求めるべきだ。”

——イラッド・ギル

ユーザーと世界のために、責任を持ってスケールする
ヘマント・タネジャ（アドバンスト・エネルギー・エコノミー共同創業者）に聞く

ヘマント・タネジャは2011年にVCであるゼネラル・カタリストのシリコンバレー事業を立ち上げ、スナップ、ストライプ、ガスト、カラー、グラマリー、リボンゴなどの投資で成功を収めた。タネジャは全米で先進エネルギーを推進する非営利団体「アドバンスド・エネルギー・エコノミー」の共同創業者で、非営利団体「カーンアカデミー」の役員である。マサチューセッツ工科大学で5つの学位を取得した。

タネジャは責任あるイノベーションの提唱者で、テック界のリーダーたちに自分たちの影響力を自覚し、その力の使い方に責任を持つよう呼びかけている。著者「UNSCALED」でテック業界が経済のほとんどすべてを書き換えようとしてきたこの30年の変化について描いている。

私はタネジャに会い、シリコンバレーの進化の中で私たちは今どこに位置するのか、スタートアップが成功するために何ができるのか、そしてなぜ勝者総取りの考え方が逆効果になる場合があるのかについて話を聞いた。また、タネジャは創業者が創業初日から社会的責任を果たす方法についても言及している。

イラッド・ギル：現在はコンテンツ、コミュニティ、オンラインコマースのあり方をめぐり、世界的な変化の真っ只中にあるというのがあなたの主張です。何が起きているのか、見解をぜひ聞かせてください。

ヘマント・タネジャ：今、私たちを取り巻く大きな変化は、スケールに関するものです。この100年、私たちにとってスケールは成功の尺度でした。医療、教育、金融といった主要サービスがスケールし、私たちに大きな利益をもたらしました。出産はより安全になり、怪我や感染症にうまく対処できるようになりました。サービスのスケールを拡大することで、より多くの子供たちが教育を受けられるようになり、より多くの人々が金融サービスを利用できるようになりました。前世紀は規模の経済により、活気ある中流階級を生み出した時代だったのです。中国も規模の経済に従って、この20年間で3億人以上の人々を中流階級へと押し上げています。

しかし今、スケールの役目は終わりつつあります。

医療を例に考えてみましょう。昔は、富裕層しか医療を受けられませんでした。富裕層には専属の医師がいて、家族をよく知り、親身になって治療をしていました。その後、国はすべての人に医療を提供するため、全国に病院を建てました。乳幼児の死亡率は下がり、感染症や怪我への対処方法が見つかりました。ですが今の医療制度では、病院を訪れても医師とは数分しか話せません。医師は患者のことをほとんど知りませんし、電子医療記録（EMR）に記録を打ち込むのに忙しくて患者と目を合わす余裕もありません。現在の医療の体験は、家庭の専属医が提供していた体験と比べると遥かに劣ります。

同じことが、教育、金融、エネルギー、その他あらゆる主要産業で言えるでしょう。私たちは、社会にとって重要なサービスをひとつ残らず、限界を超えてスケールさせました。ですが、今や銀行は中小企業、消費者の期待に応えられていません。我が国の医療制度は国を破産させようとしています。子供たちには、新しい時代に対応するための教育を提供できていません。電力セクターは気候変動を促進しています。

幸いなことに、テック業界はこの20~25年間、コンテンツ、コミュニティ、オンラインコマースのあり方を再考し、世界的な変化を後押ししてきました。これは社会の根幹にあるこうした主要サービスをどのように提供していくか、再考するチャンスなのです。

今、テクノロジーとテック起業家にスポットライトが当っています。彼らは新しい教育、新しい医療、新しい金融サービスを構築しているのです。過去10年間の自分の仕事を振り返ると、こうした世界的な変化を認識し、大きな市場を変えようと挑戦する起業家たちに私は惹かれていたことがわかります。

ギル：スタートアップは規制当局か顧客か、どちらにフォーカスして事業を考えるべきですか。医療、教育、金融など、規制の多い巨大市場で事業をつくる際、スタートアップは何を一番に考えればいいのでしょうか。

タネジャ：医療を例に取ってみましょう。私は最近、テクノロジーの利用について先進的な取り組みを行っている医療システムに関わる人たちと会談しました。話題の中心は、医療の質向上とコスト削減のために電子医療記録（EMR）と相互運用できるソフトウェアの標準規格についての問題点を彼らは4時間も話し続けました。しかし、一度も患者や医療従事者のことが話題に上らず、私はショックを受けました。

会談の最後の挨拶で、私は「今の延長線上の考えで、医療の質向上とコスト削減ができると思っているのであれば、それは見当違いでしょう」と彼らに言いました。

私が創業に関わったリボンゴは、慢性疾患を持つ顧客のために医療のあり方を根本から考え直した例です。2型糖尿病の患者は3000万人以上いますが、その大多数は定期的に血糖値をチェックし、年に数回、プライマリ・ケアの医師や内分泌科医を受診する生活を送っています。しかし、それでは受診と受診の間に健康状態が悪化したり、発作を起こしたり、併存疾患を発症したりしてしまいます。

ソフトウェアを含め従来の対応策は、顧客が治療計画に従って自身で健康管理をすることを目的としたものでした。シリコンバレーはこれまでに、血糖値や食事の栄養素に関するデータを効率的に収集して管理する糖尿病患者向けの健康管理アプリを何十個と出していますけれど、糖尿病の有病率と医療コストは上昇傾向のままです。

リボンゴは、顧客の立場でプロダクトを再考し、できる限り患者が病気を気にしないで生活するためのサービスをつくりました。リボンゴはインターネットと接続する血糖値測定器を提供し、収集したデータを機械学習でモニタリングしてします。そして食事の内容や運動量を調整する必要がある時だけ働きかけます。このアプローチが広がれば、糖尿病治療にかかる医療費が年間1000億ドル以上削減できると想定しています。また、顧客の代謝に関するデータを広く収集することで、これまで「2型」と一括りにしていた中にも、いくつかパターンが存在することがわかってきました。これがもたらす影響は計り知れません。

このように、たとえば2型糖尿病患者のようなペルソナを想定し、消費者が必要とする体験を根本から考え直すのは、どの業界でも大きなチャンスを掴むよい方法だと考えています。

ギル：成功している会社の共通点は、顧客をよく理解し、彼らに焦点を当てたプロダクトがつくれているということでしょうか。成功企業に共通する戦略はありますか。つまり、事業領域が医療でも金融でも、この3つのことをやればよいというようなものはあるのでしょうか。

タネジャ：これらの成功企業に共通しているのは、市場が非常に大きいということです。おそらく、これらの市場はすべて1000億ドル以上の規模があり、成功する会社は時価総額が1000億ドル規模になる可能性があります。これは10年前のベンチャーキャピタルの世界では考えられなかったことです。

私の考えでは、どの会社にも共通するのは、最初からターゲットとなる顧客のペルソナを正確に特定できていることだと思います。たとえば、ストライプの場合は、オンラインコマースのサービスをつくるために、オンライン決済のAPIを必要としている開発者です。ガストの場合はソーシャルメディアなどの新しい方法でリーチできる中小企業の人事担当者です。リビンゴの場合は、雇用主が自家保険を提供していて、常に血糖値を確認する必要がある糖尿病患者です。

こうした会社がうまくいったのは、巨大な市場を選び、特定のペルソナに絞り込んで事業を始めたことではないかと考えています。

ギル：規模が大きくなるにつれ、スタートアップが注力すべき点はどう変化しますか。たとえば、プロダクトはいずれ複雑になり、それに対応する必要が出てきます。新たなプロダクトを開発することもあるでしょう。事業を展開する市場は非常に大きな可能性を秘めているもののニッチな分野なので、事業を他の分野に広げたいと思うかもしれません。そうして発展した素晴らしい企業はたくさんありますね。このような変化にどう対応すればいいですか。変化をうまく乗り切った会社の具体的な例はありますか。

タネジャ：良い質問ですね。ストライプがどのように発展したかを考えてみましょう。オンライン決済のAPIをグローバルに提供する事業には大きな可能性があります。彼らは「コマースのためのAWS」になるためプロダクトを拡充してきましたが、メインのサービスの方が他よりはるかに強い牽引力があります。

ストライプは「今日新たに立ち上がる会社はどこもストライプのサービスを使っている状態」を目指していました。それがストライプの未来をつくることになるからです。その点だけに注力することで、ストライプは成功を確実なものにしました。これがうまくできるようになって初めて、しばらくある企業向けのサービスを開発し、新たな市場の開拓に力を入れ始めたのです。

リボンゴの戦略はストライプとは異なります。リボンゴは、糖尿病患者の健康を促進することを目指しています。リボンゴはストライプと同じように大規模な市場で事業を展開していますが、より早い段階でサービスを増やしました。糖尿病患者は高血圧や肥満などの合併症を抱えていることが多く、サービスを増やすことが顧客にとって正しいやり方であり、会社がこの市場で影響力を持つのに必要だったからです。

企業ごとに戦略は違います。ただ、一概に言えば、大きな市場で事業を展開していて、ターゲットとなるペルソナが明確なら、事業を広げる前に、できる限りスケールに注力すべきでしょう。

ギル：よくある失敗のパターンは何ですか。コア市場に集中しすぎて、他の市場に横展開をしないことでしょうか。あるいは、先ほどの話のように、非常に大きい市場で事業をしていて本当はもっとスケールに注力すべきなのに、新規事業に気を取られてしまうことでしょうか。自分がどのパターンに当てはまっているのかどうすれば判断できますか。また、そうした状況にある場合はどう対処すべきですか。

タネジャ：これらの市場は勝者総取りにはならず、市場の独占を目指すのは難しいでしょう。なので、企業は長期的に、コントロール可能なペースでグロースすることに注力すべきだと私は考えています。

グロースに最適なペースは企業ごとに異なります。成長のペースは事業の性質によるからです。今のサービスを顧客に提供するために必要な採用と、新たな市場に参入するために必要な採用はどのくらいか。サービスを提供するためのオペレーションはどれくらい複雑か。事業を多角化するための資本は十分あるか。こうしたことを考えるのは、グロース計画を立案する上でとても重要です。

優秀な創業者はこうしたことを考え、財政的に慎重に事業を運営してきました。一方で、多くの企業は資金が安く手に入るために、多くのことに手を出し、事業を増やしすぎてしまいます。その結果、ユニットエコノミクス（ユーザーあたりの収益性）を疎かにし、企業評価額に見合ったグロースを達成できなくなるこ

> ”今、テクノロジーとテック起業家にスポットライトが当っています。彼らは新しい教育、新しい医療、新しい金融サービスを構築しているのです。
> ——ヘマント・タネジャ“

とがよくあるのです。

ギル：非常に興味深い指摘ですね。２０００年代前半から半ばまで、市場は勝者総取りという考えが強く、投資家は勝者総取りが可能な企業にのみ投資するという風潮でした。それはネットワーク効果の高いビジネスが多かったからだと思います。ベンチャーキャピタルから資金調達しているスタートアップは市場の勝者総取りが可能だと思いますか。それとも市場構造はそんなに単純ではないのでしょうか。勝者総取りを目指すのはどれほど重要なのでしょうか。

タネジャ：それは市場によります。けれど、規制が多く、今やっと開放し始めている大規模な市場で勝者総取りの会社が出てくるのは難しいと思います。ガストがその例です。ガストが人材プラットフォームを提供できる中小企業は何百万社とあります。プロダクト開発とセールスのリソースを集中させるのは、社員が数人〜10人の会社か、10〜１０００人の会社か、あるいは１００〜１０００人の会社か選ばなくてはなりません。
　他の企業が何をしているかを気にせず、ニッチな市場を切り拓き、そこでしっかりと価値を発揮することが重要です。会社にとって最適なペースでグロースするために、どうビジネスをつくっていくかを考えてください。会社に見合わないほどのシェアをどのように獲得するかを考えても仕方がないでしょう。

ギル：とても興味深いですね。グーグルは勝者総取り、フェイスブックもほぼ勝者総取りだったので、どこも勝者総取りを目指していました。しかし、ご指摘の通り、医療や金融は市場規模は大きいものの分野が細分化されているため、同じ戦略が当てはまらないのかもしれませんね。また、あなたは責任を持って事業をつくることを提唱してきましたが、その考えについてお聞きしたいと思います。

タネジャ：テクノロジー企業は何十年もかけて、医療、教育、金融を含め、あらゆる事業を効率化するソフトウェアを開発してきました。今、テック業界は、サービスをどのように提供するか、根本から考え直して、新しい企業は人々の生活に深く関わるテーマから立ち上がることが多いです。糖尿病患者に1日の過ごし方や食生活のあり方を推奨するにはどうすべきか。あるいは、高校生にどのような授業をすべきかといったことです。

こうしたテーマのプロダクトを提供することには大きな責任が伴います。これまでは何が何でもスケールすることが目標でした。シリコンバレーはずっと、既存のものを壊してでも素早くプロダクトを改善できるハッカー起業家を支援することにこだわっていました。しかし、このような「何が何でもスケールする」考え方は、人々の日常生活に大きな影響を与える領域で責任ある事業をつくることとは相性がよくありません。

私は、たとえ多少グロースを犠牲にしてでも、顧客ニーズを深く理解し、責任を持ってプロダクトを提供することが大事だと思う起業家を支援したいと考えています。

大きな市場でサービスを提供している従来の大企業は社会的責任という考えを持っています。今日、シリコンバレーで立ち上がるスタートアップは、スタートアップなりの社会的責任を負う必要があります。それには、プロダクトで使用しているアルゴリズムや機械学習について透明性のある情報発信をすること、それから企業の成功が差別や偏見などを利用したものではないか確かめる測定システムを持つことが重要であると私は考えています。私はこの重要性を理解し、最初から社会的責任を持って会社をつくろうとする創業者を探してきました。

ギル：企業が拡大する中で、企業文化や日々の仕事の中で社会的責任を社内に浸透させる方法はありますか。

タネジャ：まずは透明性のある情報発信が重要です。それから、SEL（Social Emotional Learning：社交性と情動の学習）、慢性疾患のケアマネジメント、財政リテラシー、メディアリテラシーなどの面で、プロダクトが社会に与えている影響を測定するシステムを導入することが重要だと思います。

創業者は、未知の状況に備える必要があります。会社のコアバリューから逸脱している行為がすぐにわかるとは限りません。スタートアップは意図しないネガティブな結果が広がる前に、私が「アルゴリズムのカナリア」と呼ぶ検知器をプロダクトや指標のダッシュボードに組み込んで、対処する必要があります。たとえば、アルゴリズムでセールスを最適化した結果、特定グループを除外し、その人たちにプロダクトの情報が届かなくなっていたり、マネジャーが古参の社員と若い社員とでは異なる扱いや評価基準を用いていたりしたら、「アルゴリズムのカナリア」が検知して警報を鳴らすというようなことです。また、ユーザーがまるで想定していなかった方法でプロダクトを使用していることも検知できなければなりません。

グロースのために間違った道を進んだ会社がどうなったか考えてみてください。ゼネフィットで起きたこと、セラノスで起きたこと、ウーバーで起きたこと。彼らは皆、グロースのために近道をしようとして社員、カスタマーをはじめ、多くのステークホルダーを危険に晒しました。

創業当初から「責任あるイノベーション」を大切にするチームはつくれると思います。自分たちは技術を兵器にしないと明言しましょう。そうしないと致命的な欠陥を抱えた企業になってしまう可能性があります。

今、30年のサイクルで10年が過ぎたところにいると私は考えています。私たちは企業評価額が高いことやバブルがいつ崩壊するかという話をよく話します。ですが、そうではなく、今シリコンバレーが主導しているデジタル化の波がもたらす変化についてよく話し合うべきだと私は思っています。こうした考え方を私たちの文化の中に根付かせたいのです。

テック業界が今取り組んでいることがどのような未来をつくるのか真剣に考えなければなりません。たとえば、サンフランシスコ・ベイエリアには、自動運転トラックを開発している会社があります。スプリングディスカバリーをはじめ、人の寿命を伸ばす技術に取り組んでいる会社があります。ベーシックインカムの実験も行われています。すべて実現するとしたらどうでしょう。いつか全国に300万人にいるトラック運転手に伝えなければならない時が来ます。「良いニュースと悪いニュースがあります。良いニュースは30年、40年、50年、長く生きられるようになったこと。悪いニュースは、あなたの仕事はもうないことです。ついでに、これからは自尊心も持てないよう、給付金生活をしてもらいます」と。こんな未来、恐ろしいでしょ

“今日、シリコンバレーで立ち上がるスタートアップは、スタートアップなりの社会的責任を負う必要があります。”

——ヘマント・タネジャ

う。
テクノロジーに精通している側は今つくっているものについて体系的に考える必要があると思います。テクノロジーを発展させる上での倫理についてもっと議論すべきでしょう。

ギル：成功している企業の創業者は、いつから慈善活動や社会問題、政治に関わるべきだと思いますか。創業者は事業にだけに集中した方がいいという考え方があります。ビル・ゲイツのように、社会に貢献するための十分なお金と余裕を手にするまでは、会社のスケールに集中すべきという考え方です。一方で、ある程度成功したらすぐに社会の役に立つ活動をした方がいいという考え方もあります。これについてあなたはどのように考えていますか。どのタイミングで慈善活動を始めるべきですか。

タネジャ：早くから慈善活動をするのはよいことだと思います。私はボストンでTUGG（Technology Underwriting Greater Good：社会的利益のためのテクノロジー）という組織を共同創業しました。団体の目的は、テクノロジー業界で活躍する人たちで社会起業家を支援することです。
シリコンバレーには、スタートアップ同士で助け合うメンターシップの文化があります。たとえ経済的に他人を助ける余裕がなくても、他の起業家のメンターになるのはペイフォワード（訳注：恩送り）のひとつのやり方です。まずは、起業家だけでなく、社会起業家のメンターになるという形で社会貢献を始められます。同時に、自分のスタートアップの成長にも力を注ぎ、良い方向に物事が進んだのなら、経済的にも社会貢献をするのがよいと思います。

まずは「メンター」になることから始めてみてください。そしていずれ成功を収めたら、経済的にも他者の助けになれます。

ギル：スタートアップが政治に関わることについてはどう考えていますか。バランスの取れた立場を取った方がいいという事例は多くあります。また、今のところシリコンバレーは、社会にとってプラスになる方法で政治に関われていません。社会に影響を与える方法のひとつは慈善活動を行うことです。政治や政策に関わるのはもうひとつです。企業や創業者は政治に関わることについてどう考えるべきですか。

タネジャ：ビジネスの役割は正しい政策を後押しすることであり、政治には直接関わらない方がいいと私は考えています。私はこの10年間、エネルギー関連の事業に多く関わってきました。その中で、手頃で安全なクリーンエネルギーが使われやすくする政策を実現するためにできることを考えてきました。

テック業界は、プロダクトやサービスで使うデータやソフトウェアの使い方に対してより透明性のある情報発信を心がけるべきでしょう。アルゴリズムには信頼性があり、テック業界がそれらの使用を自主規制できると政策立案者に示すのが、彼らと生産的に関わる良い方法だと思います。ソーシャルメディアの会社が犯した間違いにより、テック業は一歩後退してしまいました。ですが、こうした経験から学ばなければ、より多くの規制が敷かれるリスクに直面するだけです。

私は、テック企業がデータやAIの利用に関して規制当局を巻き込み、彼らの理解が得られるよう働きかけるのは非常に価値のあることだと思います。規制が少ないほど、より多くのイノベーションが生まれます。

そして、それは規制当局と良い関係をつくることでしか達成できないでしょう。

※このインタビューはわかりやすさのために編集、要約しています。

やらない方がいいこと

シリコンバレーに長くいる人はすでに知っていることかもしれないが、やらない方がいいことを書いておく。

1　ボーナスの現金支給。グーグルはかつて毎年12月の同じ日に、クリスマスボーナスとして現金1000ドルを無地の封筒に入れて社員全員に配っていた。話によると、サンフランシスコ行きのシャトルバスに乗っていたグーグル社員たちは、グーグルの気前の良さを知った泥棒に数万ドルをまとめて盗まれたという。

2　中国市場への参入。ウーバーは中国のタクシー配車アプリ「ディディ」の20%を所有し、中国市場での成功に最も近づいた会社だ。しかし、その他のテック企業の中国事業はすべて頓挫している。プロダクトは他社に真似され、中国事業は早々に閉鎖に追い込まれた。ほとんどの企業にとって、中国市場への参入はお金がかかるだけで良いことがない。

3　巨大な合金パンダ。ドロップボックスは資金調達を終えた絶頂期に巨大な合金パンダを買った。それからしばらく経ち、倹約を重視するようになると、合金パンダは愚かな浪費の象徴となった。合金パンダに大金をかけなくても、似たようなことはどこでも起きている。とある会社は「合金パンダ」の代わりに、ジュースをパックから絞り出す「ジューセロ」マシンをオフィスに導入したそうだ。

4 ビリヤード台。 私が初めてシリコンバレーに来たとき、セコイア・キャピタルが出資する120人規模のスタートアップに入社した。入社後3か月で社員数は150人にまで増えたが、その後9か月の間に4、5回のレイオフを経て12人にまで減った。最初のレイオフの後、会社は社員の士気を高めようとビリヤード台をオフィスに導入した。だが、ビリヤードで遊んでいるのを目撃された人から次のレイオフの対象となっているようで、社内ではビリヤードで遊ぶ人はすぐにいなくなると噂になった。ビリヤードが解雇の直接の原因ではないだろうが、ビリヤードをしていた人はおそらくビリヤードで遊ぶ余裕があったということなので、ビリヤードとレイオフは相関していたのかもしれない。いずれにしろ良いことではない。

謝辞

これまで直接、または間接的に出会った起業家や創業者たちに感謝したいと思います。皆さんの真摯さ、創造力、好奇心、エネルギー、世界をより良い場所にするための取り組みにいつも勇気づけられます。

本書執筆において、数多くの方々からご意見、改善案、フィードバックをいただきました。また、インタビューの機会と、本書に素晴らしい知見をくださった起業家、投資家の皆様にも改めて御礼申し上げます。サム・アルトマン、マーク・アンドリーセン、パトリック・コリソン、ジョエル・エマーソン、エリン・フォース、クレア・ヒューズ・ジョンソン、アーロン・レビィ、マリアム・ナフィシー、キース・ラボワ、ナバール・ラビカント、ルチ・サングビィ、シャノン・ストゥーボ・ブレイトン、ヘマント・タネジャに感謝します。私ひとりでは成し得なかったであろう、素晴らしい書籍がここに完成しました。

書籍化企画時から賛同してくれたストライプ社にも感謝します。プロジェクト管理担当のブリアンナ・ウルフソン、クリエイティブディレクション担当のタイラー・トンプソン、レイアウトを手がけてくれたケビン・ウォン、インタビューを書き起こしてくれたクリスティーナ・ベイリー、編集のディラン・トゥウェニーにも感謝の意を表します。

訳者あとがき

本書の著者、イラッド・ギル氏は、シリコンバレーで起業した経験を持ち、現在は投資家として活躍しています。ギル氏はもともとマッキンゼー・アンド・カンパニーのコンサルタントで、グーグルに移ってからはモバイルチームの立ち上げや買収先のデューデリジェンスや買収後の組織統合を経験しました。その後ミキサーラボというスタートアップを創業し、同社は創業から3年目のツイッターに買収されています。ツイッターでは経営企画部のバイスプレジデントを務めました。ツイッター退職後にカラージェノミクスを共同創業し、現在はエアビーアンドビー、エアテーブル、コインベース、ピンタレスト、ストライプなどの企業に投資やアドバイスを行っています。

ギル氏のグーグルとツイッターでの経験に加え、投資家として爆速成長するスタートアップに関わる中で得た知見をまとめた彼のブログが原型となり、生まれたのがこの本です。起業は多産多死であり、9割以上が途中退場します。そしてプロダクトが市場に受け入れられる「プロダクト・マーケットフィット」を達成して生き残り、爆速成長期に入った1割未満の会社も、必ず多くの試練に見舞われます。その対応策を具体的にそして丁寧に教え、荒波を乗り切るヒントが詰まっています。

会社の事業によって乗り越えるべき課題は異なります。ですが、組織拡大の面で直面する問題や悩みはある程度似通っています。たとえば、ＣＥＯの役割はどう決めるのか、取締役の採用と取締役会のマネジメント、社員の採用、組織構造の考え方、マーケティング、広報、プロダクトマネジメントのあり方、資金調達、M&Aなど。そして本書の特徴は、単なる教科書ではなく、スタートアップの現場で悩み、苦しんだ著者だからこそわかる失敗やその対策も含めて書かれていることです。CEOの燃え尽きを防ぐための権限委譲の方法、取締役の選定方法と退任のさせ方、初期社員からの不満への対処法、専門外の分野のマネジャーの採用では優秀かどうかの判断方法、株式の取り扱い方などは、起業家はもちろんスタートアップで働く人にはとても参考になるはずです。

また、著名なベンチャーキャピタルであるアンドリーセン・ホロウィッツの創業者マーク・アンドリーセンやリンクトインの共同創業者リード・ホフマン、Yコンビネーター社長を務めたサム・アルトマンなど、シリコンバレーの中心人物たちとの対談も多数収録しています。どのインタビューにもグローステージのスタートアップに役立つアドバイスや考え方が豊富に散りばめられていて、これもまた本書の見どころのひとつです。

日米スタートアップの違い

本書は米国のスタートアップ市場をベースに執筆されており、日本とは状況やルールが違う点もあります。具体的には、CEOと取締役会の関係、セカンダリー市場、409AやRSUなどファイナンス系などです。

日本のスタートアップでは、共同創業者が3人いたら、ひとりがCEOや代表取締役となり、残り2人が取締役になることが多いでしょう。一方米国の取締役会はより厳格に選定・運営され、取締役の枠は同じくらい重要な位置づけです。ただ、日本でも社外取締役が重視されており、本書の内容は日本でも役立ちそうです。

採用や解雇についてもルールが大きく違います。アメリカでは即日解雇もありますが、日本ではそうした習慣はありません。ただ、採用基準や面接の進め方、初期社員が会社の成長に適応できなくなったケースなどは共通です。

最も大きく違うのは、セカンダリー市場やファイナンス関係です。アメリカでは上場前でもスタートアップの社員がストックオプションや株式を売買できるセカンダリー市場がありますが、日本にはありません。また、本書のファイナンス関係は基本的に米国のルールで記載されているので注意が必要です。日本国内でも第三者機関に株価算定を依頼できたり、楽天やメルカリがＲＳＵを発行する事例もあるので、米国の基礎知識として読んでおくと役立つでしょう。

良きメンターの代わりとして

本書は大熊、浅枝の2人で翻訳しました。4章までは浅枝が、5章以降は大熊が担当しました。

私、大熊は以前、日本のスタートアップで初期社員として働いていたことがあります。その会社も人を増やし始め、社内では本当にあらゆる変化が起きていました。それに加え、スタートアップで働いたのはその時が初めてでしたので、採用も部門のマネジメントもわからないことばかりでした。どんな人を採用すればいいのか、各部署の仕事をどう分担すべきか、仕事の優先順位をどうつけるべきか。毎日が困難の連続でした。今回、この本を訳しながら「あぁ、採用はこう考えればよかったのか」「新しい部署はこうつくればよかったのか」と当時抱えていた課題の答え合わせをしているような感覚になりました。本書にもっと早く出会っていればあの時もっとうまく立ち回れたのにな、と少しばかり悔しい気持ちにもなります。

私、浅枝はビートロボというスタートアップを起業し、現在はミラティブに所属しています。会社が成長すると、本業の忙しさでパニックになりながら、苦手領域を無視できない状況に立たされます。そんな時に本書の該当項目を探せば、具体的な行動に落とし込めるはずです。また、本書には、日本にほとんど情報がなかった未上場企業による戦略的な小規模M&Aのノウハウも書かれています。実施方法や交渉方法が本書で詳しく説明されていますが、本書が買収する側、される側にも読まれ、日本流に工夫されて正しくフェアな交渉の型が構築されるとうれしいです。

本書の編集にご尽力いただいた担当編集者の中川ヒロミさんに御礼申し上げます。翻訳や編集はコロナ禍で進めたため、訳者・編集者が3人そろってリアルで会うことが一度もありませんでしたが、これもまた新しい仕事の進め方で楽しみました。読者の皆様には、最後までお読みいただき、ありがとうございました。皆さまの事業の成功を祈ります。良きメンターに出会うまで、本書がその役割を担うことを願います。

2021年2月　浅枝大志、大熊希美

学部心理学科卒業後、金融業を経てスタートアップ企業に転職。その後ライター・翻訳業。訳書に『KISS ジーン・シモンズのミー・インク』（共訳、日経 BP）、『最強のシンプル思考』『LEGEND』（日経 BP）、『NEVER LOST AGAIN グーグルマップ誕生（世界を変えた地図）』（TAC 出版）など。

■著者

イラッド・ギル（Elad Gil）

起業家、社外取締役、投資家。エアビーアンドビー、コインベース、チェッカー、ガスト、インスタカート、オープンドア、ピンタレスト、スクエア、ストライプ、ウィッシュなどシリコンバレー有名企業の投資家またはアドバイザーを務めている。

2013年から2016年12月までカラージェノミクスの共同創業者兼CEOを務め、現在は会長に就任。カラージェノミクスの創業前はツイッターでコーポレート戦略バイスプレジデントを務め、位置情報や検索機能など様々なプロダクト担当を経て、M&Aや事業開発チームの担当を務めた。共同創業者兼CEOを務めていたミキサーラボがツイッターに買収されたことをきっかけにツイッターに参画。ミキサーラボはデベロッパー中心設計型のプラットフォームインフラ製品として業界で先行していたジオAPI（位置情報API）を運用していた。

ギルはグーグルに何年も在籍し、モバイルチームの立ち上げから軌道に乗せるまでのあらゆることに関与した。アンドロイド開発チームを含む3つの買収案件に携わり、グーグルモバイルマップの立ち上げプロダクトマネジャーを務めたほか、ほかの主要モバイルプロダクトも担当した。

グーグル入社前は複数のシリコンバレー企業でプロダクトマネジメントや市場調査関連の役職を担当。また、マッキンゼーで働いた経験もある。マサチューセッツ工科大学で博士号を、カリフォルニア大学サンディエゴ校で数学および生物学の学位を取得している。

■訳者

浅枝大志（あさえだ・ひろし）

連続起業家。青山学院大学経営学部卒業。デジタルハリウッド大学院デジタルコンテンツマネジメント修士。2012年米国デラウェア州に音楽スタートアップBeatrobo Inc.を設立、CEOに就任。事業売却後、AIスタートアップ・スタジオ All Turtlesのプロダクトマネジャーを経て、2020年より株式会社ミラティブのシニア・プロデューサーとして参画。事業の傍ら、著名シリコンバレーの起業家の取材通訳・講演同時通訳を務める。米国育ちのバイリンガル。著書に『ウェブ仮想社会「セカンドライフ」：ネットビジネスの新大陸』（アスキー）、共訳書に『WHO YOU ARE』（日経BP）など。

大熊希美（おおくま・のぞみ）

東京都生まれ。カナダとオーストラリアに計12年間在住。上智大学総合人間科

爆速成長マネジメント

2021年 3月22日　第1版第1刷発行
2021年 3月31日　第1版第2刷発行

著　者　イラッド・ギル
訳　者　浅枝大志・大熊希美
発行者　村上 広樹
発　行　日経BP
発　売　日経BPマーケティング
〒105-8308　東京都港区虎ノ門4-3-12
URL　https://www.nikkeibp.co.jp/books/
装　幀　井上新八
編　集　中川 ヒロミ
制　作　アーティザンカンパニー株式会社
印刷・製本　中央精版印刷株式会社

本書籍に関するお問い合わせ、ご連絡は下記にて承ります。

https://nkbp.jp/booksQA

ISBN 978-4-296-00011-1
Printed in Japan 2021